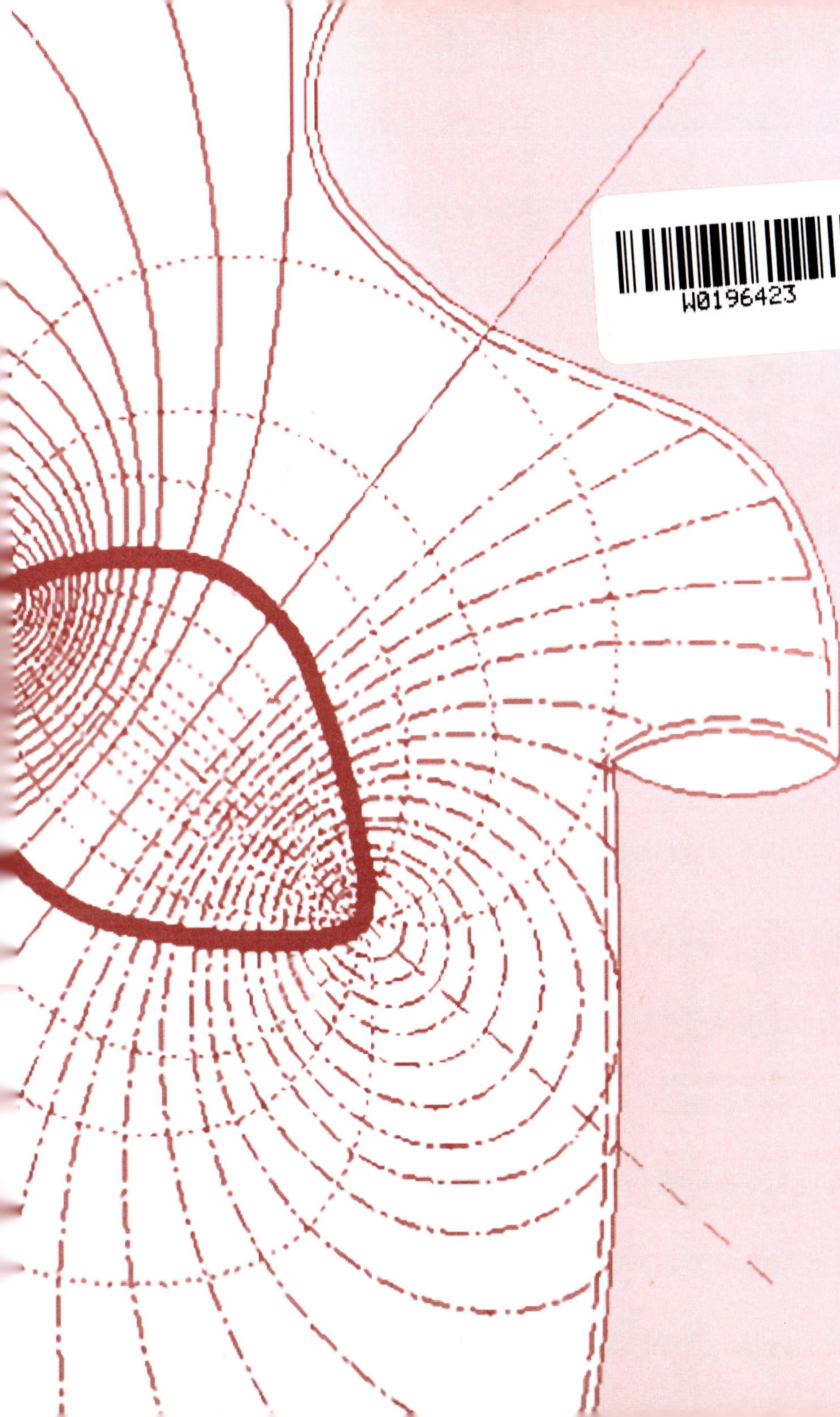

Georg Schmertzing

KRAFTFELD HERZ

Georg Schmertzing

KRAFTFELD HERZ

Bewusst-Sein aus der Wesensmitte

SILBERSCHNUR

ISBN 3-89845-037-6

1. Auflage 2002

Gestaltung: Studio Phoenix
Druck: FINIDR, s.r.o., Český Těšín

Verlag »Die Silberschnur« GmbH · Steinstraße 1 · D-56593 Güllesheim

www.silberschnur.de
e-mail: info@silberschnur.de

INHALT

III. Die neue Herz-Kultur 97

IV. Herz-Übungen 182

„Man muss schon sehr taub sein,
um die Zeichen des Neuen,
so noch nie Dagewesenen nicht zu hören,
das unaufhaltsam einbricht
und in den Herzen der Menschen aufbricht,
die alten Formen des Denkens,
Fühlens und Planens sprengt oder auflöst
und quer durch die eingefahrenen Ordnungen hindurch
machtvoll auf eine neue Gestaltwerdung
des Lebens hindrängt."

Karlfried Graf Dürckheim[1]

Zur Einstimmung

Am Anfang war ein Traum. Wie so oft. Klaudia, eine liebe Freundin und Helferin vieler Menschen, hat ihn stellvertretend für uns alle geträumt. Spontan, wie eben Träume auftreten:

Träume erzählen Geschichten aus dem Überbewussten.

Sie sieht vom Weltraum aus die Erde von schäbig-grauen verfilzten Pferdedecken eingehüllt. Ein Bild des Jammers. Dann geht es im Zoom, wie beim Film, hinunter zur Erde. Zuerst sieht sie die Kontinente. Dann erkennt sie die einzelnen Menschen. Sie sind in ihren jeweiligen Arbeiten erstarrt, wie Standbilder im Film. Dazu ist jeder eingehüllt in Spinnweben und Lurch, sozusagen eingemottet, ohne Leben. In einem dunklen Gespinst gefangen.

Plötzlich beginnt ein einzelner Mensch, wie in Trance, dieses schmutzige, grausige Gewebe abzustreifen. Langsam, in Zeitlupe. Da beginnt das Herz dieses Menschen intensiv aufzuleuchten. Es strahlt golden-orange-violett. In einer unaussprechlichen Farbkomposition. So etwas hat Klaudia noch nie gesehen. Sie kann es nicht in den passenden Worten wiedergeben. Unsere Sprache versagt da ganz offensichtlich. Es ist eine individuelle, unverwechselbar pulsierende Mischfarbe, die aus dem Herzen dieses Menschen herausbricht. In seiner ganz eigenen Schwingung.

Auf einmal legen auch andere Menschen in der unmittelbaren Umgebung dieses ersten strahlenden Herzens ihre dunklen Spinnweben ab und fangen ebenfalls an, vom Herzen zu strahlen. Wieder jeder in seiner individuellen Farbkomposition. Viele Grüntöne sind dabei. Die Farben haben eine Strahlkraft, die alles ihr Bekannte übertrifft.

Wieder aus dem Weltraum gesehen, blitzen unter den grauen Decken, die die Erde einhüllen, diese strahlenden Herzen als Lichtpunkte auf. Zuerst wenige, dann immer mehr von ihnen. Diese Lichtpunkte breiten sich in großer Geschwindigkeit über die Erde aus. Wie eine Lichtspirale umgeben sie auf einmal die ganze Weltkugel.

Die neue Erde erstrahlt im Licht des neuen Bewusstseins.

Da erfolgt eine vollkommen lautlose Explosion, die die dunkle Hülle um die Erde zerfetzt und einen strahlenden Planeten freigibt. Die Summe der immer noch individuell einzigartigen Herz-Lichter ergeben dabei ein brillantes, intensives Licht, wie aus einem Kristall. Es ist so stark, dass es sogar im Traum körperlich weh tut, dieses Licht anzuschauen.

Wie Klaudia diese neue Erde aus dem Weltall betrachtet, sieht sie die verschiedenen Kontinente in ihrem eigenen Licht leuchten. Die Erde sprüht als ganzes Licht, wie ein Feuerwerk im All.

Klaudia hat selbst ein geöffnetes Herz. Darum kann sie in diesem Traum etwas sehen, das uns alle angeht. Menschen mit dem geöffneten Herzen sind auch offen für die Hinweise der transpersonalen Menschheitsseele. Und dieser Hinweis zeigt uns eine Situation, die nach Befreiung verlangt. Und diese befreiende Erlösung kommt aus dem Herzen. Nicht aus der Leber, dem Gehirn oder dem Bauch, sondern aus der Wesensmitte des Menschen und aller anderen Wesenheiten: aus dem Herzen.

Dieses Buch fordert Sie auf, mit mir diesem Herzen als Wesensmitte nachzugehen. Obwohl es bekanntlich herausgeschnitten und wieder eingesetzt werden kann. Also für manche Mediziner nur ein „austauschbarer Pumpmuskel“ ist. Aber auch da tun sich gänzlich neue Perspektiven auf: In der „Frankfurter Allgemeinen Zeitung“ vom 23.1.2002 stand in der Rubrik „Natur und Wissenschaft“ ein Artikel mit dem Titel „Das Ich im Spenderherzen". Mit großem Erstaunen wurde darin registriert, dass bei der Transplantation mit dem Herzen ein nicht geringer Teil der Persönlichkeit des Spenders zum Empfänger mitverpflanzt wird. Dazu wurden die unglaublichsten Beispiele aus einer wissenschaftlichen Studie zitiert. Was kann also dieses Herz? Wird es uns jetzt seine Geheimnisse preisgeben? Wird es für eine neue, strahlende Erde gebraucht? Kann es uns in diese bessere Zukunft führen?

Die Öffnung des Herzens als Evolutionsschritt der Menschheit.

Kostas[2], der griechische Weise, sagte, dass jetzt die angekündigte Wiederkunft Christi als Öffnung des Herzens in unserem Bewusstsein stattfindet. Sie wird uns die Erlösung von der Polarität zwischen den Welten des Guten und des Bösen und das Ende des Leidens aus diesem Gegensatz bringen. Unsere Herzentdeckungen bestätigen genau das.

In diesem ersten Band der Herz-Reihe haben wir eine Fülle von Informationen zusammengetragen, die das Herz als neues Leitkraftfeld des Menschen betreffen. Dabei haben wir sehr viel Unerwartetes, ja bisher Unbekanntes gefunden. Daraus ist eine Faktensammlung entstanden, die auch den Skeptikern unter uns eine neue Herzauffassung ermöglicht. Den kommenden Bänden in dieser Herz-Reihe sind dann weiterführende Themen wie Herz-Leben und Herz-Sein vorbehalten. Jetzt aber schlagen wir vor: Sichten wir die aufregenden Fakten und Trends in Richtung neues Herz!

Fragen über Fragen tauchen über unsere unmittelbare Zukunft auf. Und die Antworten sind ermutigend. Gar nicht so niederschmetternd, wie es viele Fachleute sehen. Sondern begeisternd. Voller Hoffnung. Wie sagt es eine Stimme aus der Tiefe des Universums im „Planet der Wandlung": „Erst wenn alle Menschen begriffen haben, dass sie gemeinsam das vierte Chakra (das Herz d.V.) sein können ... erst dann können sehr viele Menschen eine höhere Entwicklungsstufe erreichen".[3]

Das Geschehen im Herzen bestimmt unsere Weiterentwicklung.

Lassen wir uns also gemeinsam auf das Herz ein. Es hat die Kraft, uns aus vielen verfahrenen Situationen herauszuziehen, wie Münchhausen sich selbst aus dem Sumpf. Wir müssen nur anfangen, auf das Kraftfeld Herz zu horchen und es in unser Leben einzubeziehen. So einfach ist das!

Sommer 2002, Altmünster am Traunsee — Georg Schmertzing

Die „Hand auf's Herz“ legen Politiker bei feierlichen Anlässen.

I. Aufbruch zum neuen Herzen

Worum es geht

Letzthin saßen wir in einer Gruppe zusammen, die über den Menschen nachdachte. Da fragte einer von uns: „Wohin zeigst du, wenn du 'Ich denke' sagst?“ Alle zeigten mit dem Finger auf die Stirne: es heißt ja ein „kluger Kopf“.

In welcher Weise empfinden wir durch den Körper?

Da wagten wir uns weiter. „Und wohin zeigt der Mensch, wenn es darum geht zu lokalisieren, wo er instinktiv fühlt?“ Diesmal einigten wir uns alle auf den Solarplexus, der knapp über dem Nabel gelegen ist. Es heißt ja: „Ich entscheide aus dem Bauch“, wenn wir Gefühlsaktivitäten meinen, die uns instinktiv handeln lassen.

Und dann fragte einer: „Und wohin deuten wir, wenn wir sagen: 'Ich bin'“. Da zeigten wir alle auf die Brust als Herzraum. Wir empfanden hier das Zentrum der Person an sich. Die Wesensmitte.

Daraufhin trat eine Stille ein. Irgendwie dachten wir über unsere Selbstkennzeichnung als Mensch nach. In diese Stille sprach einer von uns: „Ich hatte vor kurzem ein interessantes Erlebnis: Wir saßen in einer Almhütte. Mein bester Freund und ich. Und er erzählte mir ziemlich komplizierte Sachen vom Anfang der Schöpfung der auch das Ende sein kann und dass die Zeit nur eine Illusion ist. Und auf einmal fragte er mich: 'Hast du mir überhaupt zugehört?' Denn ich war wirklich ein bisschen abwesend-anwesend.

Gab mir überhaupt keine Mühe, zuzuhören und verstand trotzdem alles genauso, wie er es meinte. Und plötzlich kam meine Antwort, wie aus der Pistole geschossen: 'Ja, du hast ja in mir, in meinem Herzen gedacht!'"

Er erzählte weiter: „Wir schwiegen eine Weile, dann sagte mein Freund: Siehst du, dieses Gefühl der Herz-zu-Herz-Verbindung, diese Herz-Kommunion habe ich jetzt öfter erlebt. Ich glaube, die Menschen teilen sich gerade jetzt in solche, die das Herz ihres Herzens öffnen und als 'Ich Bin' zu 'Ich Bin' sich offen verbindend mitteilen und in die Menschen, die sich und ihr Herz nicht öffnen und damit die neue Art des Wesensaustausches nicht vollziehen können oder wollen. Diese Empfindung ist so stark in mir aufgebrochen, dass ich dem nachgehen will.

Von Herz zu Herz Verbindung aufnehmen.

So sprach also mein Freund und ich war durch mein Erlebnis dieser Herzgewissheit stark betroffen. Ich empfand für kurze Sekunden genau, was er meinte: Da kommt vielleicht etwas auf unser Menschheitsbewusstsein zu, das uns ziemlich verwandelt und dabei große Hoffnung gibt. So etwas wie ein Bewusstseinssprung des Herzens?

Nach dieser Schilderung eines Menschen, der dieses Herzbewusstsein persönlich erfahren hat, saßen wir alle da und waren stark berührt. Irgendetwas in unseren Herzen sagte: Ja, da ist etwas daran. Und wir einigten uns, über das Herz als neues Bewusstseinszentrum des Menschen nachzudenken, Informationen und Quellen zu prüfen und Versuche an uns selbst anzustellen.

Das haben wir jetzt längere Zeit so gemacht. Das Ergebnis dieser Quellensuche nach dem neuen Herzzentrum des „Ich Bin" ist hier auf diesen Seiten aufgezeichnet. Es ist faszinierend, welche Bedeutung das vielgelästerte Kitschorgan Herz, das noch dazu jederzeit herausoperiert und woanders wieder eingesetzt werden kann, für die Zukunft der Menschheit hat. Wir haben ein Herz der Zukunft, des Neubeginns und der Zuversicht entdeckt. Keiner von uns hätte dieses Ergebnis vorausgesehen.

Lassen wir uns also anregen.

Entwickelt sich das Bewusstsein des Menschen?

Die biologische Evolution ist in eine psychisch-geistige Entwicklung übergegangen.

In der Bibel sagt der Apostel Paulus, dass die Erde in Geburtswehen liegt im Hinblick auf den neuen Menschen.[4] Die Entwicklung des Menschen ist keineswegs abgeschlossen. Wir sind in dauernder Weiterentwicklung. Geistig, seelisch, körperlich. Dabei treten im Körper jeweils neue Organmuster auf. Je nachdem, welches der Organe wir besonders ausbilden, weil wir es in den Brennpunkt unseres Bewusstseins stellen. Der Nobelpreisträger Erwin Schrödinger sagte dazu: „Nach unseren Annahmen geht die Änderung des Verhaltens ständig Hand in Hand mit der Körperbeschaffenheit.“[5]

So gibt es also die sehr überzeugende Theorie, dass sich die Bewusstheit des Menschen verändern und entwickeln kann. Gerade da liegt der große Fortschritt des Menschen als Spezies: Die rein biologische Evolution ist in eine mehr biologisch-psychisch-geistige übergegangen. Dadurch verkürzen sich die Veränderungszeiträume für uns Menschen dramatisch. Der österreichische Biologe und Lorenzschüler Prof. Dr. Rupert Riedl und sein Kreis meinen: Wenn wir nicht über unsere Instinkte hinauswachsen, können wir als Gattung schwer überleben.[6] Die Evolution des Menschen schreitet schneller voran als die der anderen Lebewesen dieser Erde. Unsere Entwicklungszeit ist durch die Selbstreflektion eine schnellere geworden. Gerade jetzt scheint der Evolutionsfluss ein Wasserfall zu werden. Dabei wird er schäumend mit der Luft des Geistes vermischt. Danach ist der Fluss ein anderer.

War es also ein Zufall, dass wir diese verschiedenen Punkte auf unserem Körper mit verschiedenen Bewusstseins-Aktivitäten gleichgesetzt haben? Gibt es Nachweise dieser Bewusstseinsentwicklung der Menschheit, die mit verschiedenen Bewusstseinszentren im Körper in Verbindung steht? Hat schon wer darüber Grundlegendes gesagt, auf dem wir unsere Suche nach der Bedeutung des neuen Herzens aufbauen können?

Lauter Fragen, die uns reichlich theoretisch erschienen. Bis wir auf den Kulturphilosophen Jean Gebser stießen. Er lebte von 1905 bis 1975 und hatte sich sein ganzes Leben mit der Bewusstseinsentwicklung der Menschheit beschäftigt. Sein Hauptwerk heißt „Ursprung und Gegenwart".[7] Darin hat er eingehend folgende interessante Hauptaussage, mit vielen Beispielen belegt, abgehandelt: So, wie jeder Mensch von der Geburt an verschiedene Phasen mitmacht, von der Baby-, Kleinkind-, Pubertäts-, Erwachsenen- und Alters-Phase, ebenso hat auch die Menschheit als Ganzes Phasen mitgemacht. Er fand und belegte folgende Bewusstseinsstufen bisher:

Die archaische, die magische, die mythische, die mentale, die gerade zu Ende geht und als kommende die integrale Bewusstseinsstufe.

Die Menschen dieser Bewusstseinsstufen hatten jeweils vollkommen verschiedene Weltbilder, mit ganz verschiedenen Kunstausformungen und ganz verschiedenen Auffassungen vom Menschen selbst. Natürlich auch von seinem Körper. Und hier wird es für unsere Herzsuche interessant. Wie war die Auffassung vom Herzen in jeder diese Epochen? Welches Organ war für welche dieser Bewusstseinsepochen tonangebend? Auch darüber hat Jean Gebser sehr intensiv geforscht.

Also beleuchten wir Gebsers-Menschheits-Epochen noch einmal nach den Fragen der Bewusstseinsentwicklung hin zum Herzen. Ein bisschen Kulturgeschichte hilft uns dabei.

Der archaische Mensch war eins mit der Natur.

Das Archaische

Es war die Zeit des Paradieses. Der Mensch war eins mit der Natur. Nicht primitiv, wie das unsere hochintellektuellen Zeitgenossen vorschnell beurteilen, sondern allumfassend eins mit allem. Archaios, die Arche, das Ursprüngliche.

Das Magische

Es war die Zeit der Höhlenmalereien. Vor 20.000 Jahren und mehr. Der große Jagdzauber beherrschte das Bewusstsein der Menschen: Wenn ich das Tier, so realistisch wie möglich gezeichnet, auf der Höhlenwand rituell töte, dann gelingt es mir auch draußen bei der Jagd. Alles hängt auf geheimnisvolle Weise mit allem zusammen. Der Mensch beginnt auf diese Umgebung durch Magie einzuwirken, ohne sich von ihr zu separieren.

Als Grundhaltung haben die magischen Menschen den Instinkt, den Trieb und ein Wollen, die alle aus dem Vital-Unbewussten des Menschen kommen. Als Leitorgan empfanden sie den Solarplexus oder wie wir sagen: den Bauch.

Für die 'Mundlosen' der magischen Zeit war die Sprache nicht so wichtig!

Interessant ist, dass Gebser Zeichnungen vorzeigt, wo die Figuren noch ohne Mund dargestellt sind, aber mit sichtbarer Aura. Die selbe Darstellung des Menschen ist auch bei den Zeichnungen der australischen Ureinwohner bis vor kurzem noch anzutreffen! Das heißt, es existieren Restkulturen noch heute auf der Erde, die in den alten magischen Bewusstseinsstrukturen verblieben sind.

Und wie hoch schätzen wir sie jetzt ein. Wie sehr staunen wir über die australischen Ureinwohner, die sich über Tausende von Kilometern telepathisch verständigen und jagdbares Wild orten können.[8]

Die magischen Menschen sahen die Welt eindimensional. Dazu eine interessante Beobachtung Gebsers: Aus dieser eindimensionalen Zeit stammen

Urworte, die beides, jeweils auch das Gegenteil mit einschließen. Zum Beispiel: Helle und Höhle; Muss und Muße; Maß und Masse. Die Spannung der Gegensätze war nicht da. Sie wurden als in einem Prozess ruhend empfunden.

Der Mythos

Das mythische Bewusstsein entstand bei der Herausbildung von Stämmen und sesshaften Kulturen. Die Wissenschaftler meinen vor 5.000 – 7.000 Jahren. Es hat die großen Sagen und Mythen der Menschheit hervorgebracht. Und in ihnen das Geschichtsempfinden, das visionäre Schauen und das Singen und Sagen der großen Erzähler. Der Götterhimmel füllte sich und die ersten bedeutenden Kulturen, von den Sumerern bis zu den Griechen, bildeten sich aus. Die Kunst war flächig-zweidimensional, wie wir es von den altägyptischen Darstellungen kennen. Perspektive gab es keine, denn sie hätte die dreidimensionale Welterfassung verlangt.

Die zweidimensionale Weltsicht der Ägypter kennt noch keine Perspektive.

Auch das personale Ego war noch nicht entwickelt. Odysseus sagte zur Königstochter, wie sie ihn nach seinem Namen fragte: „Man nennt mich Odysseus". Er bezog sich auf sein Volk, das ihn so rief, als den listenreichen Odysseus. Er sagte nicht: „Ich bin der Odysseus!" Das separierte Ich war also noch nicht im Bewusstsein verankert. Die Odyssee ist das Hohe Lied der mythischen Epoche. Der Seelenbegriff entwickelte sich. Die inneren Räume waren sinngebend für die Meeresfahrten und Abenteuer des Helden. Wasser ist seit jeher und auch heute Sinnbild für die Seele.

Das Leitorgan des mythischen Menschen war der Mund. Mythos und Mund sind eine Einheit. Sie sind sogar aus dem gleichen Wortstamm!

Mythos und Mund gehören zusammen.

Der mythische Mensch sah die Welt zweidimensional. Er unterschied schon in Himmel und Erde, Yin und Yang. Er ist Handelnder und Erleidender. Er ist jetzt gut und böse. Das gehört zu seinem Wesen. Davon spricht er.

Zu Ende ging diese Epoche durch ein Überhandnehmen von Göttern und Dämonen, die die Seele des Menschen so überwältigten, dass eine bewusste Klärung folgen musste.(*9)

Unsere mentale Zeit

Es war Zeit, das Ich-Bewusstsein in uns zu wecken und das Person-Sein auszubilden. Dies geschah durch eine dramatische Veränderung in der Auffassung des tonangebenden Leitorgans des Menschen. Es wurde von Alkmaion von Kroton, 500 v. Chr. als das Gehirn im Kopf des Menschen entdeckt. „Damit war für den Menschen ein neues Zentrum gefunden, der entscheidende Schritt aus dem Traum ins Wachsein endgültig vollzogen". Zeitgleich hat der Grieche Philaos behauptet, dass die Erde um die Sonne kreist. Aber darauf hat damals niemand gehört. Es war eine Entdeckung der dreidimensionalen Sicht. Diese Auffassung war der zu Ende gehenden zweidimensionalen Welterfassung zu fremd. Philaos wurde nicht geglaubt, er wurde bedroht und totgeschwiegen. Die beharrenden, zweidimensionalen Kräfte waren noch zu stark. Die Erkenntnis des Philaos wurde bis in die Renaissance verdrängt.[10]

Der mentale Mensch erobert die Welt u.a. durch die Perspektive.

Ein weiteres Signal unserer neuen, mentalen Zeit war das Auftauchen der ersten perspektivischen Zeichnungen um die Zeit von 1250.[11]

Der Pathos des Mythos wurde von der Abstraktion des analysierenden Denkens abgelöst. Das mythische Chaos ist der mentalen Ordnung gewichen. Gehirn und Auge, stolz ganz oben im Menschenleib situiert, betrachten ab jetzt die Welt beherrschend, separierend, perspektivisch, dualistischzerteilend. Wir haben jetzt eine Bewusstseinsstruktur, die nicht mehr gut und böse, weiß und schwarz akzeptiert, sondern nur mehr ein striktes entweder gut oder böse, entweder weiß oder schwarz. Eine notwendige Entwicklung, die jetzt – am Ende dieser unserer Bewusstseinsstufe – kollabiert. Durch das Entwederoder sind wir mit der Natur nicht mehr kompatibel. In ihr herrschen andere Zustände und Gesetze, wie die Ökologen und die Atomphysiker zuerst mit Schrecken, dann einfach damit arbeitend, entdeckten. Das bekannteste Beispiel: Licht bleibt sowohl in Materieteilchen, als auch in materielosen Wellen Licht. Oder: Ökologische Systeme sind sowohl lokal begrenzt als auch dem Erdganzen verbunden. Wo bleibt da unser Glaubenssatz vom Entwederoder? Er löst sich langsam auf.

Unser Weltbild und unsere Sprache sind dreidimensional begrenzt. Deshalb haben wir wenige Worte für Sowohlalsauch-Situationen. Wir nennen sie einfach paradox oder widersprüchlich. Und das ist sichtlich zu eng. Wir brauchen eine Erweiterung unseres Bewusstseins ins Ganzheitlich-Integrale.

Das kommende Integrale

Keine Bewusstseinsstufe darf übersprungen werden.

Jede Bewusstseinsstufe muss die vorgehende mit integriert haben, sonst hat die jeweilige Bewusstseinsstruktur gröbere Schwierigkeiten. Also unsere mentale Stufe darf die magische und mythische keineswegs verdrängen, sonst holen sie uns ein. Vielleicht waren gerade Hitler und seine Gefolgsleute die verdrängte magisch-mythische Struktur, die wir stolzen Rationalisten bereits ausgerottet geglaubt hatten. Der Mythos des Dritten Reiches ist uralt und die Vernichtung unwerten Menschenlebens ein magischer Zauber brutaler Art, der sich in unseren Tagen nochmals austobt. Das heißt, die kommende integrale Denkweise muss das Magische, das Mythische und das Mentale in uns bewusst machen und es zum gänzlich Neuen umformen.

Für diese neue, vier- oder multidimensionale Bewusstseinsstruktur gibt es viele Zeichen an der Wand. Sie wird integral, global, also ganzheitlich erfassend sein und Zeit sowie Raum aufhebend, alles durchsichtig machen, also transparent vergegenwärtigen. Sie wird nicht im Bewusstsein linear auf der Zeitachse von der Vergangenheit, über die Gegenwart in die Zukunft fließend erkennen, sondern alles in der unmittelbaren Gegenwart „wahren".

Wahren, ein neues Wort, kreiert von Gebser. Es bedeutet: Nicht die Synthese, den Ausgleich verwirklichen, sondern die Integration. Die Teile vermischen sich nicht, bleiben und gehören aber trotzdem zusammen. Der Ursprung mit der Gegenwart, die auch die Zukunft mit einbezieht. Dabei ist die unscharfe Durchsichtigkeit aufs Ganze so wichtig. Im Denken korrespondiert das Wahren mit dem Sowohlalsauch und dem gleichzeitigen Wahrnehmen aller Teile, auch wenn diese Sichtweise für das noch herrschende dreidimensionale Bewusstsein so schwierig ist. Wir werden nicht mehr nur perspektivisch sehen, sondern allumfassend wahren. Beim Hauptorgan, welches dies leistet, war er sich nicht im klaren.

Vergangenheit, Gegenwart und Zukunft sind eins.

Er bringt uns für diese integrale Struktur, die wir noch so schwer verstehen, ein Beispiel aus der Kunst: Der geniale Pablo Picasso malte Köpfe, die zugleich nach mehreren Richtungen schauen.[12] Die Zeit ist nicht mehr im Augenblick im Raum fixiert, sondern in mehreren Phasen im Prozess bewegt gezeigt. Und der Augenblick ist der Zustand, der der unvorstellbaren Ewigkeit als Urgrund allen Seins am nächsten kommt. In ihm ist jedenfalls Ursprung, Gegenwart und Zukunft vereint.

Wir entdecken das integrale Sowohlalsauch und erkennen uns selbst sowohl als geistig, als auch zugleich als materiell. Als logisch und alogisch denkende Wesen. Und dieses Sowohlalsauch bricht unser lineares Denken als Paradoxon auf.[13]

ALLES FLIESST

Auch wenn die Weltbilder zerbrechen, das „Ich Bin" ist da, auch wenn jeder von uns Menschen in jeder Sekunde um Millionen von Zellen neu wird. Das „Ich Bin", wo wir auf die Brustgegend zeigen, auf das Resonanzzentrum unseres Wesens, auf das Herz, es ist Kontinuität im Werden. Könnte es also sein, dass das schwingende Herzzentrum die biologisch-körperhafte Leitzentrale beim Aufbrechen in diese neue, integrale Bewusstseinsstruktur ist, die das Leben als niemals ruhenden Prozess erkennt?

Die Biologen sagen, dass nur Systeme überlebensfähig sind, die das Unerwartete verkraften bzw. integrieren können.[14] Deshalb müssen gerade wir Menschen heute, in dieser Übergangszeit von einer Bewusstseins-Epoche in die andere, von der offenen Art sein, die das Unerwartete, Ungewohnte, Unbekannte nicht ablehnt, sondern vorsichtig und unvoreingenommen, hellwach im Herzen annimmt, auch wenn der Verstand streikt.

Auch die Wissenschaft muss Kopf und Herz verbinden.

Katja Walter, die das faszinierende Buch „Chaosforschung, I Ging und genetischer Code" geschrieben hat, meint, dass die moderne Wissenschaft, wie die Mystiker bisher, Kopf und Herz verbinden müssen, um überlogische Muster mit mehr Einfühlungsvermögen zu erforschen als bisher und auch ungewohnte Ergebnisse anzunehmen.

Hier ein Beispiel aus obigem Buch: „Es sind diese Zahlenmuster, die den Kosmos durch ihren Herzschlag mit Sinn erfüllen. Verhältnisse zwischen Zahlen haben diesen universalen Herzschlag im Materie-Energie-Körper des Raum-Zeit-Gewebes in Gang gesetzt. Sie haben einen universalen Rhythmus hervorgebracht, aus dem der Kosmos entstanden ist und den man schließlich in der Chemie im genetischen Code entdeckt und im Osten im I Ging nachgebildet hat. Dieser universale Rhythmus hat einst unseren Körper und unsere Seele erschaffen und schlägt in uns weiter," im Herzen.[15]

Könnte nicht gerade jetzt, wo erstmals Impuls, Welle, Schwingung und Strahlung in unser Alltags-Bewusstsein integriert werden, das Organ in uns die Integrationsfunktion übernehmen, das 3 Milliarden mal im Lebensdurchschnitt in unserem Körper, pulsierend für das Leben schwingt: Das Herz?

Und noch eine letzte Frage möchten wir anklingen lassen: Die Frage nach der vierten, der kommenden Dimension! Sie wird unser Wahrnehmungsvermögen bestimmen. Öffnet sie uns eine Türe zu vielen Dimensionen?

Wieder regt uns die Philosophin und Jung-Schülerin Walter mit einem Hinweis auf das älteste und berühmteste chinesische Weisheitsbuch, das „Tao Te King" an, über diese vierte Dimension nachzudenken. Dort steht: „Das Tao erzeugt die Eins. Die Eins erzeugt die Zwei. Die Zwei erzeugt die Drei. Die Drei erzeugt die zehntausend Dinge". Sie spricht vom Drama unserer dreidimensionalen Psyche. Die Faszination der vierfältigen Mandalas beweisen das. Die dritte Größe hat den Hunger nach der vierten, die uns in die unbekannten Gebiete des Unendlichen führt. Sie führt einige Beispiele dazu an, die wir später im Lichte unserer Herzsuche prüfen wollen.[16] Besonders erwähnt sei die Chaostheorie, in der ebenfalls die vierte Stufe als Dreh- und Angelpunkt des Chaosparadigmas zu finden ist, als der „Haupt-Attraktor", dargestellt im Mandelbrot-Herzen. Auch Mandelbrot-Männchen genannt.[17]

Das Chaos-Herz oder Mandelbrot-Männchen.

So oder so, wir leben im Zeitpunkt großer Veränderungen. Und das Herzmuster spielt dabei eine zentrale Rolle. Es könnte sein, dass es auch den „Haupt-Attraktor" im Verwirrspiel des Wandels darstellt, den wir jetzt rundum erleben.

Die Wandlung des Herzens

Das Herz hat es im Menschen schon immer gegeben. So, wie auch das Gehirn oder die Hypophyse. Hat es sich also im Bewusstsein des Menschen weiterentwickelt? Wie war sich der magische Mensch seines Herzens bewusst, wie der mythische und wie ist es mit dem Menschen von heute?

Hat sich der Begriff Herz gewandelt?

Wir haben Völkerkundler, Kultur-Anthropologen, Psychologen, Ärzte, Gurus und Dichter befragt. Hier einige Schlaglichter, die uns weiterhelfen.

Zuerst wieder Jean Gebser. Den verschiedenen Entwicklungsstufen hat er die jeweils eigene innere Energetik des Menschen und ihre Ausdrucksweise zugeteilt, die wir für unsere Herzentwicklung mit berücksichtigen wollen.[18]

Es kommt „nicht auf eine Bewusstseins-Erweiterung, sondern auf eine Bewusstseins-Intensivierung“ an[19], sagt Gebser. Von der Emotion bis zur Konkretion ist eine Intensivierung der Bewusstheit klar abzusehen. Ist das auch in der Auffassung und im Einsatz des menschlichen Herzens so geschehen? Kann der integrale Mensch mit dem Herzzentrum konkreter arbeiten, als der magische, der mythische oder mentale Mensch?

Bewusstseinsstufe	Energetik	Ausdruck
Archaisches Bewusstsein	Latenz	Ahnen
Magisches Bewusstsein	Emotion	Erleben
Mythisches Bewusstsein	Imagination	Erfahren
Mentales Bewusstsein	Abstraktion	Vorstellen
Integrales Bewusstsein	Konkretion	Wahren

Die Evolutionsstruktur des menschlichen Bewusstseins nach Gebser.

Unser Herz hat alle Bewusstseinsstufen gespeichert.

Das archaische Herz

Das Archaische ist das Undenkbare, das wir in unserer persönlichen Geschichte als das Vorgeburtliche nur erahnen können. Es ist der Ursprung selbst, der nicht begreift, sondern ist. In dem Augenblick, in dem es in das Reale eintritt, ist es nicht mehr Einheit, hat seine Unschuld verloren, ist es in sich geschieden.

Im Archaischen ist der Körper eins mit der umgebenden Natur, also auch das Herz noch kein festzustellender Begriff. Das „Herzlose Urwesen" im frühen Indien ist so ein Symbol des Ursprungs aus archaischer Zeit.[20]

Das magische Herz

Nach und nach entdeckt der Mensch im jagbaren Tier und in Entsprechung zu sich selbst die Lebensenergie in der Herzgegend. Sein Schlag, seine Bewegung wurde ja gespürt. Der Jäger musste das Herz waidgerecht aus dem Tier schneiden.

Der magische Mensch sieht die Welt als Wirkungsstätte dunkler, unsichtbarer Kräfte, mit denen er zusammenarbeiten muss. Das Tor zur göttlich-übersinnlichen Welt war das Herz als verborgenes Kraftzentrum im Brust-Magenraum. Mit ihm konnte man das Göttliche/Geistige erspüren. Separiert denken als Organ konnte man das Herz aber noch nicht.

Wir kennen den Woodo-Zauber Haitis, wo der Puppe zum Beispiel ins Herz gestochen wird und durch wiederholte magische Rituale der gemeinte Mensch bestraft, in den Bann gezogen oder getötet wird. Wir wissen aus vielen Beispielen, dass so etwas auch tatsächlich funktioniert. Der

Gemeinte wird kränker und kränker und kann am Ende so eines magischen Angriffs sogar sterben.[21]

Der Opferpriester hat mit einem Feuersteinmesser den Brustkorb des Opfermenschen geöffnet.

Im aztekischen Herzopfer war die Verbindung zum Stammesgott und seine Ernährung der magische Zauber, um seine Kraft und Hilfe für sein Volk zu erhalten.[22] Im Niedergang der aztekischen Kultur sollen es Hunderte von Gefangenen gewesen sein, die gewaltsam hingeschlachtet wurden.[23] Am Anfang war es meist das freiwillige Selbstopfer eines angesehenen ausgewählten Stammesmitglieds. Er gab sein Wertvollstes dem Gotte hin.

Bei den Azteken gab es die „Herzfresser" – der Name erinnert an ein magisch rituelles Essen des Feindherzens – eine besonders „schreckliche Gruppe von schwarzen Magiern, deren Hexereien körperlichen Verfall, Ohnmacht und schleichende Krankheiten hervorrief", erzählten die spanischen Eroberer.[24]

Der magische Mensch begriff, nach asiatischen Quellen, ungefähr so: Meine Brust versteht und mein Bauch begreift.[25]

Wenn der magische Mensch ichlos, raum- und zeitlos, natureins ist, dann ist der Zauber seine erste eigenständige Art, die Welt in den Griff zu bekommen. Und in diesen Zauber ist erstmals das Herz mit eingebunden. Undefiniert noch, aber als Kraftzentrum in der Dunkelheit der bergenden Rumpfhöhle mit den Eingeweiden erlebt. Besonders im Liebes- und Machtzauber. Beides nicht im Sinne irgendeines ethisch-sittlichen Urteilens. Sondern als lebenskonform.

In diesem Zusammenhang ist es bemerkenswert, dass das Herz als Begriff in den Texten des Alten Reiches in Ägypten keine Rolle spielte. Es wurde höchstens als Ausdrucksvertiefung verwendet, aber eben nicht als eigenes Phänomen herausgestellt.[26]

Wir wollen aber nochmals hervorheben, dass der magische Mensch durch seine Natureinheit die Fähigkeit des Fernsehens und Fernwissens hatte und heute diese Eigenschaft im Menschen gerade als Planetisation eine dramatische Aufwertung erfährt. Diesmal nicht nur medial ergriffen, sondern meta-bewusst erlebt.

Wenn wir später noch die aktuelle Herz-zu-Herz-Kommunion entdecken werden, so ist das Grunderlebnis dazu sicher in dieser magischen Bewusstseinsepoche gelegt. Denn ohne Fernfühlen und Telepathie sind diese Phänome nicht zu erklären.

Das mythische Herz

Wenn der Sitz der Seele in fast allen älteren Quellen mit dem Herzen verbunden ist, dann auch die pochende Lebensenergie, die man in der Seele erkennt.

Das Bewusstsein der inneren Polarität vom hörbaren Schlagen des Seelenorgans Herz, gegenüber dem Schweigen der Eingeweide ist erwacht. Genauso wie der mythische Mund reden und schweigen kann, kann der magische Solarplexus nur schweigen, das magische Ohr nur hören. „Wes das Herz voll ist, des geht der Mund über" ist der Wahrspruch des mythischen Menschen der Zweidimensionalität.

Durch Abwägen des Herzens in Relation zu einer Feder wurde festgestellt, ob der Tote auch rechtmäßig beurteilt wurde.

Dabei bekommt das Herz eine Gewissensfunktion: Was der Mund bekennt, muss das Herz bestätigen, sonst ist es reines Lippenbekenntnis, das als Lüge entlarvt wird. Darum wird im alten Ägypten das Herz des Toten auf die Waage gelegt, damit es den Menschen als leicht (gut) oder schwer (schlecht), wahrhaftig oder zwiespältig vor Gott darstelle.

Familie, Stamm, Volk sind die neuen sozialen Ausformungen des mythischen Bewusstseins, die sich aus der magischen Gruppe entwickelt haben. Auch hier ist das Herz gefragt. Im Altägyptischen zum Beispiel ist das gute Herz für das soziale Zusammenleben, ägyptisch „Ma'at" verantwortlich. Es hat die gesellschaftliche Verantwortlichkeit gegenüber dem Pharao, später gegenüber der Gemeinschaft und nicht zuletzt gegenüber Gott übernommen. Dazu braucht der Mensch ein „hörendes Herz".

Der Mensch braucht ein „hörendes Herz".

Die Angst vor einer Entzweiung von Mund und Herz ist groß und existenzbedrohend. Das Bündnis ist durch das Herz selbst oft gefährdet: „Mach nur, mein Herz, keinen Kummer. Warum handelst du so töricht? Warte gefasst"[27] lautet ein ägyptischer Text. Es ist unstetig, unruhig, leicht beeinflussbar, zaghaft, und furchtsam. In der Bibel ist es noch krasser geschildert. Jesus sagt dort: „Denn aus dem Herzen kommen böse Gedanken, Mord, Ehebruch, Unzucht, Diebstahl, falsche Zeugenaussagen und Verleumdungen. Das ist es, was den Menschen unrein macht"[28] und nicht das Essen, das von außen in den Magen kommt und wieder ausgeschieden wird.

Jesus kritisiert die oberflächliche Sicht der Pharisäer, die nur auf vorgeschriebenes Essen und gewaschene Hände schauen, nicht aber die Reinheit des Herzens kennen. Denn ihr Herz ist kein hörendes Herz mehr und deshalb müssen sie die äußerlichen Gesetze über die innere Gesinnung stellen.

Das Herz des sittlich guten Ägypters ist fest und ausgeglichen. Es ist weniger mit Liebe und Leidenschaft beschäftigt. Sie bringen es nur dazu, Dummheiten zu machen, es zu gefährden.

Es ist auch interessant zu sehen, wie in China und Ägypten das Herz mit der kulturpolitischen Lage verschieden aufgefasst wurde. Bei einer starken

Monarchie war das Herz die absolute Mitte der Person, die dem Körper befiehlt und ihn leitet und bei einer weniger zentralistischen Staatsform das Organ, das die anderen Organe anregt. Der Höhepunkt war Amenophis IV - genannt Echnaton - der den Sonnengott als einzigen Gott für alle Untertanen bestimmte. Diesen Sonnengott durfte nur einer sich in das Herz setzen: Echnaton. So sprach er denn: „Du bist in meinem Herzen und ist kein anderer, der dich kennt, außer deinem Sohne Echnaton, den du deinen Weg und deine Macht gelehrt hast."[29] Eine Vorausahnung auf das Ich-Bewusstsein der nächsten, der dritten Dimension, die auch prompt von seinen Zeitgenossen und Nachfolgern wieder gründlich gelöscht wurde. Echnaton und sein ichbezogener Eingottglaube versanken in der Vergessenheit.

Zum Ende der mythischen Zeit geht das im „Ma'at" gefestigte Herz, das das Gemeinsame, soziale Vernunft und Tradition, Bildung und Erziehung in sich vereint, in das Herz über, das von Gott ausgefüllt und selbst geführt wird. Also ebenso eine Entwicklung vom mythisch-sozialen Volks- und Staats-Herzen zum individuellen ichstärkenden Gott-Herzen.

Echnaton, den Sonnengott Aton verehrend. Reliefblock (Kalkstein) aus Tell-el-Amarna. Um 1350 v.Chr. Kairo, Ägyptisches Museum.

Die Entwicklung des personalen Herz-Zentrums im Inneren, das auch die Kulturgemeinschaft im Äußeren und selbst Gott mit einbezieht, ist die besondere Leistung der altägyptischen und hebräischen Kulturen des Herzens. Ganz im Gegensatz zu den Griechen, die den Menschen im Inneren eher als Puzzle seiner verschiedenen Teile verstanden und im Äußeren seine Körperform herausstellten.

Das Herz als austauschbarer Pumpmuskel.

Das mentale Herz

Das Magische ist Ausdruck einer Zauber-Macht, das Mythische Ausdruck der Seele und das Mentale bringt das Begreifen im doppelten Sinn: Etwas verstehen und es mit den Händen angreifen, oft auch zerlegen. Dem Erfahren des Erlebens folgt der Schmerz der Bewusstwerdung. So will es die Entwicklung des Lebens. Dabei wurde die Vernunft als einziges Mittel der Bewusstwerdung eingesetzt.

Wie sah es inzwischen mit dem Herzen aus? Es wurde spät aber doch entdeckt und enträtselt, herausgeschnitten, im Tierversuch in seiner Funktion beobachtet, lebend als Pumpe erkannt, sogar in der Bewegung gefilmt und somit unter den Teilen der Maschine Mensch eingereiht. Wie sagt Prof. Christiaan Barnard, der die erste geglückte Herztransplantation vorgenommen hat, im Jahr 1999: „Für mich war das Herz stets ein Organ ohne Mystik. Es ist relativ simpel gebaut, hat nur eine einzige Funktion und ist so gut erforscht wie sonst kaum etwas in unserem Körper... Das Herz dagegen (im Vergleich zur Leber d.V.) ist eine primitive Pumpe. Es besteht im Grunde lediglich aus vier Teilen – Muskel, Nerven, Arterien und einem Ventil. Das vermeintliche Wunder hat nur eine einzige Aufgabe in unserem Körper zu erfüllen – Blut zu pumpen.“[30] Wie das cool und emotionslos in den Raum gestellt ist. Gut, dass er dazu bekennt, dass die Todesursache Nr. 1 in der Welt der coolen Herztransplanteure das Versagen des Herz-Kreislaufes ist. Irgendwie klafft eine Lücke zwischen Herzmaschine und Mensch. Könnte es da ein Verständigungsproblem geben?

Mit großem Erstaunen konnten wir feststellen, dass die Gewissensfunktion des Herzens auch im 21. Jahrhundert nicht abgenommen, sondern im Gegenteil dramatisch zugenommen hat. Und zwar typisch dreidimensional: als Warninstrument im menschlichen Körper-Psyche-System. Falscher Lebensstil, unverantwortlicher Raubbau an der Gesundheit von Körper und Seele, Stress und Konsum-Apathie (Bewegungsarmut mental, seelisch und körperlich!) werden mit Herzflimmern, Angina Pectoris, Herzinfarkt und Herzinsuffizienz brutal angezeigt und mit Herzschrittmachern, Herzoperationen aller Art und Herztransplantationen mechanistisch zu reparieren versucht.

Das Missverständnis liegt im Primat technischer Machbarkeit: Solange es gesellschaftlich anerkannt ist, im Arbeits- und Wohlstandsstress zu sein, die emotionalen Aufgaben wie Liebe und Zuwendung in Familie und Gemeinschaft nicht mit Herz wahrzunehmen und den coolen Rationalistenjargon nicht nur von sich zu geben, sondern ihn auch zu leben, ist das Herz als Organ gefährdet. Manchmal hört man deutlich in den Krankengeschichten, dass das Herz dem Patienten signalisiert hat: „Du, jetzt werde vernünftig!" Wie im alten Ägypten: „Verhalte dich dem Ma'at entsprechend." Nur, damals war es gesellschaftlich anerkannt, die Herz-Vernunft walten zu lassen, heute ist das Herz zum Pumpmuskel degradiert und nicht ernst zu nehmen. Also wehrt es sich.

Platon (427-347 v.Chr.), der Kopfdenker, der Körper und Seele trennte.

Die großen Schwierigkeiten des modernen, dreidimensional begreifenden Menschen mit dem Körper und damit auch mit dem Herzen begannen beim griechischen Philosophen Platon. Er postulierte die Trennung von Körper und Seele. Seine Seele spielt eine Gastrolle aus dem Geistigen im materiellen Körper. Die leibliche Gemeinsamkeit im Erleben beider wurde relativiert. Der Philosoph Hermann Schmitz tritt daher in einer Synthese von Platon für die Wiederentdeckung des Leibes als ein einheitliches System ein, in dem es „Leibesinseln" gibt, die gewisse Empfindungen beherbergen und die sich, wie wir beim Herz gesehen haben, durchaus immer wieder im Bewusstsein des Menschen verändern können.[31]

Gerade die letzte Zeit ist einer Neuentdeckung des Leibes gewidmet. Ausgehend von den verschiedensten psychologischen Schulen. Und diese Neuentdeckung des Leibes, der empfindet und anzeigt, was sich gesamthaft im Menschen abspielt, hat die Einheit von Körper und Seele bestätigt. Wir können den Körper nicht von der Psyche, das Empfinden nicht vom Denken trennen. So, wie wir in der Naturwissenschaft Subjekt und Objekt nicht mehr getrennt sehen können. Also können wir Herz-Empfinden nicht vom Gehirn-Abstrahieren trennen. Sie beeinflussen und kreieren sich gegenseitig. Sie ergeben zusammen mehr als die Summe ihrer jeweils einzelnen Aktivitäten. Hier liegt der Punkt, wo wir unserem Suchen nach der neuen, tonangebenden Leibesinsel in unserem Wesensganzen auf die Schliche kommen. Die uns über das dreidimensionale, mentale Bewusstsein hinausweisen kann, wo das Unerwartete auf uns wartet.

Wir können Herz-Empfinden von Gehirn-Gedanken nicht trennen.

Das integrale Herz

Jetzt kommen wir zum Hauptanliegen dieses Buches: Brauchen wir ein neues „Organ", eine neue Leibesinsel von so integraler Natur, dass wir damit in eine neue, ganzheitlichende und wahrende Bewusstheitsstufe treten, die unser verfahrenes, mentales Entwederoder-Paradigma in ein integrales Sowohlalsauch verwandeln kann?

Dass wir so etwas dringend brauchen, das dämmert uns allen. Die Probleme von Klimakonferenzen ohne Ergebnis, des Völkerhasses bis zum Religionsfanatismus, des weltweiten Terrors und dem Gegensatz von Arm und Reich auf dieser Welt zeigen es uns deutlich und sie sind wie ein Vulkan: zuerst spucken sie uns Rauch ins Gesicht und verbrennen unsere Häuser, dann explodieren sie und futsch! - weg sind wir. Präsident Bush würde sich am Kraterrand Spiegeleier braten und vom nationalen Interesse der USA an Energie schwärmen und alles nicht so dramatisch finden, solange es nicht im eigenen Land bäng! macht. Dann aber wird das letzte Gefecht zwischen „Gut und Böse" deklariert – im Außen natürlich und dreidimensional. Nicht nach Innen. Lauter Problemlösungen ohne integralen Ansatz, rein oberflächlich gesehen und mit einem starken Missionseifer gegenüber der restlichen Welt gefährlich aufgeheizt.[32]

Zuerst Herz-Spontaneität, dann Hirn-Erklärung.

Nehmen wir uns ein Herz und gehen wir dieses schwierige Kapitel an, auch wenn wir wie die Fische vom Wasser reden. Denn wir alle sind Subjekt und Objekt zugleich. Das versteht das rationale Hirn schwer, lebt es noch schwerer. Das versteht das Herz oder was wir dafür halten, besser, schneller, direkter. Es erfasst alles vieltausendmal schneller als das Hirn, weil es mit Instinkt und Empfinden eng verbunden ist und die sind um viele zigtausend Zeiteinheiten schneller als das intellektuelle Erfassungssystem. Wenn wir im Leben nur mit dem Intellekt auskommen müssten, wären wir in Kürze ausgestorben. Unsere Reaktionen wären schlicht viel zu langsam.[33] Wir handeln im Leben meist spontan und das Hirn liefert uns im nachhinein eine Erklärung. Wir überleben also nur mit der Spontaneität des Herz-Empfindungs-Systems. Auch wenn es das geltende gesellschaftlich-soziale Paradigma nicht wahrhaben will. Es sichert unser Dasein.

Und genau diese Leibesinsel, dieses Kraftfeld Empfindungsherz ist heute kaltgestellt. Das, was wir Herz-Empfindung nennen, haben wir zur Teilnahmslosigkeit verwandelt. Wir reagieren einfach nicht oder unbewusst. Wie sagt es Jesus: „Mit wem soll ich also die Menschen dieser Generation vergleichen? Wem sind sie ähnlich? Sie sind wie Kinder, die auf dem Marktplatz sitzen und einander zurufen: Wir haben für euch auf der Flöte Hochzeitslieder gespielt, und ihr habt nicht getanzt, wir haben Klagelieder gesungen, und ihr habt nicht geweint".[34] Wir sind so cool, so unempfindlich gegen die Anrührung des Herzens, dass wir dumpf unsere Bequemlichkeit vorziehen und unsere seelischen Panzerungen nicht ablegen.

Wir haben oft ein „Herz aus Stein", sagt die Bibel.

Wie kommen wir aus dieser Sackgasse? Indem wir viele Gewohnheiten unserer dreidimensionalen Bewusstheit loslassen. Zum Beispiel die rationale Verhaftung in allen Bereichen des Lebens. Wir sollten die Rationalität nicht verleugnen, sondern sie auf ihren Platz stellen. Ebenso wie Instinkt, Gefühle und Intuition. Sie alle sollten sich in der Mitte treffen, im Herzraum. Dort kann die Konkretisierung des integralen Wahrens beginnen. Dort wird Intellekt und Instinkt zum Empfinden, das in das Wahren übergeht. Wahren ist meta-intellektuelles Rundumempfinden. Eine gegenwartsbewusste Konkretion und Momentaufnahme, die das eigene Herz und das Herz aller Dinge zeigt. Die sich dem Leben in Liebe zuneigt. Wahren ohne Lieben ist unmöglich.

Diese Leibesinsel Herz-Brustraum ist so schwer zu begreifen und zu definieren, denn sie ist in ihrer schwingenden Art nicht logisch abgegrenzt und dreidimensional zu erfassen. Picasso müsste sie konsequenterweise in verschiedenen Phasen zugleich zeichnen, weil das lebende Herz ja für unser Auge, wie ein Film, nie ruht. Das Herz ist wie das Licht, sowohl Materie als auch Welle-Schwingung zugleich. Und diese Art macht es so interessant: Es eignet sich großartig für das neue Materie-Welle-Paradigma, das, angeregt durch die Physik unserer Zeit, unzweifelhaft das alte Newtonsche-Weltbild der Mechanik ablöst. Das mechanistische Welt- und Menschenbild ist überholt. Es erklärt immer nur Teile und vergisst den Bezug zum Ganzen.

Wir Menschen sind in den rhythmischen Song von Sein und Tun eingebettet, den Frank Sinatra so klar vorgetragen hat: „Dobedobedo!“[35] Do - Werden, Tun, Aktivität, Entwicklung. Be - Latentes Sein im Urgrund, Potenz, Ruhe, Stille. Das erkennen wir jetzt. Dank unserer besten Köpfe. Albert Einstein stellte fest: „Alles besteht aus Leere, und Form ist verdichtete Leere.“ Die Inder haben das seit vielen tausend Jahren im „Herz-Sutra“ festgehalten: „Form ist nichts anderes als Leere, und Leere ist nichts anderes als Form!“[36] Ich finde es schön, dass die alten Inder dieser zentralen Erkenntnis den Namen „Herz-Sutra“ gaben. Form und Leere folgen einander im Schöpfungsgeschehen wie das Pulsieren des Herzens.

Eine künstlerische Darstellung des „Herz-Sutras“.

Die Sache ist schnell erklärt: Wenn der Wissenschaftler mit einem subatomaren Fernglas unseren Körper anschauen würde, wäre da nur Leere zwischen einigen Teilchen/Wellen. Einzelne Sterne am Nachthimmel. Wenn er sein Mikroskop zurückschaltet in unseren Alltagskosmos, wäre da die Form unseres festen Körpers. Das müssen wir einmal begreifen, um nächstes Mal vielleicht mit der richtigen Technik von einem Zustand zum anderen beamen zu können. Prof. Zeilinger an der Universität von Innsbruck in Österreich hat schon Experimente mit Teilchenübertragung (Teleportation) erfolgversprechend durchgeführt. Das Team konnte ein Photon teleportieren. Damit hat eine neue Informationsübertragung stattgefunden, die eine identische Kopie des ausgesandten Teilchens durch den „Hyperraum" übertragen hat. Ein Photon verschwand am Ort A (es wurde Leere) und tauchte am Ort B (als Form) wieder auf. Es wurde dorthin „gebeamt". Und das alles unter wiederholbaren Laborbedingungen! Aufgelöst und wieder zusammengesetzt wahrgenommen.[37]

Teleportation im Hyperraum ist bereits möglich.

Science-Fiction-Filme sind Lehrstücke, die aus dem kollektiven Unterbewusstsein geboren werden. Die Wissenschaft versucht diesen Phantasien Konkretes nachzuliefern. – „Dobedobedo" so schlägt das Herz des Menschen und aller Wesen um uns herum. Die ganze Schöpfung schlägt in diesem Rhythmus des Seins und Werdens. Unsere Entwicklung wird noch lange oder immer in diesem Prinzip eingebettet sein. Wenn wir dies im Herzen ganz verstehen und leben, werden wir im Rhythmus des Universums schwingen. Und nichts festhalten und alles loslassen. Es taucht dann woanders wieder auf!

Wie steht es in einem Text aus dem kollektiven Unterbewusstsein: „Wenn er (der Mensch d.V.) einmal in das Herz der Dinge hineinsieht, wird er feststellen, dass es das Herz des Vaters selbst ist, und von dort gehen alle Strahlen der Schöpfung aus ihm hervor."[38]

Wenn wir das als Herz bezeichnen, was die Wesenstiefe und innerste Bedeutung aller Phänomene ist, dann ist seine Bedeutung für die menschliche und kosmische und geistige Entwicklung von grundlegender Wichtigkeit. Dann ist eine neue Sicht des Herzens auch eine neue Welt, zumindest ein neues Weltbild. Die Frage ist: Ist jetzt der Tag der großen Erkenntnis in jedem Menschenherzen nahe? Sind wir an dem Punkt angelangt, wo der Chaos-Attraktor in unserem Bezugssystem, wie ein Umschalten, neue Bewusstseins-Dimensionen bringt? Dazu wieder eine Antwort aus dem kollektiven Unterbewusstsein: „Sucht den tiefsten Teil eures Herzens, auch wenn ihr euch mit alltäglichen, gewöhnlichen Tagesangelegenheiten beschäftigt. Erkennt voller Freude, dass jetzt die Zeit da ist, auf die wir so lange gewartet haben.“[39]

Eine neue Herzsicht ist ein neues Weltbild.

Was ist das für eine Zeit, auf die so viele gewartet haben. Paulus sagt ja: „Die Welt liegt in Wehen und Seufzen auf den neuen Menschen hin, der geboren wird.“ Und er sagt: „Verachtet prophetisches Reden nicht!“[40]. Also ist es uns aufgetragen, auch die Seher unserer Zeit ernst zunehmen, die da sagen: „Ihr werdet nicht nur für andere Atmosphären vorbereitet, sondern ihr werdet auch die Dimension wechseln. Ihr verlasst die Welt, das Königreich der dritten Dimension. Ihr tretet in die Dimension des Verstehens ein.“[41] Deshalb sollen wir beginnen, die ruhige, schwache, übertönte Herzstimme der Empfangsstation in unserer Brustregion zu hören, dann werden wir die Herzen der Mitmenschen wahren und das Herz aller Dinge verstehen. Eine wunderbare Zukunft erwartet uns. Kein Wort von Apokalypse.

Große Ereignisse geschehen ganz einfach, große Veränderungen blitzartig, große Erfahrungen sind auf einmal glasklar im Bewusstsein verankert. Das viele Herumreden ist dreidimensional. Das integrale Wahren vierdimensional.

Die vier europäischen Herzvorstellungen

Seit der griechischen Klassik haben wir drei verschiedene Herzauffassungen im europäischen Kulturraum entwickelt[42], die uns sofort das eigene Herzempfinden besser verstehen lassen. Diesen drei überlieferten Herztypen haben wir eine vierte angefügt, die uns das aktuelle Umdenken über unser Herz besser verständlich macht. Wie also sieht diese Herz-Entwicklung aus?

Diese vier Herzvorstellungen betreffen uns unmittelbar.

Das Löwen-Herz

Es bedeutet meine Menschlichkeit, meinen Mut zu leben, meine Kraft. Dieses Herz bringt in mir Treue, heldenhafte Stärke und Mitgefühl hervor: Dies ist die intuitive Vorstellung.

Das Herz des Hl. Augustinus

Es ist das Herz der Liebe, meiner Gefühle, der Sitz meiner Seele und der Ausdruck meiner Person. Es ist der Ort meiner intimsten Innerlichkeit, wo Sünde, Scham und Sehnsucht und auch das unbenennbar Göttliche wohnt: Die seelische Vorstellung.

Das Harvey-Herz

Mein Herz ist ein Organ des Körpers, es ist ein Pumpmuskel, ein komplexer Mechanismus und das geheimnisvolle Anzeichen meines Lebens und meines Todes. Benannt nach William Harvey, der 1628 die kreislauferhaltende Funktion des Herzens als Pumpe beschrieben hat: Die anatomisch-physiologische Vorstellung.

Dazu formulieren wir die nächste in uns aufsteigende Herz-Vorstellung:

Das Licht-Herz

Es vereint den Mut und die Tatkraft des Löwenherzens mit dem seelischen Gewissens-Geheimnis des augustinischen Herzens und dem anatomisch-physiologischen Wunder des Lebensantriebs zum schwingenden Herz-Radar, das sich selbst erkennt und mit allen anderen Schwingungen im Universum in Resonanz tritt. Es ist sowohl Materie als auch Welle – Bewegung und somit dem Licht analog, das bekanntlich die Grundlage aller Phänomene darstellt.

Eine neue Herz-Vorstellung ist geboren: Es ist der zentrale Bezugspunkt des multidimensionalen Informations-Feldes Mensch, der unser Ich-Bin integriert und dabei erstmals die Begrenzung des Körpers grundlegend ins Unendliche und in die Grundessenz überschreitet, die hinter allem Geschaffenen existiert. Ohne dabei unsere Unverwechselbarkeit aufzugeben.

Hier taucht eine neue integrativ-geistige Vorstellung des Herzens auf.

Es gibt ein intuitives, seelisches, anatomisches und integrales Herz.

Diese vier Herzvorstellungen betreffen uns ganz unmittelbar. Wir können die Tiefe und Vielfalt unseres Herzens besser ausloten, wenn wir sie hier kurz beleuchten. Wir werden gleich sehen, wie faszinierend dieses unser Herz sein kann, je nachdem, von welcher Warte wir es betrachten.

Das Löwen-Herz

Wie oft habe ich es in meiner beruflichen Arbeit mit Wissenschaftlern, Markt- und Motivforschern erlebt, dass ein Untersuchungsergebnis von der gedanklichen Ableitung schlüssig war und trotzdem wurden noch zum eigentlich klaren Ergebnis tausend Wenn und Aber hinzugefügt, bis der Unternehmer-Kunde vollkommen verdattert da stand. Das nannten die Marktforscher dann Wissenschaftlichkeit. Sie konnten sich kein Herz nehmen und sagten: „Wir sehen dies so.“ Am liebsten formulierten sie: „Man könnte sagen, aber...“. Und so geht es mit vielen Fachleuten. Sie haben kein Löwenherz, das sich zu einer Meinung bekennt. Auch wenn sich manchmal ein Bekenntnis als Irrtum erweist. Das Bekennen selbst ist der Bewusstseinsfortschritt.

Jesus sagt in der Bibel: „Euer Ja sei ein Ja, euer Nein ein Nein".[43] „Dazu braucht ihr ein Löwenherz!" hätte er dazu noch klarstellen können, das zu einer erkannten Meinung auch steht. Der „Mann ohne Eigenschaften" des Schriftstellers Robert Musil, der das österreichische Fortwursteln auf zutiefst menschlicher Ebene auf mehr als tausend Seiten beschreibt, ist der Mann ohne Löwenherz des 21. Jahrhunderts. Das Gehirn mit seinen Zweifeln hat die spontane Herzkraft endgültig besiegt. Ein echter Phyrrus-Sieg ohne Gewinner.

Ich bin ja ohne Dynamik, wenn ich mich nicht spontan von Augenblick zu Augenblick festlegen kann. Wie man es von Verwaltungsmenschen sagt, die niemals eine klare Antwort geben, weil sie nicht eventuell doch einer Fehlentscheidung überführt werden wollen. Diese Menschen gab es schon immer: Vom Hofe der chinesischen Kaiser bis zum österreichischen Hofrat in jeder Amtsstube oder in den Großraumbüros der Multis der heutigen Zeit. Auch eine Variante einer herzlosen Denkstruktur. Ich werde nicht transparent, so bleibe ich unerkannt. Es ist nicht die Anerkennung des „Ma'at", der gesellschaftlichen Ideale durch das Herz, sondern das Verstecken des Herzens vor dem Anspruch des persönlichen Gefordertseins.

Das Löwenherz kann entscheiden.

Der weitherzige Bekenner, der mit dem Löwenherz, unterscheidet sich vom engherzigen Vertuscher, durch größere Unbefangenheit, Zwanglosigkeit, Urteilskraft und „Fortune", was so viel bedeutet wie eine Aura des persönlichen Erfolges auszustrahlen. Sogar die neueren Managementbücher und Daniel Goldmann in seinem Weltbestseller „Emotionale Intelligenz"[44], bezeichnen diese Löwenherz-Typen als die Winner. Weil sie nichts vortäuschen, sondern so sind, wie sie sich geben. Sie erwerben sich die oft zitierte „Handschlagqualität" und das Vertrauen ihrer Mitmenschen, das nur durch Herz-zu-Herz-Motivation entstehen kann. Dazu bringt ihnen dieses Löwenherz soziale Intelligenz, die allein den theoretisierenden Intellekt kompatibel mit dem Leben macht. Hirn ohne Herz ist out.

Nur glauben es so viele noch nicht, weil wir in unserem Erziehungssystem zum Auswendiglernen und zur Anpassung erzogen werden, statt zum Bekenntnis herzhafter kreativer Eigenständigkeit. Das Löwenherz hat eine sehr wichtige Eigenschaft, die wir jetzt für die neue, integrale Bewusstheit brauchen: Es kann im Augenblick, im Jetzt, spontan erfassen und wahrnehmen. Es kann eine Ad hoc-Entscheidung zur gefragten Situation blitzschnell fällen. Es kann den Sprung von der großen Quantität der Informationen zur Qualität einer neuen Bewusstheit schaffen, verkraften und uns dadurch überlebensfähig machen. Die Zauderer mit dem tauben, butterweichen Kompromiss-Herzen, die immer im Halbdunkeln bleiben wollen, bringen uns keinen Millimeter weiter. Das ist keine theoretische Reflexion, sondern wird tausendfach in Seminaren für Entscheidungsträger bestätigt. Und wer von uns ist kein Entscheidungsträger?

Das Herz des Hl. Augustinus

Lesen wir diesen Text von Karl Pfleger, der selbst ein großes Herz hatte, über den Christozentriker Augustinus: „Siehe, o Gott, dieses Herz, sieh dieses Herz, dessen du dich erbarmt hast in den Tiefen des Abgrunds", heißt es in den „Bekenntnissen" (Buch 2, Kap. 4). Nicht: meine Seele, meinen Geist, mein Gemüt. Nachdem Augustinus das unzählige Gewimmel seiner Taten und Untaten, seiner Gedanken, seiner Angst, der edlen Begierden seines Geistes und der kaum eingestehbaren wilden Begierden seines Fleisches, der heimlichsten Regungen seiner Seele heraufbeschworen hat – da nennt er dies namenlose Gewimmel: „Herz."[45] Dieser Abgrund des Herzens, in das uns Augustinus in schonungsloser Offenheit hineinschauen ließ, hat uns einen Begriff gegeben, was dieses Herz als Ort der Seele für

Der Hl. Augustinus (354 - 430) war einer der größten religiösen Philosophen Europas.

uns sein kann: Kampfplatz und Chaos im tiefsten Wesenskern unseres Menschseins. Und Augustinus formulierte, dass das Herz unruhig ist, bis es ruht in Gott.

Das Herz ist der Sitz unseres Gewissens.

Das heißt: Schon dieses augustinische Herz regt uns an, unser Menschsein weiterzuentwickeln bis zum ewig unbeschreiblichen Ziel. Es ist keinesfalls für die statische Absicherung des Statusquo! Es ist immer und in erster Linie unserem Menschsein verbunden und verpflichtet. Abstrakte Absurditäten des Verstandes lenkt es immer wieder zurück in das wesentliche Menschsein. So besorgt das Herz seine Gewissensfunktion immer und überall. In jeder Situation, die uns Menschen zukommen kann.

Das augustinische Herz ist das menschlichste Organ, Einfalltor des Göttlichen und Einheitsstifter zwischen Fleisch (Materie) und Seele (Psyche). Das pulsierende Verbindungsstück, das uns, solange wir lebendig sind, nicht verloren gehen lässt. Es ist der Mittelpunkt unseres Lebens. Es ist das Leben.

Aber andererseits: Ich kann nur Abgründe erleuchten, Überwundenes überholt sein lassen und Verdrängtes entlassen, wenn ich dies alles im Spiegel meines Herzens ansehe, erkenne und annehme. Alles, was ich in mir bekämpfe, verachte, abschütteln oder überwinden will, hält sich locker darinnen, nur manchmal in anderem Kleid. Deshalb müssen wir alle, wie der Hl. Augustinus, hinuntertauchen, zur Kenntnis nehmen und durch eigenes Verständnis auflösen. Das Herz kennt sowohl schwarz als auch weiß, sowohl dunkel als auch hell. Es ist unser innerstes Organ für das Erfassen der Ganzheit.

Eines ist sicher und die große Stärke des augustinischen Herzens: Es verträgt alles. Das Mieseste und das Heiligste, das Falsche und das Echte, weil es alles versteht, nichts verurteilt, weil es liebt und somit auflöst. Es löst alles wirklich auf. Die Binde- und Lösekraft des Menschen liegt im Herzen. Wir können ihm alles anvertrauen, aber nichts verschweigen. Wir können ihm alles bittend zumuten, aber es nicht vergewaltigen. Es ist unser Gewissen und unsere Miterlöser-Kraft. Und zu dieser Miterlöserschaft sind wir alle aufgerufen. Das Herz des Augustinus weiß das und führt uns dorthin.

DAS HARVEY-HERZ

Auch das Herz, das als Antrieb des Blutkreislaufs erkannt und als austauschbarer Pumpmuskel deklassiert und wissenschaftlich so gründlich erforscht ist, dass es jede mythische Rolle im Bewusstsein des Menschen verloren hat, auch dieses Herz hat seine kultische Beachtung.

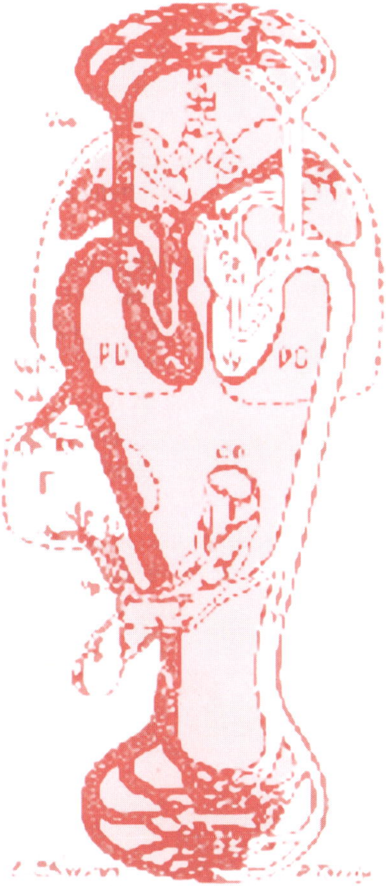

Ich jogge, ich bewege mich, um den Lebenswecker in mir richtig schlagen zu lassen. Das Herz muss stromlinienförmig fit sein und so suche ich nach extremen Formen der Intensität für dieses Herz. Zum Beispiel die absolute Entspannung oder die absolute Schinderei und fast schon Vergewaltigung sowie die leidenschaftliche Aufregung. Dann decodiere ich die Signale des Herzens in kleine Nachrichten-Impulse der Lebenserwar tung. Denn mein Herz kann mich verletzen, attackieren und töten. Ich muss es messend in den Griff bekommen: Ich tue dies und das für mein Herz, ich beobachte es ganz genau. Ich bringe es regelmäßig zum Check-up. Der mechanische Apparat Herz ist wie von mir getrennt, er arbeitet mit dem technologischen Fortschritt eines Harveyschen Wasserbalgs und wird mit dem Stethoskop, mit dem EKG an Kabeln, die an mir festgemacht sind, abgehört und am TV-Bildschirm in schlagender Bewegung besichtigt. Wie wir heute vom Herzen reden ist ganz auf die mechanische Funktionsfähigkeit und Instandhaltung hin getrimmt: Es besteht aus dehnbaren, viscosen

Ich messe, prüfe und trainiere mein Herz, das mein Lebensmotor ist.

Kanälen; die Blutflüssigkeit ist leicht oder schwer; der Blutdruck gegen die Wände der Arterien ist stark oder schwach; die Leistungskapazität also gut, besser oder schlechter.

Wieviel PS hat mein Herz?

Ein Hochleistungsmotor in einem Rennauto wird mit denselben Worten klassifiziert. Unsere PS sind keine Pferdestärken, sondern Herzkapazität. Und so wie um die Autos ein großer Kult gemacht wird, so auch um den Apparat Herz. Damit hat die dreidimensionale Welt das Herz ganz in ihr Vorstellungsbild eingeschlossen.

Kein Wunder, dass das Herz für den heutigen Menschen in erster Linie als intakt oder außer Takt interessant ist. Nicht als vitales oder seelisch-gefühlvolles Zentrum. Folgerichtig ist, dass die Herzkranken ein Persönlichkeitsprofil haben, das von zielbewusster Strebsamkeit, Selbstbeherrschung und extremer Anpassung geprägt ist. Das Leben der meisten Herzkranken war vor ihrer Erkrankung auf Leistung und Erfolg ausgerichtet. Also genau die Menschen, die unsere Gesellschaft so hegt und pflegt und bewundert. Spontaneität, Kreativität, Offenheit, Verwundbarkeit, Vielfalt, Stille, Ruhe und Geheimnisvolles sind dem Leistungsherzen fremd und werden von ihm ferngehalten, wenn sie einmal auftauchen. Vor diesen plötzlichen, spontanen Empfindungen oder auch vor Ruhe- und Stillhalte-Zeiten hat dieses Herz Angst. Und Angst frisst die Seele und macht krank.

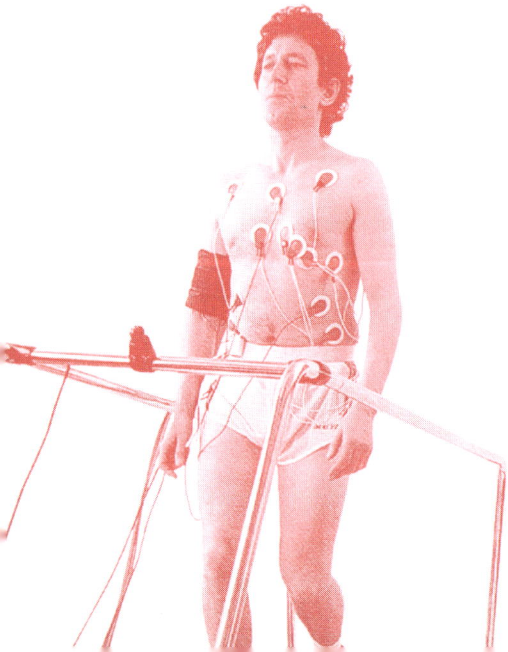

Die Angst um das Leben verschmilzt mit der Angst vor dem Leben.

Daher ist die Herzmedizin zu so einer kapitalintensiven Industrie geworden, weil die meisten Herzfachleute nur auf die kostenintensive Reparatur blicken und die Bitte des Herzens nach Ausgeglichenheit, Sinnhaftigkeit, Menschlichkeit, Barmherzigkeit und Liebe einfach ignorieren. Sie sind keine Kategorien, die man in

Der Hochleistungsmotor Herz steht auf dem Prüfstand.

eine wissenschaftliche oder soziale Analyse rund um das Herz aufnehmen würde. Das Eine hat bei den dreidimensionalen Menschen mit dem Anderen nichts zu tun.

Hirn- oder Herztod?

Jetzt wurde sogar das Herz als Zeichen des Lebens ausgetrickst: Es gibt plötzlich zwei verschiedene Arten von Tod: Den Hirntod und den Herztod. Das Herz kann ohne Hirn weiterschlagen, was doch einiges über seine zentrale Lebensbedeutung sagt. Das Hirn umgekehrt nicht. Es stirbt unweigerlich mit dem letzten Herzschlag. Durch die Transplantationsfreigabe ist das Herz vom Gesetzgeber als Sitz von Gefühl und Seele abgesetzt. So wird die Einmaligkeit des Herzens als Kern der Persönlichkeit zerstört und geleugnet. Auch die Kirchen Europas finden sich damit ab. Obwohl die Bibel das Herz sehr wohl als den Sitz der Person ansieht. Erstaunlich, wie die Kirchen den materialistischen Weg zum Harveyschen Herzen mitmachen.

Somit ist der Sinn des Lebens mit der Materialisierung des Herzens heute weitgehend abhanden gekommen. Die dreidimensionale Sicht des in seine Teile zerlegbaren Körpers hat seinen Maschinencharakter verabsolutiert und sogar die biologischen Zusammenhänge vernachlässigt. Doch ein Umdenken ist in Sicht: Zuerst durch die einheitliche Sicht von Körper und Psyche in vielen psychologischen Schulen (Bioenergetik, Rolfing, autogenes Training, etc.) und dann durch die Entdeckung des Materie-Welle-Phänomens des Lichtes, die, auf den Körper übertragen, die Trennung von Fleisch und Seele, von Muskel und Gedanken aufhebt. Und hier sind die erfolgversprechendsten Ansätze für eine neue Herzauffassung zu entdecken.

Die Resonanz des Licht-Herzens ist universell.

Das Licht-Herz

Das Herz als Radargerät des neuen, integralen Menschen: Wie das technische Gerät pul-

Es beginnt wortlos
von Herz-zu-Herz.

siert es, sendet es seine Wellen hinaus, rundum, und zeigt so eine mehrdimensionale Erfassung der näheren und weiteren Umgebung. Und noch eine Analogie ist frappierend: Wenn ein Kampfflugzeug von einem feindlichen Radar angepeilt wird, sieht es das sofort auf seinem Radar-Gerät. Und so funktioniert auch das Teilchen/Welle-Herz: Es spürt, wenn es von einem anderen Herzen liebevoll oder negativ angepeilt wird. Der Ausspruch „Du hast ja in mir, in meinem Herzen gedacht" am Anfang dieses Buches weist ganz deutlich in diese Richtung. Und diese Herz-Transparenz wird unsere Denkweise, unser Zusammenleben gründlich verändern. Sie wird uns eine allgemeine Herzkultur bringen.

Der Neuroimmunologe Dr. Paul Pearsall vergleicht das Herz mit einer Stimmgabel, die Lebensenergie ausstrahlt und seine Eigenfrequenz auf die aller Gruppen- oder Familienmitglieder im Körper abstimmt wie in einem Orchester. Dazu schreibt er über das neue Licht- und Wellenherz: „Da die subtile Energie, die vom Herzen 'verwaltet' wird, nicht lokal und unendlich ist, ist jeder von uns eine Kraft innerhalb einer Kraft und trägt mit seiner Energie zum Erhalt eines Quantenenergiefeldes ohne Grenzen bei."[46] Somit trägt jeder von uns mit seinem Herzen bei zum unendlichen Ton der gesamten Schöpfung.

Rupert Sheldrake hat die Wirkung der morphogenetischen Felder, besonders im Organischen, entdeckt. In diesen unsichtbaren, selbstorganisierenden Feldern reagiert alles Lebendige.[47] Sie halten Informationen aktuell und werden durch neue geformt. Gerade das Licht-Herz ist dafür als Resonanzorgan geeignet.

Wenn wir mauern, unseren von Familie und Gesellschaft antrainierten Panzer um das Herz legen, prallt Energie und Welle, die andere Herzen aussenden, von unserem ab. Sogar die mächtigen Wellen des kollektiven Unterbewusstseins der Menschheit können uns nur schwer erreichen. Das geöffnete Licht-Herz hingegen ist verletzlich, aber von einer so großen und starken Vielfalt von Empfindungen bereichert, dass es diesen Empfindungsreichtum gerne gegen die Verletzlichkeit eintauscht. Das ist der Bewusstseinsvorgang, dem alle kreativen Menschen ausgesetzt sind. Der Verstand wägt ab. Das Herz wagt. Und nur wer wagt, gewinnt.

Das Licht-Herz ist offen und wagt Empfindungen.

Das Herz steht mit dem eigenen Körpermagnetfeld und darüber hinaus mit dem Magnetfeld der Erde ganz unmittelbar in Verbindung. Das elektromagnetische Feld des Herzens ist fünftausendmal stärker als das des Gehirns.[48] Dieses Feld hat nicht nur eine ungeheure Kraft wie Dr. Pearsall sagt, sondern es transportiert Energie über den Körper hinaus. Es überträgt die Lebensenergie auf seine Umgebung.

Auch das Herz-Bonding zwischen Mutter und Kind hat uns alle dem Wunder des Lebens erstmals nahegebracht. Es war unsere erste Kommunikation, die in Kommunion übergegangen ist. Wir sind also in der 2. Woche nach der Zeugung,[49] wenn die ersten Herzzellen zu pulsieren beginnen, darauf trainiert, von Herz zu Herz direkt, vor jeder Sprache, uns auszutauschen. Für das Kind ist sein eigener Herzschlag und der der Mutter eins. Und es ist dieser Herzschlag der Mutter, der das Gehirn-Psyche-System Mensch in Gang bringt, der das Gehirn zum arbeiten und das Herz des Kindes zum schlagen anregt.

So führt uns der Teilchen-Welle-Charakter unseres Licht-Herzens direkt in die Wunderwelt der Quantenphysik, die wieder unser dreidimensionales Bewusstsein so verändert, dass ihr eben auch ein Quantenbewusstsein folgen muss: Die zuerst rein theoretischen Erkenntnisse von Einstein, Max Plank, Heisenberg, Nils Bohr oder Bell, um nur einige dieser Grenzüberschreiter zu nennen, übertragen sich, durch Experiment und Lebensbezug erhärtet, in unsere Wirklichkeit und verändern unser Weltbild. Und dieses schwingende Weltbild ist eines, das wir mit dem Schwingungsorgan Herz besser begreifen. Das Herz kann diese für unsere dreidimensionale Logik paradoxen

Die Herz-Forschung steht erst am Anfang.

Erfahrungen des Lebens in seinem unendlichen Raum aufnehmen und verarbeiten. Natürlich nicht die Pumpe oder die Hochleistungsmaschine allein, sondern das pulsierende Phänomen in unserer Leibesmitte, das sowohl als flexible Materie, dynamische Struktur als auch als reines Schwingungsfeld anzusprechen ist, das dauernd Informationen überträgt und aufnimmt. Wir nennen es das neue Licht-Herz.

Wie sagen schon immer mehr Fachleute: Die Herzforschung steht am Anfang. Dort, wo die Hirnforschung vor einigen Jahrzehnten stand. Wir werden uns noch wundern, was wir alles rund ums Herz entdecken und dabei für unsere Bewusstheit lernen werden.

Wenn Traumgrenzen fallen

Kürzlich feierte die Welt Olympia in Sydney. Es fielen dabei in den sportlichen Leistungen körperliche „Traumgrenzen“, die seit Jahrzehnten nicht einmal in Wunschträumen zu überbieten waren. Auf einmal ging es, weil sich Menschen der Überschreitung dieser Leistungsgrenzen mit ganzer geistiger und psychischer Aufmerksamkeit gewidmet haben. Bis sie es dann mit ihrem Körper geschafft haben, sie zu übersteigen. Es waren auf einmal viele, die schneller liefen oder höher sprangen, als alle Sportler vorher. Die nächsten Traumgrenzen winken.

Ebenso könnten wir bisher nicht vorstellbare Leitorgane in unserem Körper entwickeln und uns in neue Dimensionen führen lassen. Sie waren und sind jeweils schon im Menschen vorhanden. Der Frühmensch hatte zwar schon das gleiche Gehirn wie wir, aber seine Traumgrenze, was man alles damit machen könnte, war mangels

Der Körper folgt der Psyche, Taten den Wünschen.

Bewusstheit und nicht so großer Aufmerksamkeit auf dieses Wunder-Organ eher klein. Sie scheint jetzt noch zu klein zu sein, sonst würden wir größere Teile unseres Gehirns aktiv nutzen.

Gibt es ein Organ, das uns weiterhilft?

Wenn wir jetzt erkennen, dass in der momentanen Menschheitssituation ein bestimmtes Organ unsere ganze Aufmerksamkeit verlangt, weil es Eigenschaften hat, die uns weiterhelfen können, dann wird es sich zu einem wertvollen Instrument entwickeln, um Bewusstseins-Traumgrenzen zu überschreiten, die wir vor kurzer Zeit noch gar nicht formulieren konnten. Ist das Herz dieses aktuelle neue Leitorgan?

Das „alte“ Organ, in unserem Fall das Gehirn, bleibt uns ja auf alle Fälle erhalten. Wir werden nicht mehr vergessen, was es heißt zu denken, etwas als Teil des Ganzen zu beobachten, Abläufe zu messen, mit dem separaten Ich zu analysieren, zu abstrahieren oder individuell zu philosophieren. Das sind Menschheits-Errungenschaften, die wir beibehalten, wie die magischen Kräfte oder die mythische Fantasie. Die Wertigkeiten könnten sich nur dramatisch verschieben. Wir dürfen die „alten“ Erkenntnisse nicht unterdrücken, so wie das heute mit dem magischen und mythischen Erbe vielfach geschieht, sonst machen sie uns im Zusammenleben große Schwierigkeiten. Ein ganzer Mensch nimmt alle seine Bewusstseinsteile wahr. Eine ganze Menschheit ebenso.

Erleben wir nicht gerade das Misstrauen zwischen dem Regionalen und dem Globalen? Den Kampf der Stammes-Menschen gegen die Welt-Menschen? Des Magisch-Mythischen gegen das Rationale, das selbst wieder das Integrale bekämpft, weil es von ihm überwunden wird?

Wie viele Bewusstseins-Organe und Stufen wird der Mensch in der Zukunft noch in sich ausweitend entwickeln? Stehen bleiben werden wir sicher nie. Zum Beispiel spüren manche Menschen schon, dass es mehr als die bisher angenommenen 7 Chakren, das sind die Bewusstseinszentren im Menschen, gibt. Manche glauben, dass die Zirbeldrüse im Kopf noch ein schlafendes Leitorgan sein könnte. Eines ist sicher richtig: Jetzt, gerade in dieser

Entwicklungsstunde ist es sicherlich an der Zeit, dass der neue Mensch sein erweitertes Herzzentrum, in noch engerer Zusammenarbeit mit Gehirn und Körpergedächtnis, einzusetzen beginnt. Denn bis jetzt galt in unserer dreidimensionalen Bewusstseinstufe das Primat des Gehirns in so überzogener Weise, dass die anderen beiden Sinnesorgane Herz und Körper – Sinnesorgane im Sinne von ganzheitlichem Erfassen – in den Schatten gedrängt waren, was das menschliche Bewusstsein gefährlich einseitig werden ließ. Die Folge ist unsere heutige zivilisatorische Weltkrise. Wir haben die Verbindung zu unseren Ursprüngen, zur Natur, aber auch zum Geistigen verloren. So schwimmen wir auf einer Welle von mentalem Zivilisationsmüll, der die ganze Erde unter sich begräbt. Denken wir an die grauen Filzdecken, die die Erde im Traum von Klaudia bedecken. Diese Krise könnte jetzt mit dem übermentalen Herzzentrum ganzheitlich bewältigt werden. Wartet eine echte Traumgrenze auf die Menschheit? Wie es der Astro-Psychologe Zoltan Szabo ausdrückt: Die Spitze des Lebensbaumes zeigt auf das Herz.[50]

Das Licht-Herz als Motivationszentrum.

Wenn wir das alles erkennen, suchen wir nach Methoden, diese Traumgrenze zu überschreiten. Unser Vorschlag ist die Entdeckung des energetischen Licht-Herzens als Motivationsorgan zur Überwindung enger Denkmuster, die sichtlich versagen. Wir müssen das Entgrenzen in vollkommen neue Bewusstseinsebenen schaffen. Konkret: Das Annehmen des Übergangs von der dritten Dimension des Gehirns in die Mehrdimensionalität des Herzens. Und dafür müssen alle bisher geweckten Bewusstseins-Zentren in uns zusammenarbeiten. Und zwar freiwillig und stark motiviert.

Der Biologe Rupert Sheldrake sagt: „Ich bin der Ansicht, dass Erinnerungen nicht im Gehirn gespeichert sein müssen. Unser Gehirn könnte eher wie ein Empfänger als wie ein Speicher funktionieren... Wenn wir einen Teil des Fernsehgerätes entfernen, bekommen wir unter Umständen das eine oder andere Programm nicht mehr herein. Das beweist aber nicht, dass die Information dieser Programme in dem Teil gespeichert waren, den wir entfernt haben.“[51] Wir nehmen die Erinnerung als im Gehirn lokalisiert an, aber das funktioniert, nach neuesten Forschungen nicht so einfach, wie es die Neurologen so gerne hätten. Sheldrakes „morphogenetische Felder“, die um uns schwingen und die wir auf Erinnerungen anzapfen können, wären eine Erklärung. Und dieses Anzapfen muss keineswegs im Gehirn geschehen. Dort ist eher das Ausstrahlen des Erinnerungsprogramms. Bei hypnotischen Experimenten hat man festgestellt, dass sich dass Gehirn hypnotisieren lässt, das Herz aber nicht![52] Der „heimliche Beobachter" im Menschen, sein „Ich Bin" als übergeordnetes Selbst, ist sichtlich im Herzraum lokalisiert. Wie es der große Inder Sri Ramana Maharshi immer wieder festgestellt hat.

Das Ich-Bin liegt im Herzen.

Richten wir also unsere Aufmerksamkeit auf unser Herz, dann erhalten wir Inneninformationen, die weit über unser rational-„äußerliches" Vernunftdenken hinausgehen. Das erweitert unser Bewusstsein und regt auch unsere Gehirntätigkeit stark an. Denn der Geist ist innen in uns, das Gedächtnis in den gelernten Außenfeldern. Es wird Zeit, dass wir unser Inneres ansehen, das Geist-Herz. Denn Inneres ist Tiefe-Bewusstsein, Äußeres Oberfläche-Form. Das Innere ist subjektiv, das Äußere ist objektiv. Es ist notwendig, das „rein Objektive" zu übersteigen und abstraktes Denken mit tiefem Empfinden zu verbinden. Sonst geht es uns, wie es auf einem Filmplakat unlängst geheißen hat: „Außen intakt, innen kaputt".

Hildegard von Bingen, die den zukünftigen Menschen und seine Zeit geschaut hat, schreibt über dieses Innen-Begreifen: „Was ich in dieser Schau sehe und lerne, behalte ich lange im Gedächtnis. Sobald ich es sehe, geht es in mein Bewusstsein ein."[53] Das unmittelbare Totalerfassen geschieht durch eine Ganzannahme des Menschen. Das ganze Wesen erfasst und erkennt unverzüglich und unmittelbar.

Herzfrequenz und Hirnwelle reagieren ununterbrochen aufeinander, haben verschiedene Untersuchungen ergeben. Sporterfolge, zum Bei-

Hildegard von Bingen (1098-1178) erfasste mit ihrem ganzen Herzen.

spiel, beruhen immer auf Qualitäten sowohl des Herzens als auch des Denkens, wie Mut, Loslassen, Wachsamkeit, Analyse, Taktik und Entschlusskraft. Keine Seite darf zu kurz kommen, dann fallen Traumgrenzen.

Herz und Hirn können zusammenarbeiten.

Das Herz motiviert also, das Hirn ordnet und bereitet auf, das Herz gibt dann den Impuls zur Tat. Wenn wir so integral zu leben beginnen, erschließt sich uns eine neue Welt, die sicher mehr Weisheit und Frieden bringen wird. Das unkontrollierte Gefühl wird uns nicht wegschwemmen und das abstrakte Denken nicht mehr vom Leben trennen. Wir werden ganzheitlich leben und erfassen. Wir werden wahren.

Wie sagt J.C. Pearce in seinem Buch „Der nächste Schritt der Menschheit“: „Die Intelligenz des Herzens löst niemals Probleme, wie mein Lehrer sagte, sie löst einfach die Situation auf, in der ein Problem bestand, und bringt eine neue Situation.“[54]

Leitorgan Herz

Dr. Paul Pearsall ist Psychoneuroimmunologe und studiert den Zusammenhang zwischen Gehirn, Immunsystem und unseren Außenwelterfahrungen. Er hat das sensationelle Buch „Heilung aus dem Herzen“ nach langen Untersuchungen an Herztransplantationspatienten und nach eigenen Erfahrungen geschrieben. Und darin hat er uns einige Fallgeschichten aufgedeckt, die die Eigenintelligenz des Herzens in einem neuen, erweiterten Licht zeigen. Davon später.

Jetzt wollen wir uns die neuesten Details aus Dr. Pearsalls Forschung mit einem Team an der University of Hawaii kurz vornehmen, die er im „Journal of New-Death Studies“ Nr. 3/2002[55] vorlegt. Es sind zehn Herztransplantationen auf Veränderungen des Empfängers nach der Implantation eines neuen Herzens hin untersucht worden. Wie erwähnt werden die Ergebnisse in der „Frankfurter Allgemeinen Zeitung“ als „abenteuerlich“ beschrieben:

„Eine 29 Jahre alte Fast-Food-Enthusiastin, die das Herz einer Gesundheitsfanatikerin erhalten hatte, wurde zur strengen Vegetarierin. Die achtjährige Danielle, die keinerlei musische Neigungen empfand, eignete sich mit dem Herzen eines 18 Jahre alten Jungen auch dessen Leidenschaft zum Komponieren an.“ Ein Junge, der das Herz eines ertrunkenen Kindes erhielt, hatte auf einmal große Angst vor Wasser usw.

Selbstverständlich wussten die Herzempfänger nichts von den Spendern und ihren Todesumständen.

Plötzlich bekommt das Herz als intelligentes Speicherorgan mit eigener Wahrnehmung und Erinnerung einen neuen Stellenwert im Gefüge unseres Körper-Geist-Wesens. Es ist sichtlich für unser physisches Leben ebenso entscheidend, wie für das Psychische und Geistige. Könnte es sein, dass es eine Leitfunktion in unserem Gesamtwesen einnimmt, die wir bisher umschrieben, aber nicht erkannt, schwärmerisch gelobt, aber nicht aussagekräftig bewiesen haben? Müssen wir über die bisherigen Herz-Interpretationen hinausgehen? Die Funktion des Herzens als Wesenskern im Gesamtsystem Mensch neu erkennen? Zwingen uns gerade die neuesten Erkenntnisse der Neurokardiologie (Nervensysteme des Herzens) und der Kardiopsychologie (Auswirkung der Außenwelt auf das Herz) sowie der Psychoneuroimmunologie (Wechselbeziehungen des Immunsystems zu allen anderen Körpersystemen) zu einem umfassenden Umdenken, was die Bedeutung des Herzens im Gefüge unseres Körper-Seele-Geist-Systems anbelangt?

Das Herz hat eine eigene, übertragbare Intelligenz.

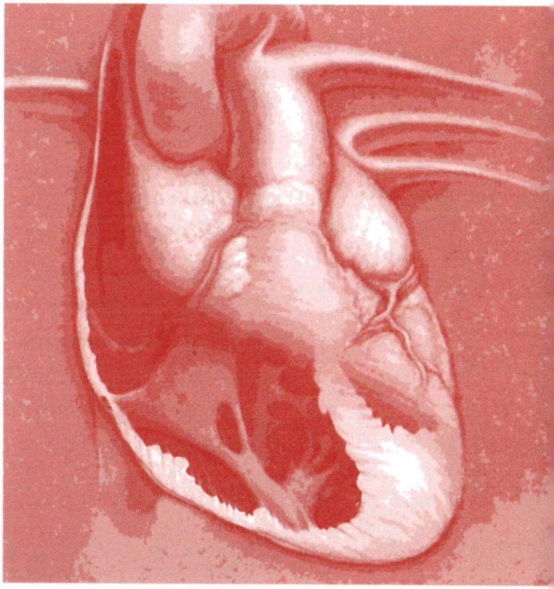

Und siehe da: Ärzte, Philosophen, Psychologen, Menschenführer, Heilkundige, Denker und Visionäre beginnen gerade in unserer Zeit über die Bedeutung des Herzens in einer Weise zu reflektieren, dass es jeden, dem

Wesensmitte Herz.

der Fortschritt im Menschsein ein Anliegen ist, aufhorchen lässt. Das neue Herz tritt, wie wir sehen werden, in all diesen Reflexionen immer mehr in den Mittelpunkt des menschlichen Bewusstseins. Trotz der Herztransplantationen. Und wie wir an der vorherigen Transplantations-Studie sehen: gerade durch sie!

Drei Milliarden Herzschläge

Wenn wir das Herz allein von seiner Funktion her entdecken, müssen wir erstaunt feststellen, dass es viel mehr kann und viel mehr in unser Leben und Sein eingreift, als uns bis vor kurzem bekannt war. Manchmal wird es uns ganz unheimlich, was dieser transplantierbare „Pumpmuskel" alles kann.

Wir haben uns an sein Pochen gewöhnt. Und doch: Seit es den Menschen gibt spielt das Herz die bedeutendste Rolle in seinem Selbstverständnis. Kein Organ ist so durch sein rhythmisches Pochen zu spüren und kein Organ hängt sofort erkennbar, mit Leben und Tod so existentiell zusammen, wie das Herz.

Hirn, Leber, Niere sind „stille" Organe, das Herz aber pocht für jeden bemerkbar. Wie wir wissen, ziemlich genau im Sekundentakt, womit es zur Grundlage unseres gesamten Zeit-, Mess- und Rhythmussystems geworden ist. Es pocht täglich über 100.000 mal, rund 40 Millionen mal jährlich und mehr als 3 Milliarden mal im durchschnittlichen Leben eines Menschen.

Jeder von uns hat seine Herz-Melodie.

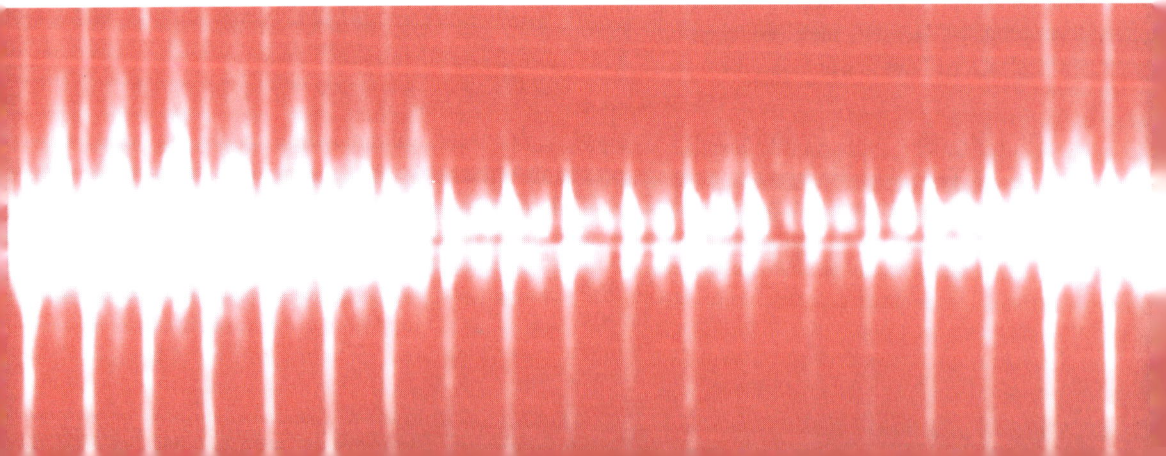

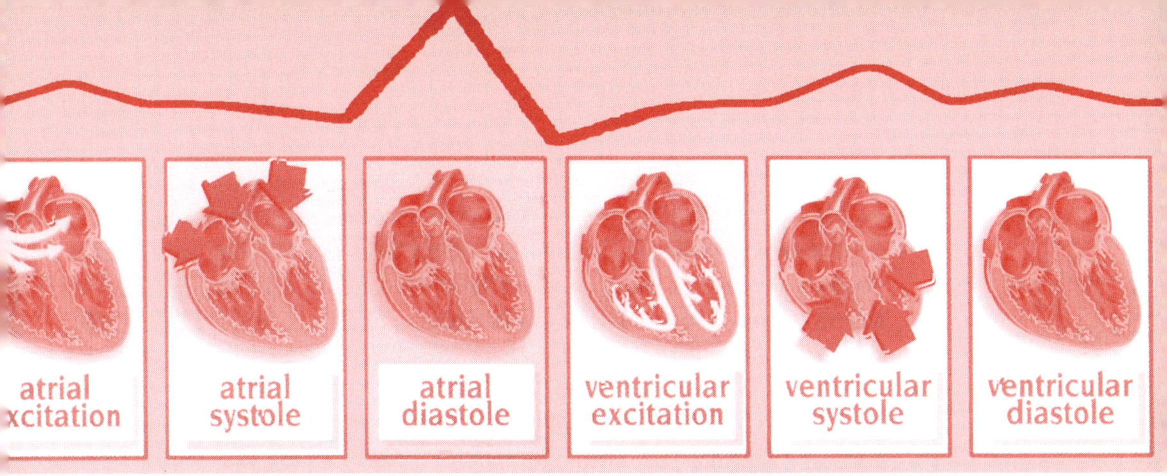

Die Hochleistungspumpe in Aktion.

Erstaunlicherweise pendelt sich die Länge des Lebensimpulses der Tiere bei „nur" 1.000.000.000 (1 Milliarde) Herzschlägen ein, wie Isaac Asimov, der Science-Fiction-Autor und Professor für Biochemie festgestellt hat.[56] Es ist doch signifikant, dass in der Kraft des Herzens der Mensch von der Evolution bevorzugt ist. Hat sie noch viel mit uns und unserem Herzen vor?

Bei dieser Arbeitsleistung des Herzens kann auch der coolste Herzchirurg oder der materialistischste Bypasstechniker nicht umhin, seine Anerkennung auszusprechen. 100.000 Schläge an einem einzigen Tag, vierzigmillionenmal pro Jahr sind nicht schlecht. Inklusive der Arbeitsleistung des Ansaugens, Abpumpens und Überprüfens des Blutes im ganzen Körper. Dabei handelt es sich um ein Leistungsvolumen von 4 bis 7 Litern in der Minute bzw. 17.000 Litern Blut in 24 Stunden! Es leitet rund 4.500 Liter Blut in der Stunde durch ein Gefäßsystem, in das man die Erde zweieinhalbmal einwickeln könnte! Woher bezieht das Herz diese Lebensenergien? Eine Antwort scheint in seiner Fähigkeit zu sein, mit dem Universum zu schwingen und direkt mit der Kraft des Lebens verbunden zu sein.

Sein Puls steht ganz am Anfang unseres Lebens. In ihm stellt sich der Rhythmus des neuen Lebewesens vor. Deutlich schwingend. Also manifestiert sich das Leben in diesem Puls. Es reiht sich ein in den Puls der Erde, des Weltalls, der ganzen Schöpfung. Es nimmt Verbindung auf. Verbindung ist Information. Und Information ist der große, übermaterielle Anteil des Lebens an jedem Organismus.

Leben ist Information.

Die Naturwissenschaftler entdecken in ihren jüngsten Forschungen die grundlegende Bedeutung der Information für alles Leben. Vom subatomaren Teilchen bis zu den Galaxien. Alles lebt. Alles informiert sich. Auch unser Körper ist eine „kleine“ Galaxie aus unzählbaren Zellen, die als ihre Info-Sonne das Herz haben und mit ihm schwingen. Zehntausendmal in der Sekunde!

Der Arzt Dr. Pearsall schreibt dazu, dass es ein unvorstellbar kraftvolles, hochempfindliches Instrument an zentraler Stelle erfordert, um diese riesigen Energie- und Informationsmengen, die in 75 Billionen Zellen dieser Galaxie Mensch mit 51 bis 78 Milliarden Hertz schwingt, zu koordinieren. Dazu muss man wissen, dass jede Zelle 2 Millionen Moleküle enthält, die jede zehntausendmal in der Sekunde schwingen. So ist das Herz Mittelpunkt einer Teilchengalaxie, die genauso unermesslich und komplex ist wie jede andere Galaxie im Universum.[57]

Herzenergetiker stellen fest, dass sich das Herz ein unmittelbares Informationssystem und eine eigene Intelligenz im Menschen aufbaut, die außerhalb biochemischer Prozesse arbeiten. Es ist eine info-energetische Verbindung, die allen Systemen im Universum eigen ist. Das Herz arbeitet als nichtlokales, intelligentes Energiefeld. Wie gesagt: Seine elektromagnetische Kraft ist fünftausendmal größer als die des Gehirns.[58]

Die Info-Energie des Herzens ist nicht an das Gehirn gebunden. Dr. Paul Pearsall schildert, wie er selbst bei einem „hirntoten“ Transplantations-Patienten sehen konnte, wie das Herz weiterschlug, obwohl es vom Gehirn getrennt war. Eine noch nicht erklärbare universale Energie hält es noch längere Zeit in Gang. Davon profitiert die Transplantations-Industrie. Froschherzen, zum Beispiel, schlagen nach einer Operation separiert bis zu einer Stunde lang ganz allein weiter!

Abschließend stellen wir fest: Als zentraler Antrieb unseres Lebenskreislaufs und als unser Rhythmusorgan regelt das Herz unseren Lebenslauf und gibt uns den zentralen Punkt für unser Sinn- und Lebensempfinden. Es ist auch unser Info- und Energiezentrum. Alles, was in uns Leben ist, kreist

Wohin geht die Reise?

um dieses tagein, tagaus wirksame, schwingende und antreibende Energiefeld Herz und hat dort seinen körperlichen Kraftpunkt, ohne dass die Wissenschaft bisher zweifelsfrei feststellen konnte, woher diese Energie kommt und wie sie sich bildet. Das Herz ist sichtbarer Ort konzentrierter Lebensenergie. Oder wie es Wissenschaftler ausdrücken: Im menschlichen Körper ist das Herz die stärkste Quelle elektromagnetischer Energie.

Das neue Herz

Wie wir wissen, wird seit den frühesten Zeiten das Herz als Sitz des Lebens, des Denkens und des Fühlens genannt. Für die alten Ägypter war es klar, dass der Arzt besonders von der Natur des Herzens lernen konnte. Die Mumien enthielten als einziges Organ nur mehr das Herz, weil es nach Meinung der Ägypter im Jenseits das Leben garantierte. Und diese Überzeugung hat sich bis in unsere aufgeklärte Zeit in vielen Kulturen dieser Erde erhalten. Sie ist auch nach den neuesten Forschungen logisch: Wenn Energie in allen Zuständen schwingt, dann kann uns allein das schwingende Herz im Nachtod-Zustand helfen und die Identität bewahren. Wer weiß, ob nicht in anderen Zuständen ebenfalls ein Herz die schwingende Mitte darstellt?

Der Kopf mit dem Gehirn hatte die Brust mit dem Herz sehr gründlich in unserer Eigenvorstellung vom Ich verdrängt. So sehr, dass wir erstaunt waren, in verschiedenen Spezial-Lexika über Philosophie, Psychologie, Astrologie oder sogar Esoterik kein Stichwort „Herz“ zu finden! Das Herz wurde sogar von Geist und Seele getrennt.

Früher drückte man noch seine emotionelle oder religiöse Befindlichkeit in Verbindung mit dem Herzen aus: Mein Herz ist traurig; sein Herz war gebrochen; ich trage Gott im Herzen, ich schenke dir mein Herz etc.

Mit der Zerteilung des Ganzen konnte das alte Empfindungsherz nicht mitgehen. Es trat zurück und überließ dem sezierenden Verstand das Feld. Es war ganz richtig so, denn es hat dabei selbst viel dazugelernt. Jetzt kann es sich zum wahrenden Licht-Herzen erweitern. So wie von Maria in der Bibel gesagt wird: Maria aber bewahrte alles, was geschehen war, in ihrem Herzen[59] und dachte darüber nach. Das Herz bewahrt im Ungedachten, aber nicht Unbewussten und lässt das Gehirn überdenken. Das Herz gibt die Impulse, es entwickelt in Koordination mit unseren psychisch-geistigen Energien die Software und gibt dem Gehirn als Hardware die Impulse, damit es nachdenkt, analysiert und Informationen liefert, die das Herz wiederum zu Wertungen zusammensetzt. Ein perfektes Teamwork, das uns erlaubt, die paradoxen Lösungen des Lebens nachzuvollziehen. Weil das Herz keinen logischen und dreidimensionalen Grenzen unterworfen ist. Wie sagt doch der Neurologe Prof. Lüder Deecke: „Wir merken uns nur Dinge, die uns emotional bewegen. Was uns schnurz ist, vergessen wir."[60] Emotionen sind Herzensangelegenheit. Sie sind vorgedanklich!

Das Herz ist die Software, das Hirn die Hardware.

J.C. Pearce hat in seinen neurobiologischen Forschungen Erstaunliches über diese Zusammenarbeit im „Herz-Gehirn-Bonding" zu Tage gefördert. Er meint auch, dass wir dauernd dazulernen, z.B. über die Herz-Intelligenz und dass jede neue Erkenntnis alles Bisherige in Frage stellt. So stellt er fest, dass Vorgänge im Herzen sowohl den Vorgängen im Körper als auch denen des Gehirns vorausgehen. Er zeigt, dass das Herz unlokalisierte „Intelligenzfelder" übersetzt, die größer, universeller sind, als das fleischliche Herz, ja sogar als das psychische Herz. „Und gerade so wie unser psychisches Herz unseren Körper bewahrt, bewahrt auch die das Herz steuernde, unlokalisierte Intelligenz die Synchronie mit einem universellen Gesamtbewusstsein. Wir haben also nicht nur ein physisches, sondern auch ein höheres, universelles Herz."[61]

Pearce sieht drei Herz-Entwicklungsstufen unseres Lebens: 1. Entwicklung einer „Herz-Geist-Synchronie", wie wir sie für das physische Überleben brauchen. 2. Die „nachadoleszente" Synchronie vom Selbst im Herzen und dem schöpferischen Prozess. 3. Ein höchstes Herz, das uns jenseits aller physisch-emotionalen Systeme trägt. „Der Erfolg des menschlichen Lebens hängt von der Entwicklung des Herz-Geist-Dialogs ab". Er zitiert C.G. Jung: „Ganze Menschen denken in ihren Herzen."[62]

„Ganze Menschen denken in ihren Herzen".

Edith Stein, die große jüdische Bewusstseins-Phänomenologin, heilige Karmeliterin und Märtyrerin im KZ-Nazideutschlands beschreibt dies plastisch: „Die Gedanken des Herzens sind durchaus noch keine Gedanken im üblichen Sinne, keine fest umrissenen, gegliederten und fassbaren Gebilde des denkenden Verstandes. Sie müssen durch mancherlei Formungen hindurchgehen, ehe sie zu solchen Gebilden werden. Sie müssen erst aufsteigen aus dem Grunde des Herzens. Dann kommen sie an eine erste Schwelle, wo sie spürbar werden. Dieses Spüren ist eine viel ursprünglichere Weise des Bewusstseins als das verstandesmäßige Erkennen. Sie liegt auch noch vor der Spaltung der Kräfte und Tätigkeiten. Es fehlt ihm die Klarheit des rein verstandesmäßigen Erkennens; andererseits ist es reicher als eine bloße Verstandeserkenntnis. Was aufsteigt, wird gespürt als mit einem Wertcharakter behaftet, der die Entscheidung an die Hand gibt, ob man das, was aufsteigt, aufkommen lassen soll und will oder nicht".[63] Auch sie erkannte, wie notwendig diese naturgegebene Zusammenarbeit von Herz und Hirn ist. Wertcharakter (Herz) und Analyse (Gehirn) bestimmen den neuen Herzmenschen!

Hl. Edith Stein (1891-1942), Philosophin und Karmeliterin.

Der Philosoph und Menschenbildner Karlfried Graf Dürkheim hat zur Klärung des neuen Herzens sehr viel beigetragen, weil er östliche und westliche Weisheit in sich vereinte. Er sagte, dass das „Hara" im Solarplexus des

Das Erwachen des Herzens.

Menschen die Verbindung mit den kosmischen Kräften herstellt und ihn vom Ego befreit, während die Betonung des Kopfes am Ego festhält. Darauf fragt ihn Alphonse Goettmann, sein Schüler: „So ist also weder Hara noch der Kopf, sondern das Herz die Mitte des Menschen?“ Dürckheim: „Ja, wenn Sie das 'Herz' nicht nur als Sitz der Gefühle verstehen, sondern als Mitte, die sich öffnet, wenn das Ich alles aufgegeben hat und wenn der Mensch für Himmel und Erde offen ist, weil er im Sein verankert ist, das jenseits ist von Himmel und Erde.“ Dazu sagt er noch, die richtige Frage nach der Mitte sollte lauten: „Was heißt es, wirklich ein Mensch zu sein, aus welchem Zentrum soll er leben?“[64] Das ist, seiner Meinung nach, das Herz als menschliches Zentrum der Liebe. Als sein Kreuz- und Spannungspunkt, aus dem Tod und Auferstehung wächst. Das erwachte Herz also. Das Licht-Herz.

Albert Schulz, ein Denker in den 20er Jahren, schilderte die Entwicklung zum Licht-Herzen auf seine Art: Der Materie-Dämon hat die Herzen der meisten so verfinstert, dass ihnen die Materie und ihre Gesetze alles geworden sind. Unsere Zeit zeugt davon, wohin ein noch so kluges Stoff-Wissen gerät, wenn die Erleuchtung des Herzens fehlt. Er sagte voraus, dass wir mit unserem „Resonanzorgan“ Herz die neuen Töne des Geistes erfassen werden.

Durch geistige Übungen erfuhr er, wie „der Herz-Knoten sich öffnet, das eigentlich höhere Zentrum des Menschen, das in seiner undifferenzierten (integralen d.V.) Natur als höheres Sinnesorgan verschlossen wurde seit dem Sündenfall. Das Herz, die Mitte, hat in dem Verstand (Gehirn) einerseits und dem Geschlecht (Becken) andererseits seine beiden Pole, welche den heutigen Menschen zerreiben, weil eben das höchste Einströmungs-Zentrum des Herzens verschlossen blieb. Es öffnet sich nur in der Hingebung an das kosmische Bewusstsein.“[65]

Der Menschenlehrer und „Herzmeister“ Burkhardt Kiegeland zeigt nach Yoga-Vorbild auf, wie das alte „persönliche Herz“ zum neuen „wahren Herz“ mutieren muss. Es ist ein Aufstieg vom unbewussten Herz zum wahren, bewussten Herz mit einem Energiefeld, dass uns erweitert. Es führt uns aus einer niedrigeren Lebensfrequenz in eine höhere. Das alte ist das Herz, dass egoistisch verliebt ist, dass wahre Herz ist eines, das frei lieben kann. Der Weg vom persönlichen Herz zum wahren Herz, das uns transzendiert, ist ein Bewusstwerden des Menschen. In den körperlichen Kraftzentren ausgedrückt ist es bemerkenswerter Weise ein Aufstieg von der Führung des 3. Zentrums im Solarplexus zu der des 4. Zentrums im Herzen! Unsere Realitätserfahrung im 4. Zentrum, in die uns das wahre Herz führt, ist eine vollkommen neue, eine erweiterte, die nichts mehr von der Kleinheit der Sorgen des persönlichen Herzens des Solarplexus aufweist. Diese Verwandlung geht nur über die Verbindung mit dem eigenen Herzen.[66]

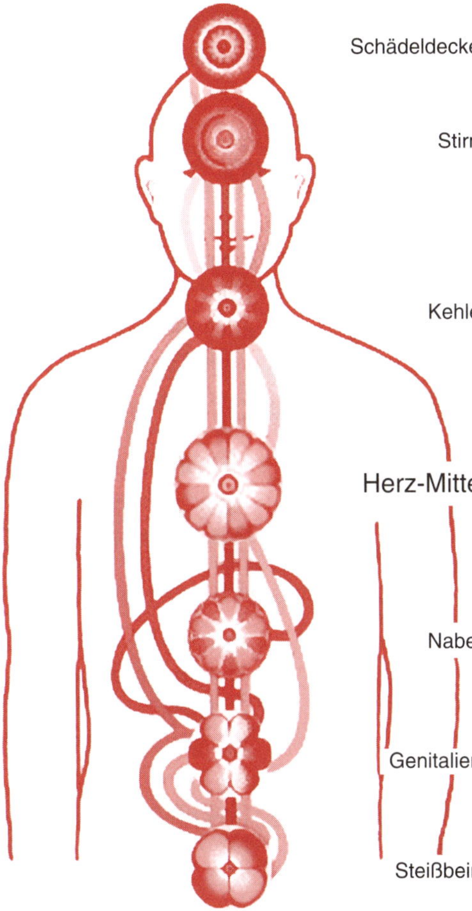

Die Energiezentren des Menschen.

Diese Auffassung hat viele Gemeinsamkeiten mit unserem, von Jean Gebser aufgezeigten Übergang von der dritten Dimension in die kommende vierte. Und dabei ist es sicher signifikant, dass das Herz als Energiezentrum das vierte in der Reihe, von unten gesehen, ist und die Mitte dieser Siebenerreihe von Kraftzentren bildet. Es verbindet die unteren drei (Steißbein, Genitalien, Nabel bzw. Solarplexus) mit den drei oberen Zentren (Kehle, Stirne, Scheitel) und ergibt, wie der Mensch in der Mitte des siebenarmigen Leuchters der Juden, die Mitte, die verbindet. Eine Symbolik von ungeheurer Stärke.

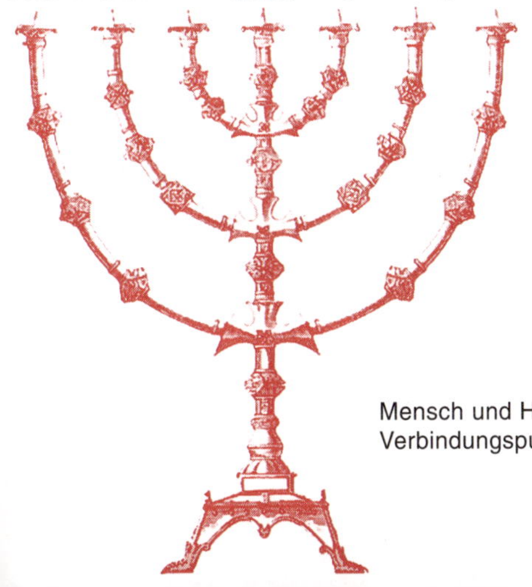

Mensch und Herz als Mitten und Verbindungspunkte der Schöpfung.

Die Kräfte von „oben" und „unten" treffen sich im Herzen.

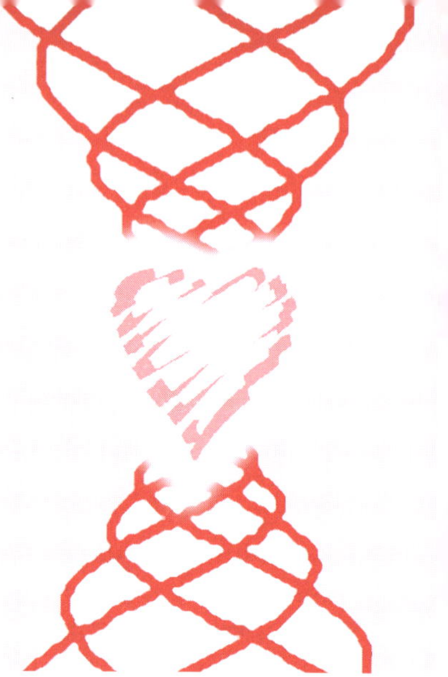

Wir sind mit dem neuen, erwachenden Herzen in der Wesensmitte und in der Schöpfungsmitte angelangt. Von hier aus regiert der Geist den Körper. Hier treffen sich auch die Erd- und Naturkräfte spiralenförmig von „unten" mit den geistigen Kräften von „oben".

Darauf weist auch noch das Kreuz der Erlösung hin, wie Graf Dürckheim meint. Es zeigt das Herz im Schnittpunkt auf erhöhtem Ort wie beim Menschen. Und Jesus von Nazaret hat in einem einmaligen Zeichen die Notwendigkeit der Öffnung dieses Herzens in die Herzen der Menschen gelegt: Er ließ sich vom Hauptmann mit der Lanze den Brustkorb durchstoßen, damit sein Erlöserherz, als Vorbild für uns, geöffnet sei.

So ist das Herz prädestiniert dafür, das neue Motivations- und Leitorgan des Menschen zu werden. Darauf deuten auch neueste Untersuchungen an diesen vorhin geschilderten Energiezentren des Menschen entlang der Wirbelsäule, der „Kundalini-Energie", die dem Menschen im aktivierten Zustand ungeahnte Impulse im gesamten Nervensystem bis zum Gehirn vermittelt. Bei den Messungen mit den von Itzak Bentov entwickelten biomedizinischen Geräten stellten die Forscher mit Erstaunen fest: „Zentraler Antrieb des Kundalini-Prozesses auf körperlicher Ebene ist nicht eine rätselhafte Energie an der Basis der Wirbelsäule (wie man bisher angenommen hat d.V.), sondern das Herz."

Thomas berührt die Herz-Wunde Jesu Christi und glaubt.

Alles ist Schwingung, auch und besonders das Herz.

Es kommt noch interessanter: „Die vom Herzen ausgestrahlten akustischen Wellen ... durchströmen den gesamten Körper und werden von der Schädeldecke wieder zurück in den Kopf reflektiert. Schwingt nun das Herz gleichmäßig im Rhythmus von sieben bis acht Hertz, bilden sich stehende Wellen, das heißt, Wellenberg und Wellental bleiben ständig am gleichen Ort. Dadurch beginnen bestimmte Hirnbereiche immer stärker zu vibrieren“. Das wirkt „wie ein Schrittmacher zur Synchronisation der beiden Hirnhälften“. Das Herz wirkt ganzheitlich, also integrierend auf das Gehirn! Dies gelingt besonders in der Ruhe der Meditation.

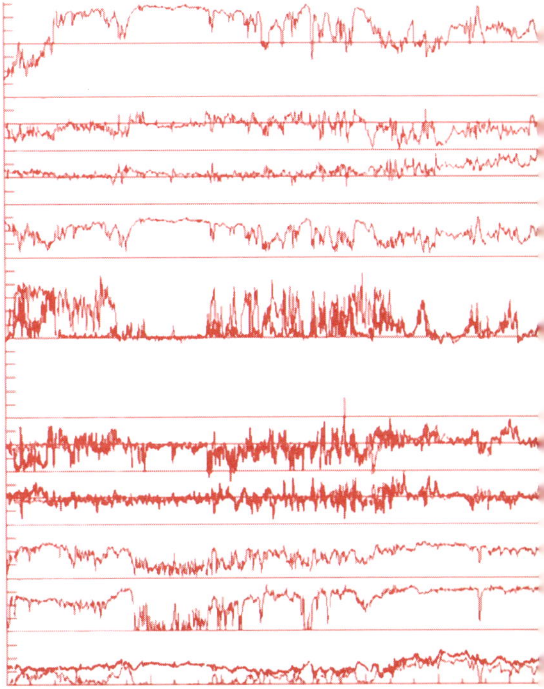

Der Bericht geht noch eindeutiger auf die Zusammenarbeit von Herz und Hirn ein: „In beiden Gehirnhälften bilden sich pulsierende Magnetfelder von entgegengesetzter Polarität. Sie haben ebenfalls eine Frequenz zwischen sieben und acht Hertz, und das gesamte Gehirn beginnt im Herz-Rhythmus mitzuschwingen.“[67] Diese Schwingung von sieben bis acht Hertz entspricht der „Schumann-Welle“ des elektromagnetischen Feldes zwischen Erdoberfläche und Ionosphäre, die bereits exakt untersucht ist. Somit ist eine Resonanz zwischen Herz- und Erdschwingung hergestellt. Ob also unsere menschliche Schwingung vom Herzen aus unruhig und zerhackt oder fließend ist, beeinflusst nicht nur unser Bewusstsein, sondern den Zustand unseres Lebensraumes und wahrscheinlich des gesamten Kosmos! Welchen Stellenwert bekommt doch damit die Kraft der Herzens-Ruhe, die in der stillen Meditation geübt und verwirklicht werden kann. Sie sorgt für die lebensnotwendige Harmonie zwischen unseren Organen, der gesamten Biosphäre und des uns umgebenden Weltraumes. Keine kleine Verantwortung, die wir da im Herzen tragen!

Das indische Laut-Symbol für die Herz-Schwingung.

Dr. Paul Pearsall zitiert über die Lebensenergie: „Das vierte Chakra ist das Herzchakra, das A und O in unserer energetischen Verbindung zu allen anderen Chakren, zur Erde und zur gesamten Schöpfung.“[68]

Ein weiteres Zeugnis über das Herz als Leitorgan des kommenden Menschen bringt uns Heinrich Zimmer, der verstorbene große Indienkenner, Professor an der Columbia-Universität, Freund C.G. Jungs, der in seinem Werk „Der Weg zum Selbst“ die Lehrgespräche „des indischen Heiligen Shri Ramana Maharshi“ (1879 – 1959) aufgezeichnet hat. Er gilt als einer der großen Lehrer Indiens. Schalten wir uns in ein Gespräch ein:

Der Schüler: „Wenn du sagst, dass ‘Herz’ sei höchste Stätte und Mitte des Ewigen Wesens, des Atman, dann besagt das, es sei keines der sechs Lotoszentren, die der Kundalini-Yoga lehrt.“

Der Meister: „Die sechs Lotuszentren des Yoga von der Tiefe des Leibes aufwärts bis unter die Hirnschale sind ebenso viele Zentren des Nervensystems ... Aber das Selbst, das den ganzen Gang dieser Kraft, vom tiefsten Lotos hinauf zum höchsten, trägt, wohnt nicht in ihm, sondern trägt das Ganze vom Herzen her. Die Tantralehren nennen das ‘Herz’ den ‘Sonnenkreis’ und den tausendblättrigen Lotos im Haupte den Mondkreis. Die beiden Sinnbilder deuten an, wie die ‘Stätte des Selbst’ (Herz) und die Stätte des Shakti (Kopf) sich in ihrer Bedeutung zueinander verhalten.“[69]

Wie wir schon herausgefunden haben: Das Herz ist der Impulsgeber, die Sonne und das Hirn der Empfänger, der Mond. Shri Ramana Maharshi hat noch viele tiefe Weisheiten über das Herzzentrum gesagt, die wir an anderer Stelle noch betrachten werden.

Auch Bhai Sahib, der Sufi-Lehrer von Irina Tweedy, sagte über das Herzchakra, dass er in seiner Schule nur dieses Leit-Chakra erweckt, weil es als Führer alles andere übernimmt. Er illustriert es in einer Geschichte: Wenn wer einen Teil des Besitzes von Bhai Sahib erwerben wollte, würde er dann zum Besitz gehen oder zu ihm? Man verhandelt mit dem Besitzer. Und deshalb befasst sich sein Lehrsystem mit dem Führer: Mit dem Herzen! Er meint: Die anderen Systeme seien für frühere Zeiten gut gewesen. Heute ist die zentrale Stellung des Herzens erkannt und alles andere ergibt sich von selbst. „Wir erwecken den König, das Herzchakra, und überlassen es dem König, die übrigen Chakren zu wecken.“[70]

Das Herz als Führungsorgan.

Ganz dasselbe drückt das Schamanenpaar Chea und Domano aus, das Kay Cordell Whitacker für die neue Zeit vorbereitet hat: Der Zentralwirbel, das zentrale Energiezentrum des Menschen, liegt in der Brust. Sie sagen dazu, dass generell alle Dinge in unserer Welt einen zentralen Herzwirbel haben. Dort hat jeder Lebenston seinen Anfang. Es ist der Punkt des Gleichgewichts und des Erwachens der Ganzheit. Das Herzzentrum erfasst alles klar und objektiv. Es hat keine Angst und keine Vorurteile.

Weltenherz und Weltenseele.

Dazu sagt die Schamanin Chea, dass wir Menschen nach den verschiedenen Energiewirbeln in vergangenen Zeiten unsere Lebensweise definiert haben. Der Solarplexus stand bisher für die Zeit der Macht über Dinge, der Eroberung, des analytischen Denkens, aber auch des Rassenhasses, der Hierarchien und der krassen Gegensätze. Jetzt ist die neue „Ära des Herzwirbels“ angesagt. Da müssen wir Lebenslust, Ganzheit, Klarheit, Frieden, Harmonie und die Annahme des Unbekannten trainieren. Das wird jetzt und in Zukunft gebraucht. „Die Welt ist dabei, ins Zeitalter des Herzens einzutreten,“ sagt die weise Schamanin.

Dazu hat der Schamane Domano ein Bild gewählt, das aus dem Traum von Klaudia am Anfang des Buches sein könnte: „Da schlagen Flammen aus der Mitte heraus, dem Herzen jedes einzelnen und aller Dinge-Leben.“[71]

Als Anregung eines tiefsinnigen Künstler-Philosophen über das Herzzentrum des neuen Menschen der vierten kommenden Dimension sei noch der stille Denker, Mystiker und Maler Max Prantl (1913 – 1957) genannt. Er hat sich ein Buch abgerungen, das er im Eigenverlag herausgebracht hat. Es trägt den Titel „Licht aus der Herzmitte“ und beschreibt seine mystischen Erfahrungen in Hinblick auf den neuen Menschen.

Das Herz als Gewissen und inneres Wort.

Hier seine Beschreibung: „Das Bewusstseinszentrum, die Mitte des Strahlkörpers, die „Herzmitte“ der Geistgestalt ist mit dem Herz des irdischmateriellen und des Astralkörpers verbunden ... Das Bewusstseinszentrum ist der Sitz des bewussten Ich. Hier werden alle Beobachtungen der äußeren und inneren Sinne, alle Gedanken und Gefühle, die im Unterbewusstsein gebildet werden, alle Verlangen (Triebe) des Körpers, alle Impulse des göttlichen Willens ... bewusst, sie gelangen zum Bewusstsein. Dieses Zentrum sichert die Einheit der Persönlichkeit. Es ist das „Ewige Licht“, das im erlösten, göttlich freien Menschen Leib und Seele, alle Gefühle, Gedanken und Willensimpulse ständig durchdringt und erleuchtet. Hier durchdringen und beeinflussen sich der „Geistmensch“ (das Ewige Ich) von oben und die irdische, zeitlich begrenzte Persönlichkeit von unten her. Dieses Zentrum ist der Sitz des „Gewissens“ (beim geistig noch träumenden Menschen) und der Sitz des Inneren Wortes (beim geistig Erwachten)“.

Später sieht er noch öfter das Herz als Verbindung unseres feinschwingenden Körpers mit dem materiellen Körper. Dazu präzisiert Max Prantl: „Eine unmittelbare Verbindung besteht in der Herzgegend. Das Bewusstseinszentrum entspricht dem materiellen und astralen Herzen.“ Er stellt auch interessante Verbindungen vom Hemmungszentrum des Gehirns und den Herzklappen fest. Und zum Schluss ruft er uns zu: „Wagt es, die Angst von euch zu werfen, die Augen aufzumachen und die Herzen zu öffnen.“[72]

Zoltan Szabo, der Astrologe und Denker, sagt: „Das Herzchakra ist gleichzeitig Symmetrieachse (zusammen mit seinem dunklen Bruder Saturn) für alle drei Chakrenpaare. Es ist der Stein der Weisen, das große Ziel der Alchemisten, es ist das Ziel der Bewusstseinsentwicklung des Individuums und der gesamten Menschheitsentwicklung. Dieses Ziel liegt im goldenen Herzen und niemals im Kopf, wie das heutzutage manche anzunehmen gewillt sind ... Nur eine ausgewogene Entwicklung ...(z.B. zwischen Herz-, Hirn- und Ganzkörperwissen d.V.) kann uns zur goldenen Mitte führen, und diese liegt im Herzen.“[73]

Das Herzkraftfeld lebt.

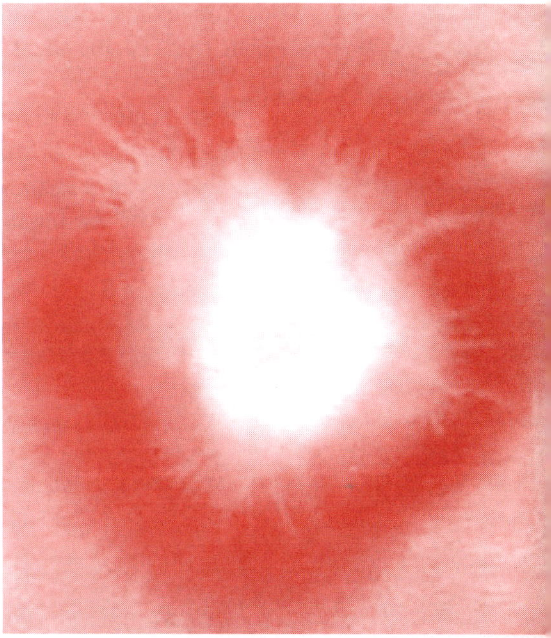

Es wird ganz deutlich, dass unser Geist vom gespürten, erwachten, erleuchteten Herzzentrum ausgeht, das wir im Brustraum als Innen identifizieren. So wie der neue Herzmensch in der vierten Dimension Zeit und Raum durch eine persönliche Erleuchtung im Hier und Jetzt überwindet und dadurch viel stärker als der materialistische Hirnmensch der dritten Dimension, der mehr in Vergangenheit und Zukunft denkt, dem Teil unseres Wesens verbunden sein wird, den man als Seele und Geist bezeichnet, ebenso wird das Vermögen des erwachten Herzzentrums das des rein materiellen Herzens um vieles übersteigen. Es ist das erste mal, dass sich ein Organ des Menschen zugleich materiell und informell weiter entwickelt und damit diese unselige Trennung von Körper und Geist überschreitet. So kann das Herz uns helfen, ganz wie wir es selbst in uns erweitern und anregen, über das Gewohnte hinauszuwachsen und letztlich keinen Unterschied mehr zu machen zwischen Verstand und Herz, weil das Erfassen der letzten Wirklichkeit nur durch Nicht-Unterscheidung gelingt. Unser Herz wird alles und alles hat Platz in unserem Herzen.

Der Geist tritt durch das Herz in den Körper ein.

Im Heart-Math-Institut in Kalifornien, USA, wird seit vielen Jahren der Zusammenhang zwischen der menschlichen Intelligenz und der Rolle des Herzens erforscht. Dabei wurde der Kohärenz im lebenden System Mensch besonderes Augenmerk geschenkt. Diese Harmonie kann durch den Herzrhythmus vom Herzen zum Hirn und in den ganzen Körper übertragen werden. Besonders durch wissenschaftlich erprobte Herz-Übungen. Dabei treten Phänomene wie Klarheit und höhere Intelligenz, Ausgeglichenheit oder Offenheit so markant als Ergebnisse hervor, dass die Wissenschaftler daraus folgern, dass der Geist durch das Herz in den Körper eintritt. Durch das bewusste Herz wird bewusstseinsmindernder Stress abgebaut und befreiende Kreativität aufgebaut. Die dazugehörenden Messdaten sprechen eine klare Sprache, die sogar exakte Wissenschaftler beeindrucken kann.[74]

Zum Schluss nochmals Pearce mit einem scheinbaren Paradoxon, wie wir es von jetzt an begreifen sollten: „Mein Lehrer sagte: Du musst deinen Intellekt bis zu seinem höchsten Punkt entwickeln, damit er ein geeignetes Instrument für die Intelligenz des Herzens werden kann. Aber nur das Herz kann den Intellekt bis zu seinem höchsten Punkt entwickeln.“[75] Das ist eine kybernetische Rückkoppelung.

Einsetzender Hirntod.

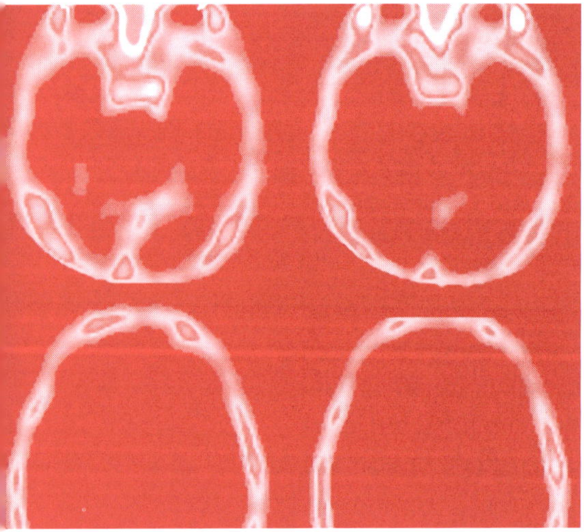

Wenn wir die führende Kraft der Herzintelligenz aus diesen Anregungen kennen gelernt haben, dann werden wir uns fragen, ob man einem Gehirntoten wirklich alle Organe bei noch schlagendem Herzen herausschneiden kann? Wenn wir bedenken, dass das Herz ein eigenes Informationssystem hat, lässt es uns fragen, wie weit dabei doch unsere tiefsten Empfindungen getroffen und übertragen werden? Wenn das Herz das neue Leitorgan des Menschen der vierten Dimension wird, wie tot ist er dann als Gehirntoter? Fragen über Fragen tauchen auf. Fragen, die uns alle etwas angehen, weil das Entnehmen von Organen in vielen Ländern keiner ausdrücklichen

Genehmigung der Betroffenen bedarf. Bei dem Nützlichkeits- und Profitbewusstsein unserer Zeit ein äußerst problematischer Zustand.

Fassen wir also die Erkenntnis um das neue Herz in einigen wichtigen Überlegungen zusammen, wie sie der Arzt Dr. Paul Pearsall sieht: Das Herz ist das Kraft- u. Lebensorgan des Menschen. Es hat eine eigene info-energetische Intelligenz und reagiert direkt auf die Umwelt. Es ist ein quantenphysikalisches System in dauernder Bewegung und ist Teilchen und Welle zugleich. Es koordiniert Hirn und Körper. Das Herz schwingt und ist damit informationstragende Energie. Es sendet und empfängt Botschaften. Dauernd. Mit allen Herzen und dem Universum. Sein Zellgedächtnis ist autonom. Es hat also viele Eigenschaften, die es uns erlauben, in neue Bewusstseinsdimensionen vorzudringen, die weit über unser dreidimensionales Weltbild hinaus gehen. Das Herz ist also sehr wohl prädestiniert, das Leitorgan des neuen Menschen zu sein. Sicher als primus inter pares, als Erstorgan unter Gleichen, weil sich unser Wesen durch den ganzen physischen, psychischen und geistigen Körper ausdrückt, wie wir aus den neuesten Forschungen über das Zellgedächtnis wissen und wie es uns auch die Kybernetik lehrt, dass nämlich die einzelnen Organe als Teile eines Systems selbständig sind und durch dauernden Informationsaustausch und Rückkopplung die Gesamtheit des Systems ausgleichend sichern. Auch das neue Herz ist keine Befehlszentrale, wie viele Menschen dreidimensional vom Gehirn annehmen, sondern der Lebensimpulsgeber, der informiert, ermuntert, erfasst und austauscht. Auch innerhalb und außerhalb des Menschen zusammenwirkt mit allen Systemen der Schöpfung.

Im Herzen sind wir alle untereinander verbunden.

Die Menschheit zerstört sich selbst.

II. Der Kampf ums Herz

Wenn wir die folgenden Informationen genauer überblicken, so sind sie der Ausdruck unserer noch dreidimensionalen Art mit dem Leben und der Erde umzugehen. Sozusagen das letzte Aufbäumen einer überholten Weltensicht.

Ein Freund erzählte mir, wie er in einem asiatischen Land vor vier Jahren einen Fluss hinunterfuhr und an beiden Ufern tiefe Urwälder waren, manchmal durch kleine menschliche Behausungen unterbrochen. Jetzt fuhr er wieder diesen großen Strom hinunter und aller Wald war verschwunden. Auf Stunden und Tage kein Wald mehr zu sehen. Einflussreiche Kreise des Landes haben das Land aufgekauft und alles für den Export abgeholzt. Kein Aufforstungsprogramm weit und breit. Dafür aber verheerende Überschwemmungskatastrophen, die kleine Bauern treffen. Vielleicht werden die Verantwortlichen sündteure technische Hilfsprogramme entwickeln, um die Überschwemmungen in den Griff zu bekommen, die sie selbst, für einen raschen Gewinn, verursacht haben?

Man ruiniert das Lebensgefüge und repariert es dann wahnsinnig teuer. Man verkündet Erfolge über Reparaturen von Problemen, die man selbst vorher geschaffen hat. Es ist der Sinn für das Ganze und die dazu notwendige wache Demut abhanden gekommen. Wir Menschen reden nur vom Wirtschaftswachstum und bedenken gar nicht, dass es unmöglich immer so weitergehen kann. Wir sollen nicht gegen Wachstum sein. Aber irgendwann muss Wirtschaftswachstum in geistiges Wachstum übergehen. Irgendwann muss auch der letzte Arzt begreifen, dass er nicht nur den Körper, sondern auch den Herz-Seele-Teil beachten muss, um heilen zu können.

Heilung ohne Herz-Seele ist nicht möglich.

Und wie es im Weltgroßen ist, ist es im Menschen. Wir finden Stress o.k. und bewundern Ärzte, die todmüde nachh Hause oder auf eine Party kommen, weil sie gerade 20 Stunden operiert haben. Anstatt ihnen zu sagen, dass sie unverantwortlich sind. Ich möchte nicht der letzte Patient dieses Daueroperierers sein.

Und genau dieser Typ Arzt stirbt dann besonders häufig selbst an Herzinfarkt und Kreislaufversagen. So wie die Welt am Kreislaufversagen sterben kann, wenn wir sie weiter so verantwortungslos ausbeuten. Diese Gesellschaft beutet unter dem Motto Nützlichkeit aus: Ihre Mitglieder, ihre Erde. Die Mitglieder sterben vorzeitig trotz Milliarden-Medizin und Pharma-Industrie. Deren wirtschaftliches Wachstum ist dafür „gesichert“. Die Erde stirbt ebenfalls und der Gewinn für den Holzverkauf oder die Erdölentnahme ist kurzfristig und für einen privilegierten Teil der Menschheit beachtlich. In dem ganzen Wahnsinn klopft unser Herz und versucht sein Bestes, um zu überleben. Aber diese Weltgesellschaft jagt es in einem wirtschaftlichen Kreislauf ohne Erbarmen. Sie macht es zuerst bewusst krank und repariert oder ersetzt es dann unter großem finanziellen Aufwand. Sie züchtet dabei einen Menschentyp, der, nachdem sie ihn verbraucht hat, immer hilf- und freudloser wird und gänzlich von Bypässen und Medikamenten, Kunstherzen oder Transplant-Herzen abhängig ist. Dass dies keineswegs sein müsste und es schon längst in Untersuchungen an Tausenden von Menschen bewiesen ist, dass es sanfte Methoden gibt, die die Herzerkrankung vermeiden, ja sogar rückgängig machen können – was konservative Ärzte bisher bezweifelten – das werden wir später in dieser Herz-Spurensuche behandeln. Nur haben diese sanften

Kurzfristiger Nutzen statt langfristiger Harmonie.

Methoden eine wichtige Grundlage: Sie verlangen eine umfassende Änderung unserer dreidimensionalen, selbstzerstörerischen Lebensweise. Und eben gerade das fällt uns allen so schwer.

Können wir uns ändern?

Die herzlose Gesellschaft

„Ein demographischer Berg geburtenstarker Jahrgänge schiebt sich langsam, aber unaufhaltsam auf die Operationstische zu"[76] schrieb die angesehene Zeitung „Die Woche" und meint damit die vielen Operationen am Herzen dieser neuen Generation. Und sie stellte ratlos die Frage: „Was kann man dagegen tun?" Ihre Antwort: Den „Killer Nummer eins", den Herztod mit verbesserten Kunstherzen, perfekten Robotern und Ersatzherzklappen, also mit der „Apparatemedizin" zu besiegen. Die Redakteure finden den Ausdruck „Apparatemedizin" reichlich polemisch, da doch die Herzindustrie macht, was sie kann. Und dabei wächst und wächst sie. Weit über 6 Milliarden Mark im Jahr 1998 kostete sie allein in Deutschland. Die Redakteure haben wahrscheinlich den Satz von Konrad Lorenz nicht gelesen: „All diese Apparaturen scheinen für ihn (den Spezialisten d.V.) ein Schutzschild vor dem direkten Dialog mit dem Kranken darzustellen."[77]

Die Herz-Technologie boomt: Die Behandlungen mit dem Herzkatheter stiegen in Deutschland von 100.000 im Jahr 1986 auf 650.000 im Jahr 1998 und Operationen an Herzkranzgefäßen mit Herzlungenmaschine von 30.000 1992 auf über 70.000 1999. Und was uns die Statistik noch so alles an Ziffern und Zahlen liefert. Dazu noch viele tausend Herzschrittmacher und mehr als 500 Herztransplantationen jährlich. Die Kosten explodieren!

Organspenden ja! Aber nicht anonym und würdelos.

Rund um die Organ-Entnahme ist auch ein bedeutender Markt zur „Bewirtschaftung" von Gewebe und Organen entstanden und vom Gesetzgeber sanktioniert, der mit der Wertschöpfung von ca. 350.000 Euro pro Multiorganentnahme und mit jährlichem Medikamentenverbrauch des Organempfängers von 7.500 Euro kalkuliert. Die stolzen Arzthonorare gar nicht mitgerechnet. Alles unter der Überschrift „lebensspendende Medizin“ oder auch „Hochleistungs-Medizin“ genannt.[78]

Die Hochleistungsmedizin boomt

Wieso wir uns hier diese Zahlen vor Augen halten? Weil die mechanistische Art der gängigen Herzmedizin diesen Geldfluss gerne in Gang hält, um angeblich den lebenswichtigen Blutkreislauf der Mitbürger in Fluss zu halten. Die Kehrseite der Medaille: Es gab bereits Strafverfahren von Krankenkassen in Deutschland und Hausdurchsuchungen in den besten Medizinerkreisen, weil angeblich Unsummen für ungerechtfertigte vorschnelle Operationen bezahlt wurden. Diese Unsumme soll 1998 pro Jahr allein in Deutschland eine Milliarde DM ausgemacht haben! Haben wir unser natürliches Verhältnis zum Herzen verloren?[79]

Es ist klar, dass unter diesen Umständen das Herz zum „Pumpmuskel“ degradiert werden musste, da ja am materialistischen Reparaturverständnis dieses Muskels ungeheuer viel Geld zu verdienen ist. Der Arzt Till Bastian schreibt dazu in seinem gleichnamigen Buch, dass die „Sprache des Herzens“ durch die Taubheit der Schulmedizin nicht nur nicht gehört wird, sie wird sogar absichtlich und unter dem Stress der Ärzte überhört. „Sie haben nichts“ ist die oft verkündete Diagnose für einen Patienten, der psychosomatische Herzbeschwerden hat, die aber noch auf keinem Monitor zu sehen sind. Nach diesem Alleinlassen mit seinen Beschwerden wird der Kranke noch kränker. Zuerst „rein subjektiv“ natürlich. Dann später auch „objektiv“. Über Physiologie und Biochemie wissen die ÄrztInnen viel. Über seelische Konflikte und zwischenmenschliche Beziehungen als Herzbeschwerden-Auslöser nichts, meint der Arzt-Autor. Ist das ein Symbol für unsere herzlose Vernunft-Gesellschaft?

Die Symptom-Sprache des eigenen Herzens verstehen Arzt und Patient in unserer Technik-Kultur nicht. Dafür sind die Herzerkrankungen

„Was Sie brauchen, Herr Schmidt, ist ein bisschen menschliche Wärme, liebevolle Zuwendung und ein warmes Lächeln, das Interesse ausdrückt – aber leider kam das in meinem Medizinstudium nicht vor.“

und tödlichen Infarkte in Deutschland bereits an der Spitze aller Krankheiten angelangt. In den USA sind 1997 953.110 Menschen an Herz- und Gefäßkrankheiten gestorben. Das waren 41 % aller Todesfälle. Tendenz steigend.

Herzkrankheiten sind der „Killer Nr. 1“.

In Deutschland starben 1998 411.000 Menschen an Herz-Kreislauf-Erkrankungen, dagegen „nur“ 213.000 an Krebs. Ganz nebenbei: Die Ärzteschaft selbst stirbt überdurchschnittlich oft an Herz- und Kreislauferkrankungen. Bezeichnenderweise noch öfter als der Normalbürger!

Führen Blinde die Blinden in die Grube?

Lassen wir Niko Tinbergen, den holländischen Nobelpreisträger für Medizin und Physiologie, etwas über das Ärztedilemma sagen: „Zunächst meine ich, dass Ärzte zuviel Macht haben, weil sie in dieser religionslosen Welt das Vertrauen zahlloser Individuen genießen, denen sie als Priester, Pfleger und Gesundheitstechniker zugleich gelten. Aus diesem Grund wird der Krankenpflege mehr Bedeutung beigemessen als der Vorsorgemedizin. Und somit trägt die privilegierte Stellung der Ärzte in unserer Gesellschaft sowie auch ihre Ausbildung dazu bei, dass sie sich herablassend, autoritär und sogar arrogant verhalten.“[80] Natürlich nicht alle! Jeder von uns hat schon einen Arzt erlebt, der unserem Vertrauen in menschlicher Weise entgegenkommen ist. Diesen soll unsere ganz besondere Dankbarkeit gelten.

Trotz der ungeheuren Auswirkungen auf unsere Volkswirtschaft werden also die seelisch-geistigen, ja nicht einmal die psychosomatischen Fragen und auch Wunder rund um das Herz ernstgenommen. Auch nicht von den Krankenkassen. Obwohl es doch auch wirtschaftlich eine brandaktuelle, auch gesellschaftliche Notwendigkeit wäre, hier stark in die Präventivforschung zu investieren. Erfahrungen in Spezialkliniken ergaben, dass 48 % der Patienten durch „ganzheitliche Ursachentherapie“ schneller gesunden und durch sie der Medikamentenverbrauch um 60 % gesenkt wird![81] Scheinbar wandern diesbezügliche Forschungsergebnisse sehr oft in die Ablage. Vielleicht, weil sie die „Reparaturtherapie“ stört?

Vorsorge-Medizin wird nicht bezahlt.

Denn welcher Arzt kann es sich leisten, der Entstehungsgeschichte der Herzbeschwerden seiner Patienten nachzugehen? Wie schreibt der amerikanische Präventiv-Mediziner Dr. Dean Ornish, dessen revolutionierende Herztherapie fast ohne Medikamentengabe wir noch kennen lernen werden, über dieses Honorar- und Zeitproblem des „typischen“ Arztes: Wenn er eine Bypass-Operation vornimmt, erhält er von der Krankenversicherung 30.000 Dollar; wenn er eine Ballon-Angioplastie durchführt mindestens 7.500 Dollar. Falls er mehr Zeit für die Beratung der Selbstheilung von Herzkrankheiten durch Ernährungs- und Stressberatung aufwendet, erhält er 150 Dollar. Und wenn er Gesundenberatung vornimmt, also Präventivberatung, erhält er von der amerikanischen Krankenversicherung gar nichts. Und diese Situation gleicht der in Europa.

Und was die Zeit anbelangt, die der „typische“ Arzt aufwendet, um seinen Patienten zuzuhören, so beträgt diese Zeitgabe gerade 30 Sekunden. Denn nach neueren Untersuchungen unterbricht spätestens nach dieser Atemholzeit der Arzt seinen Patienten, um ihm zu sagen, welche ärztlichen Ratschläge er zu befolgen und welche Medikamente er zu nehmen hat. Dr. Ornish beschreibt diese Szene als den Machtkampf Arzt-Patient. Ärzte geben ihre Ratschläge meist im Befehlston. Je höher in der Hierarchie, desto „souveräner“. Für Wahlmöglichkeiten des Patienten ist da wenig Platz. Und er hätte die Wahl: zum Beispiel, und ganz besonders, in der individuellen Änderung der persönlichen Lebensweise. Herzkrankheiten sind Krankheiten des falschen Lebensstils.

Dr. Dean Ornish, Empfänger des IDEA 2001 Lifetime Achievement Award und Autor vieler medizinischer Ratgeber.

Und noch etwas betrifft in tragischem Maße das Arzt-Patientenverhältnis: Zuerst die fehlende Ausbildung des Arztes in der so heilungsnotwendigen Kommunikationsfähigkeit. Wenn er nicht generell eine hinhorchend-liebevolle Einstellung zum Patienten als Berufsmotivation entwickelt hat, kann er menschlich wenig einfühlsam auf Patientenängste eingehen.

Mitgefühl ist nicht gefragt.

Wie sollen die Ärzte und das Pflegepersonal besser emotional ausgestattet sein als die Gesamt-Gesellschaft? Aber sie sollten doch wenigstens mitfühlender sein, als, zum Beispiel, Techniker oder Buchhalter. Schließlich haben sie beruflich mit lebenden Mitmenschen zu tun. Sind sie es aber, der amerikanischen Statistik nach zu schließen, nicht: Sie haben höhere Scheidungsraten, eine höhere Drogenabhängigkeit und sterben durchschnittlich 10 Jahre früher als der Durchschnittsbürger. Und wie wir wissen, stehen sie als Berufsgruppe an der Spitze der Herz- und Kreislauftoten. Lauter Anzeichen, die nicht dafür sprechen, dass die Ärzte mit ihren eigenen Gefühlen umgehen können.

Ärzte sind, wie Dr. Ornish zerknirscht feststellt, keineswegs ein Vorbild für gesundheitsbewusste Menschen. Sie spalten ihr Gefühlsleben vom Beruf ab, sie verleugnen es und gleichen damit aufs Haar den Herzpatienten. Wie also sollen gerade sie sich für die lebensrettende Veränderung des Lebensstils ihrer Patienten interessieren und für die dazu notwendigen Ernährungs- und Stressvermeidungs-Verhalten eintreten? Es fehlt ihnen sehr oft an eigener diesbezüglichen Erfahrung und Einstellung.

Dr. Ornish als erfolgreicher Arzt wundert sich: „Ich habe auf keinem Kardiologenkongress je gehört, dass jemand die Macht der Liebe in die Diskussion hineinbrachte – merkwürdig, da doch das Herz das Symbol der Liebe ist.“ Wenn er selbst von seinen Heilerfolgen inklusive Meditation und Ernährungsumstellung vor seinen Kollegen spricht, noch dazu alles ohne medikamentöse Bomben erreicht, ist zuerst sehr oft betretenes Schweigen im Saal. Erstens, weil man lieber medizinische Kurvendiagramme diskutiert und zweitens, weil der die Tagung finanzierende Pharmakonzern damit wenig Freude hat.[82]

Selbstverständlich ist die dreidimensionale Art der Erfassung messbarer Ergebnisse auf meist mechanistisch-chemischer Basis den Menschen, sprich Ärzten, unserer zu Ende gehenden Zeit geläufig. Wir wurden alle so erzogen und unterrichtet. Nur ist diese Basis keine Garantie für Lebensechtheit. Wir sehen nämlich oft das, was wir erwarten und unsere Erwartungen beeinflussen unser Bewusstsein und unsere Schlüsse, die wir aus den Statistiken, Kurven und Zahlen ziehen. Wir dürfen uns nicht wundern, wenn die Ärzte auch nur Menschen sind „wie Du und ich". Sie werden selbstverständlich vom Verhalten ihrer Patienten mitbestimmt. Der fügsame, passive Patient will gar nicht Wahrheiten über seinen Zustand hören. Er will die Entscheidung der Behandlung dem Übervater Arzt überlassen. Unwissenheit ist eine Variante der Verdrängung. Also will der Patient lieber behandelt sein und ist weniger gern ein Handelnder. Schon gar nicht, wenn er hört, dass er sein Leben grundlegend ändern sollte.

Die Patienten wollen Reparatur und nicht Heilung.

Genau diese selbstgewählte Einstellung von beiden Seiten verhindert das Wunder der Selbstheilungskraft des Seele-Körper-Systems. So muss man sich auf die Reparaturmechanik konzentrieren.

Der österreichische Internist Prof. Dr. Karl Harnoncourt sagt über diesen Zustand der medizinischen Szene: „Das Zusammenwirken von körperlichen und seelischen Komponenten wird seitens der Ärzte oft nicht berücksichtigt." Er möchte „die Reparaturmedizin wieder menschenbezogener machen" und plädiert für Ganzheitsmedizin. Sein Kollege Prof. Dr. Walter Pieringer meint, dass naturwissenschaftliche und humanwissenschaftliche Medizin wieder besser zusammenarbeiten müssen, was wohl bedeutet, dass manche Mediziner ihr Handwerk eher naturwissenschaftlich und nicht sehr human, also menschenbezogen auffassen: „Es geht nicht nur um die Behebung von Defekten, sondern auch um das Verstehen des Leidens" präzisiert er seine Kritik.[83]

Und wem opfert die Medizin?

Es ist kein Zufall, dass die hirn- oder zerebralgesteuerte Bewusstseinsstufe der dritten Dimension gerade mit dem kommenden Leitorgan der integrativen Dimension so rüde umgeht. Wie wenn noch die alten Mächte das Herz als Symbol der neuen Zeit vernichten, zerstückeln, austauschen und, wie die mexikanischen Priester aus dem Brustkorb des Opfermenschen, herausreißen

Das Herz ist tot.
Coolsein ist in.

wollten, um es als seelisch-geistige Lebenszentrale auszulöschen. Das Herz hat bei den Medizintechnikern als Symbol des Lebens ausgedient, weil man es doch problemlos austauschen kann. Es mag noch kitschige Leute geben, die sich rührselig ans Herz greifen und Emotionen entwickeln, was die Meister der Herztransplantationen und Reparaturchefs der Maschine Mensch längst abgelegt und verlernt haben. Das Herz ist tot. Es lebe das Gehirn und die rationale, emotionslose Vernunft! Coolsein ist in. Auch und besonders bei so manchen Medizinern.[84]

Daher ist es sicherlich symptomatisch für unsere Gesellschaft, dass sie am Herzen krankt. An dem Organ, das für Empfindung, Liebe, Zuneigung und Transparenz steht.

Eine Gesellschaft ist wie ihre Mitglieder. Wir werden zu emotionslosen, vernünftigen, ellenbogenstarken, sich kühl durchsetzenden BürgerInnen erzogen. Von der Schule; von den gesellschaftlich bemühten Eltern; von der rationalen Lebensauffassung, die das Darwinsche Gesetz des Überlebens des Stärkeren anerkennt; von einer Ethik, die sich auf soziale Befindlichkeit zurückzieht und religiös-spirituelle Grundsätze, ja selbst die Seele als unwissenschaftlich nicht erfassbar ablehnt. Wie soll so eine Gesellschaft ein gesundes Herz haben, wo sie doch alles Empfinden um das Herz herum abblockt.

Die westliche Schulmedizin kann nur bekämpfen. Zur Vorbeugung ist sie daher grundsätzlich nicht in der Lage, wie der Psychosomatiker Dr. Rüdiger Dahlke feststellt.[85] Und unser Krankensystem unterstützt sie dabei. Bis dieses „Feuerwehrsystem" an seiner Unfinanzierbarkeit scheitern wird.

In China wurde lange Zeit der Arzt für die Gesundheit bezahlt, die er erhalten konnte. Wenn der Chinese krank wurde, gab es kein Arzthonorar. Heute werden Ärzte für Reparaturarbeiten oft ohne anhaltenden Heilerfolg bewundert und hoch bezahlt. Dazu werden neue Heilmethoden, wenn sie der Meinung der geltenden Schulmedizin widersprechen oder der Gesundheitsindustrie Einkommensverluste bringen könnten, bekämpft und verfemt.[86]

Welches Menschenbild schwebt dieser unserer abtretenden Gesellschaft der Egomanen vor? Der coole Cyborg mit dem künstlichen Herzen und mit der Lebensenergie aus der Steckdose?

Welches Menschenbild schwebt uns vor?

Joseph Chilton Pearce schreibt dazu aus amerikanischer Sicht: „Heute erleben wir das makabere Schauspiel, wie Horden von Rechtsanwälten hereinschwärmen, um sich an dem Aasgeierkörper einer Ärzteschaft satt zu essen, der seinerseits den sterbenden Sozialkörper auffrisst.“[87]

Das kranke Herz

Wenn wir Laien krank werden, dann haben wir mehr oder minder viel zu erzählen, was wir mit den Ärzten, Schwestern und Krankenhausverwaltungen (warum heißt es nicht Heilungshaus?) oder Krankenversicherungen erlebt haben. (Warum heißt es nicht „Gesundheitsversicherung“?)[88] Wir versuchen diese geheimnisvolle Welt der lateinischen Ausdrücke, der selbstsicheren „Götter in Weiß“ oder so mancher Intransparenz und Verschleierungstaktik im Gesundheitssystem zu verstehen, zu tolerieren. An die Behandlung zu glauben. Und allzu forsche, manchmal herzlose Informationen wegzustecken mit der alles beherrschenden Devise: „Nichts wie heraus aus dem Krankensystem. Hoffentlich ist alles bald vorbei.“

Ein sogar physisch (durch Flüssigkeit) von seinem Platz „verdrängtes“ Herz.

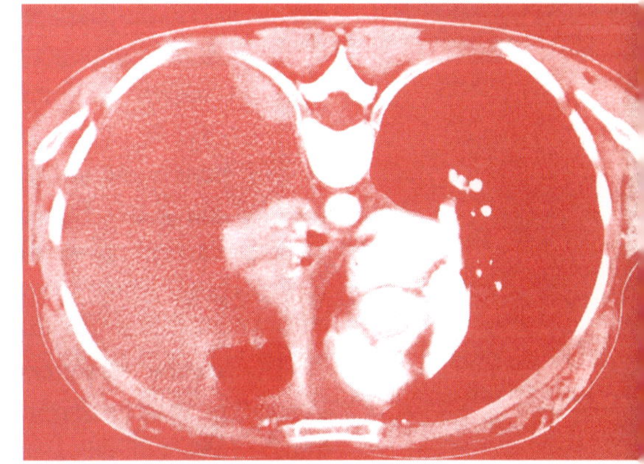

Wenn aber Ärzte selbst in ihre eigene Systemmühle geraten, dann wird es interessant. Denn dann treffen Informationen auf Informierte, auf Insider und die Formel „wir wollen nur Ihr Bestes“ greift nicht mehr. Trotzdem erzählen die Ärzte oder Ärztinnen, die selbst in dramatische Krankheitssituationen geraten sind, dass auch sie solche Formeln zu hören bekommen haben: „Aber Herr Kollege oder Frau Kollegin, sie wissen doch Bescheid!“ Und der Nachsatz dazu, je nach Krankengeschichte: „Sie haben keine nachweisbaren Symptome“ oder aber „sie werden nie mehr wieder gesund“. Die letztere Prognose galt der Ärztin Dr. Theresa Fürstin Schwarzenberg, die in ihrem Bestseller „Mein Weg zurück ins Leben“ immer wieder diese Situation schildert.

Wenn Ärzte Patienten sind.

Sie wurde zuerst operativ, nach einer Lähmung, gerettet. Da hat die Medizin auch bei ihr Großartiges geleistet. Darauf aber folgten unsachgemäß vorgebrachte Prognosen über den Heilungsvorgang. Die technische Seite der Behandlung war lebensrettend, die menschliche hingegen inkompetent. Ihr eigenes Wiedereintreten in das Leben hat sie dann aus Wut und Empörung über diese Da – kann – man – nichts – machen – Prognosen ihrer Kollegenschaft selbst durchgesetzt. Sie hat ihre Selbstheilungskräfte mobilisiert.

Sehr interessant dazu: In ihrer nachträglichen Betrachtung gesehen hat sie diesen eigenen Weg nicht nur aus dem Vernunftdenken heraus gefunden, sondern auch „aus tief inneren Regionen, die Ur-Kräfte in mir mobilisiert haben“, als alles verloren schien, wie sie es in einem Gespräch ausdrückte.

Alternative Ärzte ihres Vertrauens bekamen von den behandelnden Kollegen im Spital Hausverbot. Dr. Schwarzenberg wurde aufgefordert, sich mit ihrem lebenslangen Rollstuhldasein oder dem fix einoperierten Katheder abzufinden. Beides hat sich als falsch herausgestellt. Sie hat ihre Gesundung selbst zustande gebracht. Mit Ärzten, die an sie geglaubt haben und die ihr geholfen haben, nicht zu resignieren.

Übrigens: Auch ihrem Unfall und ihrem Krankenhausaufenthalt ging eine Warnung des Herzens voraus, wie in der nächstfolgenden Geschichte. Dr. Schwarzenberg schildert es so: „Mein Herz krampfte sich zusammen, und ich hatte Angst.“[89]

Die zweite Krankengeschichte eines Arztes ist für unser Herzthema besonders aufschlussreich. Es ist die Geschichte des amerikanischen Arztes Dr. Paul Pearsall, den sein Herz schon monatelang auf eine innere Katastrophe aufmerksam gemacht hat und dem die Kollegen immer wieder versichert haben, dass die Messgeräte keine Krankheit signalisieren und er endlich mit dem Hirn und nicht mit dem Herzen denken möge. „Sie sind doch vom Fach!“ war ihr Kommentar. Und als die Krebskrankheit in voller Wucht ausbrach, intensivierte er die Verbindung zu seinem Herzen und dieses Herz ließ ihn Krankheit und Behandlung ganz anders sehen, als die Schulmedizin um ihn herum. Seine Erkenntnis: Als Überlebender einer Krebserkrankung und Knochenmarkübertragung weiß er, dass sein Herz die Energie- und Informationszentrale war, die ihm half zu überleben. Als klinischer Arzt und Wissenschaftler, er ist Psychoneuroimmunologe, wollte er Beweise für diese Herzführung finden. Er hat sie dann uns allen in seinem überzeugenden Werk „Heilung aus dem Herzen“ mitgeteilt. Wir erinnern uns an seine Untersuchungen bei Transplantations-Empfängern und den Herzinformationsübertragungen. Jedenfalls ist Dr. Paul Pearsall ein großer Arzt und ein mutiger Entdecker ganz neuer Ansatzpunkte gegen den „Killer Nr. 1“, die Krankheiten des Herzens.

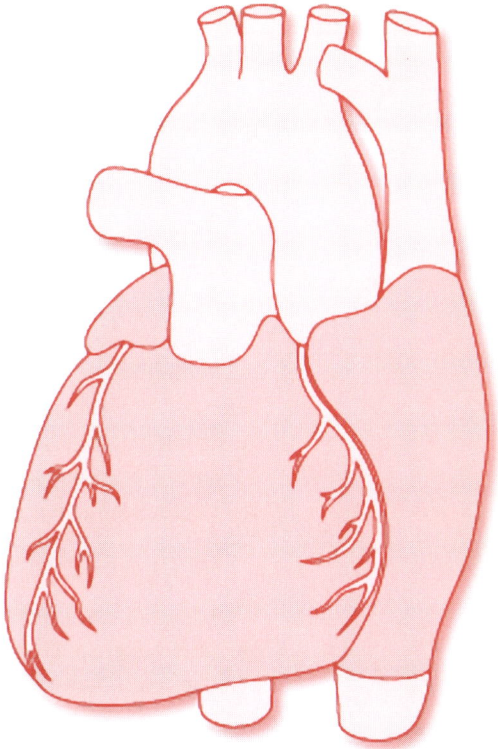

Die Verengung von Herzkranzgefäßen ist in Mitteleuropa die Ursache der meisten Todesfälle.

Was sagen uns diese beiden dramatischen Arzt-Patientengeschichten? Zuerst einmal, dass unsere Schulmedizin ziemlich herzlos und normativ an das Thema Heilung herangeht, zu sehr auf ihre Apparate vertraut, Durchschnittslösungen anbietet und in der so wichtigen Heilungsunterstützung sehr oft hilflos und wenig motivierend agiert. In unseren Krankenhäusern sind Psychologen, als Begleiter der Patienten und als so notwendige Partner der Ärzte, eine Seltenheit. Dabei gibt es unzählige Untersuchungen, dass die seelische Motivation des Kranken raschere Heilerfolge bringen. Wo bleibt da eigentlich, neben der menschenwürdigen Behandlung, das vernünftige Kostendenken? Oft haben wir Laien das unbestimmte Gefühl, dass Kostendenken

Es fehlt an Kranken-Psychologie.

keine Kategorie für Mediziner und Gesundheitstechniker ist. Mit der Begründung: „Bei der körperlichen Gesundheit der Patienten können wir nicht sparen.“ Bei der Behandlung ihrer Seele schon!? Wie wenn das Befinden der Seele nicht zur Gesundheit dazugehören und sogar ausschlaggebend für die Heilung wäre?[90]

Auch ist das Herz als Verbindungsort von Psyche und Körper kein Thema beim überwiegenden Teil der Ärzte. Höchstens das Hirn. Und dieses Organ neigt viel schneller zu Panik und quasilogischen Fehlreaktionen, die der Gesundung wenig helfen. Das Herz wäre ein viel effektiverer Verbündeter bei jeder Behandlung. Dafür gibt es bereits persönliche Beweise genug.[91] Es fehlt an der täglichen Praxis und am Glauben an die Kraft des Herzens.

Was also sagen Ärzte mit Herzerfahrung über die besten Wege gegen den Herzinfarkt: Die Prophylaxe; die zeitgerechte Vorbeugung durch eine entspannte Lebenspraxis, die richtige Diät; Stress-Management; sicher das Meiden von Suchtgiften aller Art; vor und bei akuter Erkrankung die seelische Zwiesprache. Das sind die notwendigen Schritte und nicht nur die mechanische Reparatur, wenn das Herz schon aufschreit. Fällt das den Menschen unserer Zeit so schwer zu verstehen?

Unsere Herzen schreien Hilfe!

Warum versagt das Herz seinen Dienst oder gibt starke Warnsignale wie Angina pectoris, Herzinfarkt, Herzrasen, Kreislaufzusammenbruch, Herzkammerflimmern, Herzrhythmusstörungen usw.? Weil wir Menschen in dieser Zeit im wahrsten Sinne des Wortes herzlos leben. Wir hören nicht auf unser Herz, diese zarte, aber unbestechliche Stimme. Wir kapseln uns auch nach außen zu anderen Herzen ab. Wir fliehen vor unseren eigenen Gefühlen in eine narkotische Hektik der totalen Anpassung. Der vielfach untersuchte „Herz-A-Typ“ ist genau dieser hektische ruhelose Macher, den unsere Gesellschaft noch fördert. Er ist

Der „Herz-A-Typ" ist ruhelos und angepasst.

aber der für Herzversagen gefährdetste Typ Mensch. Das ist ebenfalls eine vielfach bewiesene Tatsache.[92] Zu dieser Hektik kommen noch Enge, Ungeduld, Feindseligkeit, Aggressivität und Zynismus. Denken wir einmal darüber nach, warum Herzkrankheiten weitaus am häufigsten in unserer heutigen westlichen Gesellschaft auftreten und die meisten Menschen vorzeitig töten?

Der Arzt Dr. Rüdiger Dahlke hat die Symptome aller Herzkrankheiten mit den dazugehörigen seelischen Wurzeln aufgedeckt und beschreibt die verblüffende Kunst des Herzens, die Theaterbühne Körper als Lernhilfe für den Menschen zu benützen. Es signalisiert, wo es schief läuft. Zum Beispiel: Herzrasen bei unsinniger Hektik, Herzverkalkung bei Enge und Starrsinn usw. Nur: „Der klassische Herzinfarktpatient neigt dazu, seine Symptome herunterzuspielen." Er hört nicht darauf. Er merkt nicht, dass die Krankheit in der Seele entsteht und dass das Herz diese Erkrankung auf körperlicher Ebene darstellt. Und die Reaktion darauf sollte immer eine Lebensveränderung sein. Denn: „Für den Herzpatienten ist der Verlust seiner Mitte und damit des Lebenssinnes das eigentliche Problem."[93] Und das signalisiert eben das Organ der Sinnfindung, der Mitte: Das Herz.

Es ist also für uns hektische Zeitgenossen an der Zeit, eine neue Einstellung dem Herz gegenüber zu entwickeln, also auf die leise Stimme des Herzens zu hören, bevor es durch Krankheit schreien muss. Dies alles scheint auch der Schulmedizin zu dämmern, wie ein Bericht im österreichischen Fernsehen vom 31.8.2000, bildhaft dokumentiert, erkennen lässt: „Forscher aus Indien und den USA haben jetzt unabhängig voneinander herausgefunden, dass Meditation vor dem Herzinfarkt schützt. Meditieren stoppt die Arteriosklerose, also die Verstopfung der Blutgefäße und kann sie sogar rückgängig machen. Arteriosklerose ist die Hauptursache für Herz-Kreislaufversagen. 40.000 Menschen in Österreich sterben jährlich daran. Meditieren könnte Abhilfe schaffen." Und zwar ohne Milliarden Kosten!

Meditation und Ruhe schützt vor Herzinfarkt.

In einer anderen wissenschaftlichen Untersuchung von Goleman und Schwartz wurde festgestellt: „Die Herzfrequenz erfahrener wie unerfahrener Meditierender erholte sich schneller von den Stressauswirkungen als die der Kontrollpersonen.“[94] Wir müssen eine Ruhekultur entwickeln.

Harmonie bringt ein gesundes Herz.

So stellen wir fest: Wenn es um das Herz geht, sind immer psychisch-seelische Lebenseinstellungen zu klären. Weniger rauchen und mehr Bewegung sind sicher förderlich. Aber auch hier drängt sich der Rückschluss auf: Warum rauchen wir und warum sind wir unbeweglich? Sucht, Verdrängung, Erstarrung und Hektik oder fließend-natürliche Bewegung: zwei Lebensprinzipien, die über Herzbeschwerden entscheiden.

Der Herzenstausch

Der neue Herzenstausch ist meist nicht freiwillig. Kein seelisch-willentlicher Akt, so wie im spirituellen Bereich, keine mystische Verschmelzung: Ja, nicht einmal gefragt wird der Betroffene oder seine Angehörigen in vielen Ländern, ob er stattfinden darf. Zum Beispiel in Österreich: Wenn ein geeignetes Herz da ist und ein geeigneter Empfänger wartet, dann wird übertragen. Nur bei ausdrücklich deponiertem Verbot der Übertragung ist eine Transplantation unterbunden. Vielleicht ist diese Übertragungsaktivität ein nachträglicher Liebesdienst, der da geschieht. Aus dem kollektiven schlechten Gewissen einer egoistischen Gesellschaft geboren. Und kollektiv veranlasst und sanktioniert.

Ist also die Transplantation ein unfreiwilliger Liebesakt zwischen den Menschen für so viel Herzlosigkeit? Jedenfalls deutet viel darauf hin, weil Spender und Empfänger mehr verbindet, als die materialistischen Schulmediziner vermuten oder zugeben.

Wie wir wissen, hat Prof. Dr. Christiaan Barnard, der erste Herztransplanteur der Welt in seinem letzten Buch kurz vor seinem Tod festgestellt, dass das Herz ein Pumpmuskel ohne jede Mystik ist. Punkt. Dass gerade seine erste Herzverpflanzung einen neuen Forschungsschub in Richtung „Das Herz ist mehr als eine Pumpe“ eingeleitet hat, war ihm sichtlich entgangen.

Dr. Christiaan Barnard (1922-2001) gelang 1967 die erste Herztransplantation.

Wie das Leben oder die nicht materiellen Informationsenergien so spielen: In dem Moment, wo die Herzchirurgen das Herz zur primitiven Pumpe herunterholen, weil sie es beliebig verpflanzen können, in dem Moment beginnt ein neuer Zweig der Herzforschung: Die Energiekardiologie. Erst durch die Verpflanzungsphänomene können gewisse Fähigkeiten des Herzens festgestellt und untersucht werden. In diesem Fall die selbständige Energie-Information des Herz-Kreislauf-Systems. Dr. Pearsall beschreibt eine Zusammenarbeit der verschiedenen Herzfachleute und der Physiker, die die Wirkung subtiler Energien erforschen. So fand er den speziellen „Herzcode“, den jedes Herz individuell entwickelt. Im Gegensatz zu Dr. Barnard ist er der Meinung, dass eine neue Art der Herzforschung erst am Anfang steht. Eine kopflastige Welt wird gezwungen, das Herz neu zu entdecken: Als denkendes, motivierendes und somit selektierendes Wesenszentrum des Menschen und als Wunder der Biopsychologie.

Wir haben vorhin, am Anfang des 2. Teils dieser Spurensuche in den Forschungen Dr. Pearsalls bereits von den außergewöhnlichen Herz-Informationsübertragungen durch Transplantationen gelesen und damit erkannt, dass es eine eigene Herz-Intelligenz mit eigener Herz-Erfahrungsspeicherung zu geben scheint. J.C. Pearce bekräftigt in seinen neurobiologischen Studien die Übertragung dieser Intelligenz von einem Herzen zum anderen: „Personen,

Wird die Persönlichkeit mit dem Herzen übertragen?

die Herztransplantate eingesetzt bekommen, reflektieren häufig in drastischer Weise gewisse Verhaltensweisen des verstorbenen Spenders."[95]

Der Wiener Arzt Dr. Benjamin Bunzel hat nach Pearsall bei 47 Herztransplantationsfällen recherchiert und festgestellt, dass auch hier die einen die Veränderungen durch das Spenderherz bemerkten und annahmen, und andere es mit starken Emotionen ablehnten und die ganze Frage als „Humbug" bezeichneten, obwohl sie dann doch indirekt ihre Besorgnis ausdrückten. Dr. Pearsall nennt die Menschen, die das fremde Herz annehmen und dadurch viel bessere Heilungschancen aufweisen, die „Kardiosensiblen". Das Verdrängen gewisser Empfindungserfahrungen, besonders rund um das Herz, erhöht sehr stark die Gefahr von Infarkten oder Immunabstoßungen. Die Kardiosensiblen sind die Gewinner!

Zu den vorhin geschilderten neuesten Forschungsberichten Dr. Pearsalls aus der „Frankfurter Allgemeinen Zeitung" hier einige weitere Berichte von Herztransplantations-Empfängern, die Dr. Pearsall in seinem Buch „Heilung aus dem Herzen" aufgezeichnet und als Fallgeschichten festgehalten hat:

Hier einige Fallbeispiele von Herzübertragungen:

Das erste Fallbeispiel: Ein junges Mädchen bekommt von einer fast Gleichaltrigen ein Herz eingepflanzt. Die Spenderin wurde ermordet und der Mörder nicht gefunden. Nach kurzer Zeit träumt die Empfängerin so plastisch von „ihrer" Ermordung, dass die begleitende Psychologin aufmerksam wird und schlussendlich zur Polizei geht, die nach den Traumangaben den Mörder der Spenderin findet.

Das zweite seiner vielen Fallbeispiele: Ein Mann schläft mit seiner Frau, nachdem er das neue Herz erhalten hat und nennt sie, in seiner Erregung, mit einem anderen Namen. Dr. Pearsall untersuchte diesen Fall und stellte fest, dass es der Name der Frau des Spenders war.

Eine 36-jährige Empfängerin wehrte sich mit allen Kräften gegen die Frage nach dem fremden Herz, bis sie anfing, fast jede Nacht von der Spenderin zu träumen. Diese wurde überfahren, als sie ihrem Bräutigam auf der anderen Straßenseite das Bild vom Hochzeitskleid zeigen wollte. Die Empfängerin empfand, dass die Spenderin sehr jung, hübsch und glücklich war. Ihr neues Herz hilft ihr glücklich zu sein und sie spürt, dass dies die Gemütsstärke der Spenderin ist. Sie selbst war vorher „Weltmeisterin im Stirnrunzeln". Die Leute würden sie aber für verrückt halten, wenn sie ihnen diese Empfindungen schildern würde. Sie lebe seit den Träumen mit der Spenderin in Glückbringender Gemeinsamkeit.

Herz-Spender und – Empfänger sind ein „Team".

Eine 35-jährige empfing das Herz einer Prostituierten, die bei einer Messerstecherei umkam. Früher war ihr Sex nicht so wichtig, heute sei sie richtig sexbegeistert. Ihr Mann meint, er habe eine neue Frau. Beim Liebesspiel benützt sie Worte, die er vorher nie gehört hat.

Ein 52-jähriger trauert manchmal seinem alten Herzen nach. Früher liebte er klassische Musik, jetzt Rock'n Roll! Teenager-Mädchen spuken in seinem Kopf herum. Seine Tochter geniert sich für den Vater. Der Spender: ein 17-jähriger junger Mann!

Zum Abschluss dieser Fallbeispiele von Dr. Pearsall: Glenda, die Ärztin, hat ihren Mann beim Autounfall verloren und will den Empfänger seines Herzens kennenlernen. Die Mutter des Empfängers erzählt ihr, dass er, seit dem neuen Herzen, oft zu ihr sagt: „Alles paletti". Sie wüsste gar nicht, was das heiße. Da erzählt Glenda, dass dies das Geheimwort zwischen ihr und ihrem verunglückten Mann war, wenn sie signalisieren wollten, dass alles in Ordnung wäre.[96]

Eine der erstaunlichsten Schilderungen stammt von der Amerikanerin Claire Sylvia, die ihre Herz-Lungentransplantation im Buch „Herzensfremd" erzählt und ihren Traum vom Spender beschreibt, in dem sogar der Name und das Aussehen des Spenders zutraf. Sie schildert die gespaltene Person, die sie eine Zeit lang war und wie ihr das Annehmen des Spenders und die darauffolgende innere Balance wieder gelang. Sie schildert Fälle von anderen Herzpatienten aus ihrer Erfahrungsgruppe. Dazu schreibt ihr ein Professor für Psychologie und Neurologie: „Es kann gut sein, dass Sie die neuen

Die Sensiblen gesunden schneller.

Organe besser annehmen und in Ihren Körper integrierten konnten, weil Sie das Wissen und die Energie ihres Spenders angenommen haben."[97]

Viele Ärzte bemerken natürlich diese Phänomene, vertrauen sie auch Kollegen an, aber sind nicht bereit, wissenschaftlich darüber zu veröffentlichen. Nicht einmal ihre Namen darf man nennen. Ihr Ansehen bei den Kollegen könnte darunter leiden. Vielleicht würde es aber bei vielen Patienten dafür steigen?

So wie bei den Ärzten, ist auch bei vielen Herzempfängern anfangs der Zynismus gegen diese „Gefühlsduselei" oberflächlich stark. Wie es sich ändern kann, sehen wir an der träumenden Patientin von vorhin. Nur ein Teil der Patienten beginnt den Herzweg, wie Dr. Pearsall es nennt. Sie fühlen sich in das neue Herz und in den Spender ein. Sie haben dann ein verblüffend klares Bild von der Persönlichkeit des/der unbekannten SpenderIn und schließen mit ihm/ihr Freundschaft oder gar eine Art Liebesbeziehung. Immer wieder muss gesagt werden: Die Sensiblen auf diesem „Herzweg" sind auch die Glücklichen und die Gesündesten!

Daraus kann man nur schließen: Im physisch-seelischen und energetischen Herzbereich findet der alte mystische Vorgang des Herzenstausches sichtlich doch statt. Und diesen Wissens-Bereich zu vernachlässigen empfinden immer mehr Beteiligte selbst als eine grobe Unterlassung. Wie lang wird die Schulmedizin warten und neue Erkenntnisse in der Kardioenergetik ignorieren? Zum Nutzen einer apparativen Herzindustrie und zum Nachteil der Patienten, die eben keine Apparate sind.

Was übertragen Schweine-Herzen?

In die selbe Richtung weist die immer öfter ins Spiel gebrachte Organtransplantation von geklonten Schweinen auf Menschen. Schweine sind uns physiologisch ähnlich und wenn die endogenen Viren und der spezielle Zucker, die Schweine in ihren Genen haben, weggezüchtet sind, dann steht angeblich einer Transplantation nichts im Wege. Aber: Organe, die das menschliche Immunsystem täuschen, könnten Viren produzieren, die dasselbe können, sagen die Fach-

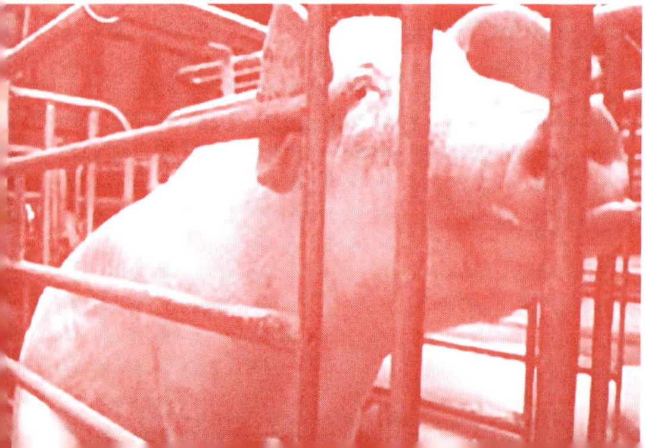

leute. Von der Intelligenz-Übertragung ganz zu schweigen. Diese abenteuerlichen Versuche werden in der Pharmaindustrie mit Hochdruck vorangetrieben. Da ist viel Geld im Spiel.[98]

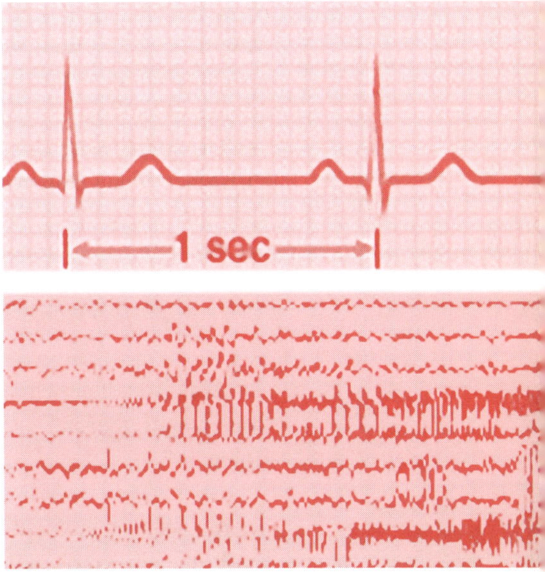

Kommt eine Herzcode-Resonanz-Angleichung?

Der Mensch besteht aus Geist, Seele und Körper. Der Schnittpunkt dieser drei Existenz- und Schwingungsebenen ist das energetische Resonanzorgan Herz. Es verbindet das Sheldrak'sche Energiefeld mit dem Menschen und bestimmt seine Schwingung in großem Maße mit. Wenn wir annehmen, dass das Leben an sich nicht nur als biochemischer, sondern auch als wellenenergetischer Prozess zu verstehen ist, erkennen wir, dass uns dieses Schwingungszentrum Herz in erweiterte Bewusstseinsräume führen kann. Das schafft es durch dauernde Resonanz mit allen Schwingungen und durch eine Übereinstimmung mit ihnen, die die Wissenschaft Kohärenz nennt und deren Wirkung man direkt im Herzen (EKG) und im Hirn (EEG) messen kann.

Das Herz des Spenders funktioniert beim Organaustausch auch in seinem rein körperlichen Sinne weiter. Dazu der Nobelpreisträger Andre Lwoff, ein französischer Biologe und Virologe: „Das Problem der Herztransplantation wurde technisch gelöst, aber das ist nur eine vorübergehende Lösung. Man ist gezwungen, Patienten, denen man ein fremdes Herz eingepflanzt hat, einer immunsuppresiven Therapie zu unterziehen. Dieses Problem wurde noch nicht ganz geregelt und wird wahrscheinlich auch nicht geregelt werden können. In Anbetracht der Tatsache, dass die Menschen verschieden sind, wird man niemals einen Spender finden, dessen Herz mit jenem des Empfängers identisch ist."[99] Vielleicht liegt die Lösung in einer Herzcode-Resonanzangleichung? Dr. Pearsall und seine Mitstreiter sind ihr sicher schon auf der Spur.

Das Herz ist mehr als ein Muskel.

Die Abwehr und Umstellung im Körper des Herzempfängers kann man nicht nur mit chemischen Mitteln austricksen, sondern mehr noch durch die psychische Mitarbeit und Annahmebereitschaft des Empfängers harmonisch erreichen. So ist die psychologische Begleitung nach der Operation überlebenswichtig. Je mehr er /sie also seelisch-psychisch bereit ist, mitzumachen und nichts zu verdrängen, desto weniger wird er/sie sich mit Medikamenten voll stopfen müssen. Der Herz-Muskel ist also doch mehr als ein primitiver Muskel! Gerade diese nüchterne Vorstellung vom austauschbaren Muskel verhindert eine reibungslose Annahme des Spender-Herzens. Mit dieser mechanistischen Idee schaden die „aufgeklärten" Ärzte den Patienten sehr und helfen einer technisch kommerziell ausgerichteten Medizinindustrie.

Herz- oder Hirntod?

„Das Brustbein wird der Länge nach mit der Säge durchtrennt. Der Herzbeutel wird geöffnet – und da wird es sichtbar, das schlagende Herz eines Toten."[100]

Ein Mensch erlebt eine Transplantation aus nächster Nähe: So empfindet ein Profi, ein Krankenpfleger, der oft kurz vorher noch den Toten als lebenden Patienten betreut hat. Ein Mitwirkender, der nicht, wie die Ärzte, nur zum wohlvorbereiteten, mit Tüchern abgedeckten Körper des zu Sezierenden tritt und nicht nur ganz objektiv und rational seine Pflicht punktuell mit dem Skalpell tut. Die Ärzte haben es leichter als das Pflege- und Betreuerpersonal. Sie operieren, entnehmen ihr Organ und entschwinden mit dem Kühlkoffer zum nächsten Flugzeug. Der Rest des Teams, in einem geschilderten Fall zwei Medizinstudenten und der Pflegeleiter, hatten dann die Instrumente aus der Leiche zu räumen und notdürftig die „Wunden" zu vernähen, damit man den Transplantierten doch noch irgendwie menschenwürdig den Hinterbliebenen zum letzten Lebewohl zeigen konnte. Ein

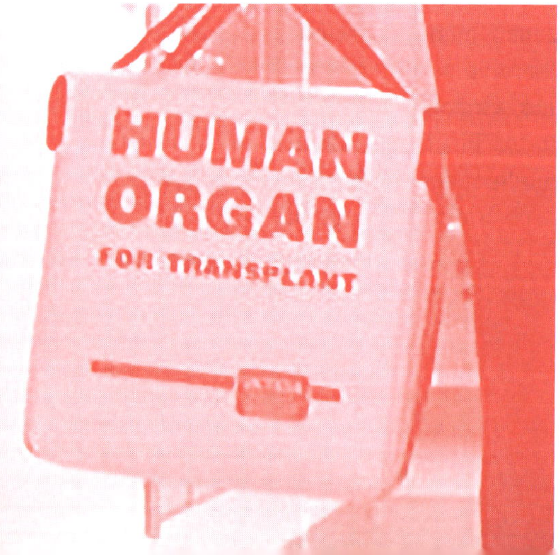

Das Spender-Herz im Kühlkoffer.

anonymer, technisch wohl abgestimmter Vorgang wird routinemäßig abgewickelt. Ein schaler Geschmack bleibt bei allen Beteiligten zurück. Das ist kein Tod, der der Würde der menschlichen Person entspricht. Alle hoffen, dass er wenigstens einem oder mehreren Mitmenschen genützt hat. Aber auch das ist nicht so sicher.

Anonyme Medizin-Technik ist würdelos.

Hirntod, der „Herzlose Tod“, wie ihn die Kulturwissenschaftlerin Anna Bergmann und die Wissenschaftsredakteurin Ulricke Bauriethel in ihrem gleichnamigen Buch über „Das Dilemma der Organspende“ nennen. Ihre Recherchen und Gespräche mit vielen betroffenen Fachleuten sprechen eine deutliche Sprache. Wir alle, die sogenannte Wohlstandsgesellschaft, müssen dieses psychisch-ethische Problem der Zerteilung des künstlich am Leben gehaltenen Menschenkörpers lösen. Sonst drückt es zu sehr auf die Seelen von uns allen. Denn es betrifft ja jeden von uns. Zu jeder Zeit und in jedem Lebensabschnitt. Es werden nicht nur die 24-jährigen Motorradfahrer mit Gehirnaustritt beim jüngst erfolgten Unfall transplantiert. Das ist die Werbevorspiegelung der Transplantations-Medizin. Nein, es wird vom Baby bis zum Opapa entnommen und verpflanzt. Mit dementsprechend wechselvollen Ergebnissen. Die Transplantations-Organisation hält sich selbst in Gang. Die Art und Weise ist oft seelen- und würdelos. Wieder einmal ein aktuelles Spiegelbild der rational-empfindungsschwachen Gesellschaft und ihrer coolen Medizinindustrie, die ihre medizinische „Pflicht“ tut.

Den Begriff des „Hirntodes“ hat unsere Gesellschaft erst in den 60er Jahren des 20. Jahrhunderts erfunden. Speziell die Transplantationsmedizin hat ihn für die Arbeit im juristisch gesicherten Raum verlangt. Sonst wäre ja Transplantation Euthanasie und Leichenfledderei! Und lange genug wurde sie vorher im „gesetzesfreien“ Raum durchgeführt. Die erste Herztransplantation von Christiaan Barnard war am 3.12.1967 und das Transplantationsgesetz im deutschen Bundestag wurde 1997 (!) beschlossen. Dazwischen wurde heftig operiert. Zeitungen machten damals den Vorschlag, man möge Barnard vor einem internationalen Gerichtshof anklagen. Der Präsident der American Heart Association sagte: „Sie können nicht einfach hergehen und den Leuten die Herzen herausnehmen.“[101]

20 Jahre am Gesetz vorbei operiert?

Vorher war in allen Medizinerkreisen der Herztod selbstverständlich. Wenn das Herz stillsteht, ist den anderen Organen jedes weitere Funktionieren unmöglich, weil der Blutkreislauf unterbunden wird. In mehr oder weniger kurzer Zeit ist kein Teil des Menschen mehr lebendig. Er ist eine Leiche.

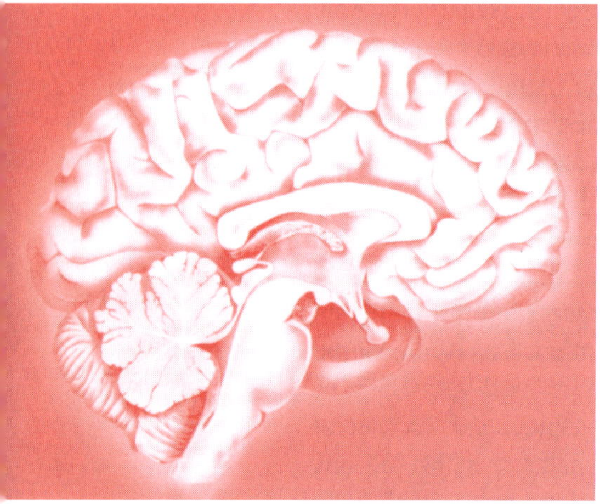

Die Hirn-Kultur kreiert den „Hirntod".

Nicht so beim Hirntod. Der Mensch ist oder bleibt auf einmal eine „lebende Leiche", aus der – in dieser Reihenfolge – Herz, Lunge, Leber, Pankreas, Nieren, Milz und Augen, sowie Gelenkteile, Knorpel, Haut u.a. entnommen und weiterverwendet werden können. Er kann so behandelt, seziert werden, wie eine Leiche – obwohl sogar die Schändung von Leichen per Gesetz verboten ist – und bietet trotzdem lebensfrische Organe. Seine Menschenwürde geht den Bach hinunter. Die Hirn-Gesellschaft hat jetzt folgerichtig ihren Hirn-Tod kreiert. Sie denkt sich ja auch schon aus, wie es ist, wenn man einen Körpertod herbeiführt und ein Hirn separat weiterleben lässt. Nachzulesen in dem Buch „Hirnverpflanzung" von Detlef Bernhard Linke, Professor für klinische Neurophysiologie und neurochirurgische Rehabilitation an der Universität Bonn.[102]

Hirn- und Herztod rühren gewaltig am Sinn des Lebens. Und noch viel mehr an der Souveränität des Menschen, seinen Tod mitzubestimmen. Wenn ein Mensch, gar ein Transplantations-Empfänger, trotzdem sterben möchte, in Ruhe und womöglich im Kreis seiner Familie, dann trifft ihn oft die geballte Missbilligung der Ärzte: „So ein Aufwand ganz umsonst" ist ihr Vorwurf an den unfolgsamen und extrem undankbaren Empfänger. „Da hätte es ein anderer mehr verdient. Und wo bleibt seine Mitarbeit am ständigen Fortschritt der Medizin?" Er wird als Egoist gebrandmarkt, auch wenn er so oder so nicht mehr lange zu leben hätte. Das Götter-in-Weiss-Spiel der Ärzte hat hier seinen traurigen Höhepunkt erreicht.

Wohin führt diese Macht der Apparatemedizin im Verfügen über Leben und Tod? In die Entpersönlichung des Menschen. Er wird zum Manipulations- und –Versuchsobjekt. Eine allzu rationale, hirnlastige Gesellschaft verwirft alle Einwände des Herzens und des gesunden Menschenverstandes. Sie manipuliert.

Immer öfter berichten Patienten von Erinnerungen an Gespräche, Töne und Gefühle während der Operation, obwohl sie ja im tiefen, speziell herbeigeführten Koma lagen. Frau Melitta Tilley-Giorgioni erlebte während einer mehrstündigen Operation zwei Herzstillstände wegen hohen Blutverlustes. Obwohl sie in der Narkose war, hatte sie jedes Mal „Wahnsinnsschmerzen“. Dabei konnte sie sich in der Narkose nicht bemerkbar machen. Es gelang ihr, sich zu entspannen und nach einer Zeit „wegzudriften“. Natürlich hätten die Ärzte von ihren Bewusstseinszuständen nichts gemerkt. Dadurch wurde ihr bei der Schilderung einer Transplantation erst bewusst, was im „Hirntoten“ alles vorgehen könnte, auch wenn ihr Gehirn noch intakt war. Wenn das Koma in der Narkose schon so bewusst sein kann.[103]

Gibt es ein Bewusstseinszentrum außerhalb des Körpers?

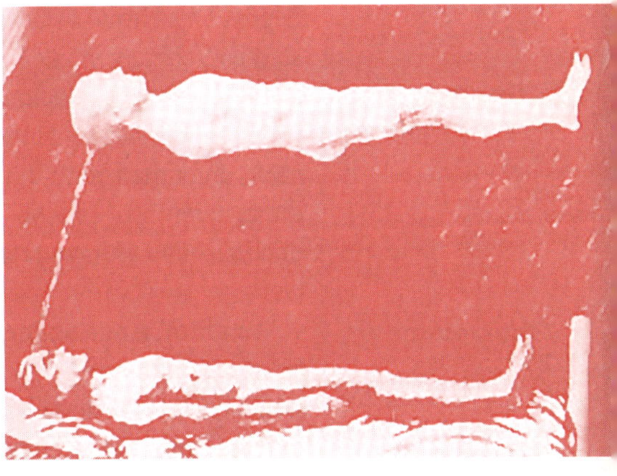

Ganz abgesehen von den Nahtod-Erfahrungen, die Elisabeth Kübler-Ross und andere Ärzte und Psychiater immer wieder dramatisch beschreiben. Sie belegen, dass Patienten mit Gehirnblutleere bei einem Kollaps trotzdem jede konkrete Einzelheit der ärztlichen Bemühungen im Operationssaal beobachteten und nachher exakt beschrieben haben. Hatten sie ein anderes Bewusstseinszentrum zur Verfügung? Außerhalb des Gehirns? Ja, sogar außerhalb des Körpers? Und wie reagiert es auf Organverpflanzungen? Auf Hirntod bei lebendiger Herzfunktion?[104]

Dazu wird auch das Herz- und Zellgedächtnis[105] als Erklärung von Wahrnehmungs-Phänomenen des Körpers, besonders des Herzens, herangezogen, wie sie vorhin geschildert werden. Also wer kann da zweifelsfrei ausschließen, dass der Transplantations-Spender so tot ist, dass er kein wie immer geartetes Bewusstsein mehr hat? Niemand. Auch zugegebenermaßen die offizielle Medizin nicht.

Ist der Spender ohne Bewusstsein?

Immer wieder kommt bei Transplantationen großes Unbehagen im Operationssaal auf, wenn der Hirntote plötzlich Lebensreaktionen wie Blutdruck- und Pulsanstieg am Messgerät anzeigt oder beim Schnitt zuckt oder Schweißausbrüche bekommt. In besonders krassen Fällen nimmt auch die Patientenleiche die assistierende Krankenschwester mit der Hand um die Hüfte und drückt verängstigt zu! Die Ärzte sagen, das seien Reflexe, Lebensvortäuschungen, sogenannte „Lazarus-Effekte“ aus dem Rückenmark. Aber wohl ist ihnen dabei nicht.[106]

Hier existiert eine echte Grauzone in der Transplantationsmedizin, weshalb die evangelische Pfarrerin Ines Odaischi gegen das derzeit geltende Transplantationsgesetz in Deutschland Verfassungsbeschwerde und Verwaltungsklage eingebracht hat. Ihre Erfahrungen mit Sterbenden haben ihr gezeigt, dass angeblich hirntote Menschen sehr wohl Schmerzen leiden können. Ihr Anliegen: Der Hirntod dürfe nicht mit so brutalen Methoden wie Augendrücken, starken Schmerzen zur Reflexfeststellung, Gießen von Eiswasser in die Gehörgänge etc. festgestellt und die Organentnahme nur bei Narkose durchgeführt werden. Sie hat bei ihren Recherchen festgestellt, dass die Hälfte der Entnahmen „unter der Hand“ versteckt, jetzt schon mit Narkose durchgeführt wird und die anderen 50 % nicht, weil man ja sonst zugeben würde, dass der Hirntote doch nicht so tot und gefühllos sei, wie man behauptet.

„Rückenmarksreflexe“ des Hirntoten.

Ein Prof. Angstwurm erklärte dazu, dass die Hirntoten Muskelrelaxanzien bekommen, um die „Rückenmarksreflexe“ zu vermeiden, also keine Narkose, weil sie ja als Hirntote keine Schmerzen spüren könnten. Für ihn ist ein ausgefallenes Gehirn die totale Abwesenheit von Bewusstsein, auch wenn das Herz noch schlägt und alle anderen Lebensfunktionen weitergehen.

Sogar die „Deutsche Stiftung Organtransplantationen“ hat bestätigt, dass es nicht bewiesen ist, dass ein für hirntot erklärter Mensch keinerlei Wahrnehmungsvermögen hat. Deshalb hat Ines Odaischi im Namen der Transplantationspatienten geklagt. Übrigens: Sie selber hat den Organspender-Pass unterschrieben.

Klage gegen Transplantation.

Frau Pastor Odaischi hat sich auch schon seit längerem mit der Geschichte des Schmerz-Bewusstseins befasst. Sie zitiert den rationalen Philosophen Descart („Ich denke, darum bin ich"), der das Schreien eines Tieres nicht bemerkenswert fand, weil es nicht mehr bedeutet, als das Quietschen einer Maschine. Es denkt ja nicht. Darauf wurden Tiere bei Versuchen angenagelt, weil sie ja nichts spürten, keine Schmerzen empfanden. Und heute, meint sie, werden Organspender während der Operation festgeschnallt! Sie zeigt auf, dass die Menschen schon oft in der Geschichte Schmerzen geleugnet haben, weil gewisse Theorien es so festlegten. Die Inquisitionsopfer spürten nichts, weil der Teufel ihnen angeblich die Schmerzen wegnahm. Und jetzt ist es die Hirntod-Theorie, die es erlaubt, Schmerzen beim Mitmenschen zu leugnen.[107]

Spürt der Hirntote keine Schmerzen?

Im Namen der Ziele wie Lebensrettung und Fortschritt der Medizin als Fortschritt der Menschheit wird die Transplantation also seit einigen kurzen Jahrzehnten zuerst an Versuchstieren und dann an Menschen durchgeführt. Fragt sich: Wird da der Kampf gegen den Tod in heroischer Weise überzeichnet? Wird da mit zwei verschiedenen Maßen gemessen: Auf der einen Seite sterben immer mehr Menschen durch gesellschaftlich tolerierten und geförderten Stress an Herzinfarkt und fast niemand denkt über ein Antistressprogramm nach. Auf der anderen Seite wird eine ungeheure Anstrengung finanzieller und technischer Natur mit der Transplantationsmedizin unternommen, um Menschenherzen zu ersetzen und Leben zu verlängern. All das hat sich verselbständigt und die größeren Zusammenhänge werden nicht gesehen.

Wer ist denn der ideale ethisch-gerechtfertigte Empfänger? Eine fast unlösbare Frage, deren Beantwortung wie heutzutage üblich, viel mit „Nutzen" und mit Geld verbunden ist. Liegt da das gesellschaftlich anerkannte „Heil" des Menschen?

Der Philosoph Ralf Stoecker hat den Hirntod in einer großen Übersicht von vielen Seiten beleuchtet und festgestellt, dass ohne Hirntod-Konzept die Transplantationsmedizin, wie die Elite der unmittelbar Beteiligten immer wieder betont, nicht mehr weitergeführt werden könnte. Und dann zerpflückt er genau dieses Hirntod-Konzept bis zu der Feststellung: „Organentnahmen bei hirntoten Menschen sind nicht mit dem aktuellen (deutschen) Transplantationsgesetz vereinbar." Obwohl es gerade dafür geschaffen wurde! Und er verlangt die Organverpflanzung allgemein von der Frage des Hirntodes abzukoppeln und „eine echte Ethik der Organverpflanzung", zu finden, die er als Aufgabe der Philosophie bezeichnet.[108]

Organentnahme gegen Menschenrecht?

Der Experte Richard Fuchs, der ebenfalls eine Verfassungsbeschwerde gegen das Transplantationsgesetz im Namen von 254 Persönlichkeiten eingebracht hat und abgewiesen wurde, ist jetzt mit seinem Anliegen beim Europäischen Gerichtshof für Menschenrechte, weil diese Menschenrechte nach der Eingabebegründung in vielfacher Hinsicht bei der Transplantation gebrochen werden. Fuchs wirft dem Verfassungsrechtler Roman Herzog, ehemaliger Bundespräsident, vor, mit dem Transplantationsgesetz ein verfassungswidriges Gesetz unterschrieben zu haben.[109]

Wenn wir an das grandiose Schauspiel des Herzrituals auf der Spitze der Tempelpyramide der Azteken im alten Mexiko denken: Das Herz wurde einem Freiwilligen aus der Brust gerissen. Ja, Historiker meinen, dem Gewinner des großen rituellen Ballspiels, nicht dem Verlierer! Und erst als keine oder zu wenig freiwillige Opfermenschen da waren, oder die Priester noch mehr Herzen der Gottheit für das Wohlergehen des Volkes opfern wollten, wurden Kriegsgefangene dazu herangezogen, die keinesfalls zum Opfer bereit waren.

Das Selbstopfer als würdiges Ritual.

Hier ist eine Lösung der Herztransplantations-Problematik angezeigt: Ihre Anonymisierung (und aller anderer Organspenden) muss fallen. Weil nur so die Kraft des Selbstopfers, auch wenn es „nur" in Form eines Spenderpasses erfolgt, erhalten bleibt und das schlechte Gewissen, die großen seelischen Selbstvorwürfe aller Beteiligten keine Rolle mehr spielen würden. Man denke nur an die Gewissensbisse durch den egoistischen Wunsch der Empfänger oder auch der Transplantationsmediziner nach dem Hirntod eines Menschen!

Die Frage nach der Bewusstseinsauslöschung im Falle des Hirntodes hat nicht mehr das Gewicht, wenn der Spender sein großes Herz- und Körperopfer freiwillig und im Sinne eines humanen und zutiefst christlichen Sinnverständnisses auf sich nimmt und für die konkrete Situation in der Zukunft festlegt. Natürlich mit der Voraussetzung der gründlichsten, aber nicht brutalen Untersuchung des Hirntodes nach den jeweils neuesten medizinischen Erkenntnissen und einer verpflichtenden Narkose trotz aller Zwischenfälle damit. Welch ethischer Fortschritt wäre dieser Gesinnungswandel!

Selbstverständlich ist dazu ein ethisch-würdevoller, ja ritueller Ablauf dieser großen Transplantationsgabe zu gewährleisten. Mit Einbindung der Verwandten und Freunde, von Priester und Gebet. Und es sollte eher das offene Bekenntnis des Herzenstausches mit Bekanntgabe des Spenders an den Empfänger gelten, außer es sprechen gravierende psychologische Einwände dagegen.

Für den Heilungs- und Organannahme-Prozess wäre diese vorgeschlagene Opfergesinnung selbstverständlich ebenfalls von positiver Wirkung, wie sie ja bereits in vielen hier geschilderten Herzenstauschgeschichten aufblitzt. Es ist selbstverständlich, dass diese hohe Opfergesinnung den Herzenstausch in unser gesellschaftliches Leben wieder hereinbringen würde. Wie es für unsere noch dreidimensionale Epoche passend ist, nicht nur geistig-seelisch, sondern unter gewissen Voraussetzungen auch physisch-körperlich. Dazu müsste die Herzenskultur weiter fortschreiten, die aus tiefster Tiefe versteht, wie universal-verbindend so ein Herzensopfer sein kann. Eine neue Art der

Überwindung des Egoismus?

Überwindung des separierenden Egoismus, der uns heute so viel zu schaffen macht.[110]

Noch plagen uns die berechtigten Fragen und Sorgen, wie sie der Intensivstations-Leiter Jan Rosenberg so ausdrückt: „Ich frage mich gerade, wo mein Herz ist: mein Herz im Hirn oder mein Hirn im Herz? Was ist denn richtig tot? Herztod – Hirntod? Oder vielleicht beides?... 'Herztod' ist gleich ‚richtig tot'. Okay, nur – dann kann man mit diesem Patienten nichts mehr anfangen. Dann verliert er ja den organspenderischen Wert, und dann wird er uninteressant. Es wird umdefiniert und man sagt: 'Hirntot' ist auch richtig tot, ist gleichbedeutend mit 'Herztod' – nur mit der Konsequenz, dass man mit diesem Patienten, mit diesem Organmaterial noch etwas anstellen kann..." Er meint also, dieser Nichttod ist ein Tod. Er spricht noch von „Organmaterial" und „uninteressant" und „von etwas anstellen". Das ist noch hirnbetont, dreidimensional, zerstückelnd mit dem „kleinen Herzen" gedacht. Aber er entfernt sich schon von der rein rationalen Auffassung. Er setzt vieles schon unter Gänsefüßchen. Er identifiziert sich nicht mehr restlos mit einer materialistisch herzlosen Sicht. Und das ist der Anfang für uns alle.[111]

Herzspenden als Liebesopfer!

Hirntod oder Herztod. Eine gerade aktuelle Frage, die wir heute so beantworten und die vielleicht morgen schon ganz anders zu beantworten sein wird. Denken wir an die medizinische Vision der Herstellung von Zellkulturen, mit denen wir auch Organe nachwachsen lassen können.[112] Aber für jetzt, für diese Übergangszeit von der Hirn- zur Herzkultur, ist das bewusste, freiwillige Herzensopfer verlangt. Wir können einem Großen nachfolgen, wenn wir sagen: Ich opfere mich über meinen Tod hinaus. Die gerade aktuelle Art, dem plötzlichen, unerwarteten Tod einen neuen Sinn zu geben. Aber bitte: Bei voller Wahrung der Menschenwürde und Anerkennung des Herz-Opfers durch alle Beteiligten. Bei aller medizinischer Sorgfalt und der geistigen Begleitung durch Priester und Angehörige. Nicht so anonym, mit schlechtem Gewissen, wie das unsere dreidimensionale Gesellschaft und ihre Ärzte heute praktizieren, sondern eingebunden in die Gemeinschaft aller Mitwirkenden. Als echtes Liebesopfer!

III. Die neue Herz-Kultur

Das Juwel-Mantra als Lotusblüte.

Es häufen sich die Anzeichen

„Om Mani Padme Hum“ - Das Juwel des Bewusstseins wohnt im Inneren meines Herzens.
Das bedeutendste buddhistische Mantra.[113]

Als wir uns dieser Beweisführung für das neue Herz zuwandten, haben wir angenommen, wir würden nur bei Propheten oder Visionären fündig, die uns vielleicht zu wenig „Beweiskraft“ liefern könnten. Dem ist aber gar nicht so: Der Kulturphilosoph, der Wirtschaftswissenschafter, Biologe, Mediziner, Psychologe oder Atomphysiker, sie alle haben diese neue Bewusstseinskultur beschrieben und sich ihr mit tiefem Wissen genähert. Lassen wir uns weiter überraschen!

Jean Gebser

Zuerst unser großer Zeitzeuge, der Kulturphilosoph Jean Gebser, dessen universale Wissens- und Kombinationsgabe immer wieder gänzlich Neues und Ungewohntes erahnen lässt. Er sagte zu unseren Bemühungen, die neue Herzkultur zu sehen: Mutationszeiten sind stets auch Zeiten der Störung, ja der Zerstörung. Der Mensch, die Menschheit muss das geltende Bewusstsein in Frage stellen. In

Der Kulturphilosoph Jean Gebser (1905-1973).

Information ist geistig.

unserem Fall das zweckgerichtet-mentale und dreidimensionale sogenannte Vernunftdenken, das oft genug Entweder-oder-Situationen schafft. Es wird durch ein intuitives, konkretisierendes Wahren erweitert. Er erkennt nach dem Archaischen, Magischen, Mythischen, Mentalen das Geistige als Grundlage dieser neuen integralen, transparenten Bewusstseinsstufe und zitiert Beispiele und Wissenschaftler, die diese Tendenz bestätigen. Könnte dieses Geistig-Transparente eine Eigenschaft sein, die dem Herzen besonders eingegeben ist? Könnte unser Körper nicht mehr nur von physisch-psychischen sondern von einer psychisch-immateriell-geistigen Kraft getragen sein? Könnten wir in unser Weltbild das Geistige besser auch wissenschaftlich einschließen, wo wir doch schon heute mit der immateriellen Komponente der Information arbeiten?

Der Philosoph Blaise Pascal (1623-1662).

Jean Gebser bringt einen Text von Romano Guardini über die Herzensauffassung des Philosophen Blaise Pascal, der diese Geistigkeit des Herzens mit dem Geist des neuen Bewusstseins verbindet: „Was ist das Herz im Pascal'schen Sinn? Vor allem eines: Nicht Ausdruck des Emotionalen im Widerspruch zum Logischen; nicht Gefühl im Widerspruch zum Intellekt; nicht 'Seele' im Widerspruch zum 'Geist'. Geist! „Coeur" ist selbst Geist, eine Erscheinungsform des Geistes. Der Akt des Herzens ist ein für die Erkenntnis 'gebender' Akt... Wir stehen hier vor einer menschlichen Grundstruktur." Das Herz ist bei Pascal das Organ für den Wertcharakter des Seins. Alles Seiende schließt Guardini. Da haben wir die bedeutende Stellung des Herzens für diese neue geistige Bewusstseinskultur. Es ist ein Geist-Organ! Unsere Verbindung zum Gesamt-Geist.[114]

Gebser meint, die neue „aperspektivische" Welt ist die Bewusstheit, die sich nicht auf das Bäumezählen einlässt, sondern den Wald als Ganzes, umfassend wahrend, erkennt und somit konkretisiert. Der eine Geist erhält im

Menschen seine Körperlichkeit und wird somit bewusst. Er kann nicht mehr rational argumentierend als „unbewiesen" ausgetrickst werden. Wie gesagt: Information ist immateriell, also geistig. Und diese Geistigkeit wirkt in der schwingenden Wesensmitte des Menschen: Im Herzen. Sie ist mehr als das alte Gewissen, meint Gebser, sie ist eine geistige Kraft, die uns und die Dinge durchpulst.

Die Geistigkeit des Menschen ist im Herzen.

Nikolai D. Kondratieff

Von einer ganz anderen Seite erhalten wir ebenfalls Hinweise, die uns zeigen, was in der neuen Herzenskultur auf uns zukommt: Vom Begründer der langen Wellen in der Konjunkturforschung, dem russischen Wissenschaftler Nikolai D. Kondratieff.[115] Er hat zwischen 1919 und 1921 herausgefunden, dass es lange Zyklen von 40 – 60 Jahren gibt, in denen sich die wirtschaftliche Entwicklung auf jeweils eine Hauptkompetenz stützt und von ihr beherrscht wird. Diese Zyklen sind nicht nur ökonomisch, sondern ebenso sozial ausschlaggebend. Mit ihnen kann der Strukturwandel ganzheitlich dargestellt werden. Übrigens: Auch nach 1921 haben sich alle seine Voraussagen bis heute bewahrheitet. Vielleicht auch deshalb wurde er unter Stalin 1938 zum Tode verurteilt und erschossen.

Wenn wir hier seine „langen Wellen" der wirtschaftlichen Hauptkompetenzen seit 1800 ansehen, werden wir die Aussagekraft für unsere Untersuchung feststellen.

Die langen Konjunkturwellen des russischen Volkswirtschaftlers Nikolai D. Kondratieff (1892-1938).

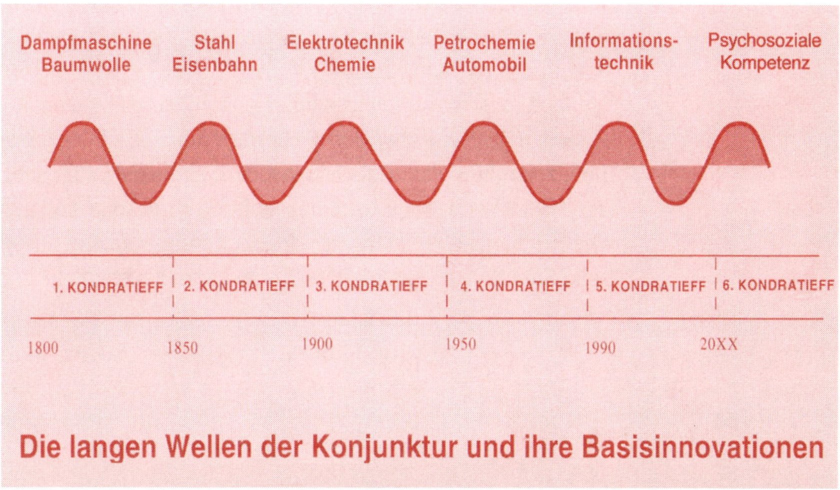

Diese Zyklen gehen immer mehr zum Dynamischen über. Zuerst die Dampfmaschine und der Baustoff Stahl, dann Elektrotechnik über das Auto bis zur Information, die das Beweglichste und Rasanteste ist, das die Menschen bisher entwickelt haben. Noch beweglicher und geistiger wird der kommende sechste Zyklus mit seiner „psychosozialen Kompetenz“ sein!

2015 beginnt die Welle der „psychosozialen Kompetenz“.

Der Wissenschafter Leo A. Nefiodow hat die Berechnungen Kondratieffs untersucht und folgende interessante Charakteristiken festgestellt:

1. In jedem Zyklus steht ein Wirtschaftsfaktor im Vordergrund.
2. Jeder Zyklus verursacht wichtige gesellschaftliche Veränderungen.
3. Jeder Zyklus erfüllt die Nachfrage, die sich im vorherigen Zyklus aufgestaut hat.
4. Dazu muss in jedem Zyklus eine Lösungskompetenz erarbeitet werden.
5. Ohne menschliches Dazulernen und die dabei entfalteten Fähigkeiten gibt es keine Kompetenz.[116]

Wie sieht also nach Kondratieff der neue Langzeitzyklus aus, der um das Jahr 2015 beginnen wird: Die psychosoziale Kompetenz. Er wird damit, wie bisher auch, Recht behalten. Und damit, betont auch Nefiodow, wird erstmals eine mehr geistige Kompetenz das wirtschaftliche und soziale Leben der Weltwirtschaft und Weltgesellschaft bestimmen. Wenn der jetzige Informations- bzw. EDV-Zyklus schon in die immaterielle Richtung ging, so wird der neue Zyklus das Seelisch-Geistige noch mehr in den Vordergrund rücken. Was hat sich da im jetzt zu Ende gehenden Zyklus aufgestaut, das im kommenden gelöst werden soll? Die seelisch-geistige Komponente ist sichtlich bis zur Zerstörung unserer Gesellschaft vernachlässigt oder nicht kompetent berücksichtigt worden. Wenn wir den Kampf der Gesellschaft gegen das Herz überblicken, dann wundert uns dieser festgestellte Kompetenzmangel in keiner Weise. Für die Reparatur der Psyche, der seelischen Seite des Menschen, wird im nächsten Langzeitzyklus das meiste wirtschaftlich-soziale Potential zur Verfügung stehen. Eine Voraussage, die einerseits erschreckend andererseits wunderbar ist. Die Kompetenz des Herzens wird notwendig sein, um unsere verfahrene psychische Situation zu bereinigen. Nur so kann Herzenskultur entstehen.

Nefiodow untersuchte diese psychosoziale Kompetenz und meint: „Der Zugang zur vierten (!) Ebene – zu den gesunden psychosozialen Fähigkeiten des Menschen – ist nicht nur ein ethischer Aufstieg, eine Erweiterung der Persönlichkeit, der Beziehungsfähigkeit und des Bewusstseins, sondern auch unter ökonomischen und strategischen Gesichtspunkten von größter Bedeutung. Die Energien, die auf dieser Ebene in Form von Kooperationsfähigkeit, Kreativität, Realitätswahrnehmung, Lern- und Einsatzbereitschaft freigesetzt werden, erscheinen zwar in keiner Bilanz, in keiner Gewinn- und Verlustrechnung und auch nicht in der volkswirtschaftlichen Gesamtrechnung, dennoch sind sie schon heute die eigentlichen wettbewerbsbestimmenden Faktoren.“[116]

Beziehungsfähigkeit ist gefragt.

Die vierte Ebene des Seelisch-Spirituellen kann, nach Nefiodow, nur mit dem „inneren Organ“, dem Gewissen erreicht werden. Und dieses innerste Organ als waches Gewissen haben wir mit dem physisch-geistigen Herzkraftfeld bereits erkannt. So führt uns auch ein russischer Wirtschaftswissenschaftler mit seinen Vorausberechnungen bereits 1921 zu den gleichen Erkenntnissen wie Jean Gebser und noch weitere Denker: Zur kommenden Herzkultur.

Pierre Teilhard de Chardin

Der Paläontologe, Jesuit und Weltreisende Pierre Teilhard de Chardin war wohl einer der originellsten und umstrittensten Denker unserer Zeit. Die explosionsartig wachsende Auflage seiner, nach seinem Tod erst durch Freunde veröffentlichten Bücher – der Vatikan und sein Orden hatten ihm Schreib- und Publikationsverbot erteilt – zeigt das große Interesse an seinen durchaus positiven Ideen für eine neue Menschheit am Wege zum Punkt Omega, der geistigen Urheimat des Menschen im Herzen der Schöpfung, im Herzen des personalen Gottes.

Kulturphilosoph Pierre Teilhard de Chardin (1881-1956).

Die „Planetisation“.

Er beschreibt seine Erkenntnis, dass nach der Biosphäre die Menschheit wie eine neue Schicht die Erde als „Noosphäre“ (Bereich des Geistes) überzieht. Diese „Planetisation“ ist eine Art organische Entwicklung. Ein Gehirn aus vielen Gehirnen. Ein Herz aus vielen Herzen. Dieser Super-Organismus ist nicht da, um uns zu vereinheitlichen, „sondern uns im Schoße vermehrter Komplexität zu einem höheren Bewusstsein unserer Persönlichkeit emporzutragen“. Dabei sieht er die Menschen, die das fühlen und begreifen, sich trennen von denen, die diese Entwicklung nicht wahrhaben wollen. Dazu im Original: „Jeder von uns soll sagen können, er arbeite, damit das Universum in ihm und durch ihn sich um eine Stufe erhebe – und im Herzen der Arbeiter der Erde steigt ein neuer Energieimpuls empor.“ Und der sei wichtiger als alle materiellen Energiequellen der Welt, denn es sei „geistiges Feuer“. Es ist die Planetisation der Bewusstseine zu einem großen Bewusstsein, wodurch Zeit und Raum aufgehoben werden.

Teilhards Credo: „Nein, nichts beweist, dass der Mensch am Ende seiner selbst gelangt sei, dass er seine Maximalhöhe erreicht habe; im Gegenteil, alles weist darauf hin, dass wir gerade jetzt in eine besonders kritische Phase der Super-Humanisation eintreten.“ Wir würden sagen: In die Herzkultur.

Auch in Kornkreisen manifestiert sich das neue Herzdenken: Das Herz als Lebenskraft im Universum?

„Welche Zukunft hat der Geist der Erde? Die unendliche Flut hat alles bedeckt. Die Erde ist endgültig vom Geist eingekreist.“ Die Menschen müssen jetzt diese Noosphäre leben: Sowohl individuell, als auch universell. Eine Zerreißprobe für den alten Menschen, für den neuen Menschen eine große innere Leidenschaft in der Glut seines geöffneten Herzens. Endgültig hat das Sowohlalsauch über das Entwederoder, das integrale Wahren über das perspektivische Zergliedern gesiegt. Der Mensch beginnt, „die universellste, die ungeheuerlichste und geheimnisvollste der kosmischen Energie“ zu entdecken: die Liebe. Und diese wiederum ist von seinem Herzen und von allen Herzen nicht zu trennen.[117]

Das Herz der Materie.

Seit seiner Kindheit war Pierre Teilhard de Chardin, der Priester, auf der Suche nach dem Herzen der Materie. Dafür wurde er von der Kirche und vielen Theologen geächtet. Er war seiner Zeit voraus. Er hat das Herz der Materie gefunden. Es war der Geist der Materie, den er fand, „weil die Materie, da sie ihren Schleier der Bewegtheit und der Vielheit zurückwarf, ihm ihre glorreiche Einheit entdeckt hatte". So wurde er Mensch „auf einer anderen Ebene". Somit hat er vorgelebt, was der künftige Herzmensch erfassen wird: Dass Alles im Herzen eins ist und Geist wie Materie das gleiche sind: Energie. Er würde ergänzen: Liebesenergie aus dem göttlichen Punkt Omega.[118]

Joachim von Fiore

Dieser Prophet des Heiligen Geistes lebte hoch in den einsamen Bergen Kalabriens, beeinflusste die Franziskaner Spiritualen, kommt in der Göttlichen Komödie Dantes vor, befruchtete mit seiner Lehre des „Dritten Reiches" Thomas Münzer, Jakob Böhme, die französischen Revolutionäre, Lessing, die Philosophen Schelling und Hegel und schließlich den Revolutionär und Weltverbesserer Karl Marx und alle seine Epigonen. Nicht zu vergessen die Nazis, die ja das Imperium des „Dritten Reiches" errichten wollten.[119]

Wer war also dieser Mann? Es war der Abt und Theologe Joachim von Fiore, der nach dem Bergkloster benannt ist, in dem er seinen eigenen kontemplativen Orden gegründet hatte. Der vorherige Diplomat in sizilianischen Diensten hatte während seiner Orientreise am Berg Tabor eine Eingebung, die ihn sein Leben lang beschäftigte und alle seine geistigen Nachfahren bis heute begeistert: die Entwicklung der Bewusstseinsgeschichte vom Unbewussten zum Geistigen.

Der visionäre Abt Joachim von Fiore (1130-1202).

Joachim von Fiore hat sie in eine Geschichts- und Theologiephilosophie gekleidet, die einfach beflügelt und uns abendländischen Menschen die Hoffnung gibt, dass die Anstrengungen der Menschheit nach mehr Geist und mehr Liebe nicht umsonst sind.

Die Vision der geistigen Entwicklung.

Was ist an seinem Denkgebäude so faszinierend? Er beschreibt erstmals den Übergang der alten römisch-katholischen Kirche des Petrus in die neue johanneische Kirche des Hl. Geistes in einer Zeit, in der Ketzer schnell zum Tode verurteilt wurden. Damals hatten alle Päpste und der Kaiser kein Haar an dem geistigen Revolutionär Joachim gekrümmt, obwohl in seiner Vision, zum Beispiel, das Ende des Papsttums auf Grund einer allgemeinen Menschheitserleuchtung enthalten ist! Ob das heute, in der Kirche des aufgeklärten 22. Jahrhunderts, auch so geduldet sein würde, wagt man zu bezweifeln. Aber die Kirche des „finsteren Mittelalters“ hatte eine Vision, die den Menschen Hoffnung gab, die der Kirche des 3. Jahrtausends leider fehlt.

Hier also die Drei-Zeitalter-Lehre des Joachim von Fiore:

1. Das Zeitalter Gott-Vaters, festgeschrieben durch die Propheten im alten Testament.
2. Das Zeitalter Gott-Sohnes, festgeschrieben durch die Worte Jesu Christi im neuen Testament.
3. Das Zeitalter Gott-Heiligen-Geistes, das keines Schriftwerkes mehr bedarf, weil Gott den erleuchteten, also klarsehend-transparenten Menschentyp direkt in seinem Herzzentrum anspricht und der, voll der „Intelligentia spiritualis“, die Heilsgeschichte im Ganzen erfasst. Klar, dass dieser neue Herzmensch keine Institution in dem Sinne braucht, dass da vorne oder oben ein Mensch mit gottabgeleiteter Vollmacht steht und erklärt, wie Gott ist oder wie er verehrt werden soll. Dieser neue Mensch wird nach dem Grundsatz glauben und leben, der jetzt schon seine volle Gültigkeit hat: „In den Vorhof des Tempels kann mich ein anderer führen, in das Allerheiligste kann ich nur alleine eintreten.“ Oder mit unseren Worten gesagt: Die äußere Welt ist erklärbar, die innere Welt des Herzens nur individuell erfahrbar.

Abt Joachim bezieht sich selbstverständlich auf die Bibel. Nicht nur auf die Stelle von Lukas 2,52: „Jesus machte Fortschritte in Alter, Weisheit und Gnade vor Gott und den Menschen", sondern logischerweise auf die Stelle bei Jeremia 31,33 im Alten Testament: „Ich lege mein Gesetz in sie hinein und schreibe es auf ihr Herz. Ich werde ihr Gott sein und sie werden mein Volk sein. Keiner wird mehr den anderen belehren, man wird nicht zueinander sagen: Erkennt den Herrn!, sondern sie alle, klein und groß, werden mich erkennen."

Das Testament des Herzens.

Religion ist nicht nur Rückbindung zu Gott, sondern auch Ausdruck des allgemeinen Menschheitsbewusstseins. Aus dieser Vision des Abtes Joachim können wir die allgemeine Wirkung der Herzensklarheit auf den Sinn unseres Lebens erkennen. Nämlich, dass das Wesentliche Bestandteil unseres Erfahrungsvermögens sein wird. Es wird ausschlaggebend sein, wie umfassend wir Gott und die Welt erfassen und leben können. Wie sehr wir aus dem Herzen heraus sein können.

Lassen wir uns noch von einigen Wandlungsbeispielen à la Joachim anregen. Manche stammen direkt aus seiner Vision, in der er diese geistige Entwicklung gesehen und erkannt hat, manche sind in seinem Sinne mitgedacht.

Wandlungsbeispiele:

1. Die Religion des Vaters ist eine Furcht- und Treue-Religion.
2. Die Religion des Sohnes ist eine soziale Liebesreligion.
3. Die Religion des Hl. Geistes eine erleuchtete, transparente Herz-Religion des Seins.

1. Die Vater-Religion ist auf Gesetz und Belohnung aufgebaut.
2. Die Sohn-Religion auf kollektive Liebe und Gnade.
3. Die Hl. Geist-Religion auf die Klarheit der Herzens-Erleuchtung und auf vermehrte Gnade und Liebe.

1. Der Gott der Israeliten ist ein Stammesgott (mythische Zeit).
2. Der personale Gott in Jesus Christus ist ein Menschheitsgott (perspektivisch-mentale Zeit).
3. Gott als Hl. Geist ist der supra-personale Gott-Geist der ganzen Schöpfung (integrale Zeit).

Der dynamische Aufstieg.

1. Baum des Paradieses (Einheit).
2. Baum der Erkenntnis (Sturz aus der Einheit).
3. Baum des Lebens (Erlösung in die Ganzheit).

Der 1. Status: Wissenschaft
Der 2. Status: Weisheit
Der 3. Status: Fülle der Erkenntnis

1. Lehrling
2. Geselle
3. Meister

1. Knechtschaft der Sklaven (Knechte und Mägde Gottes).
2. Nachfolge der Söhne und Töchter (Brüder und Schwestern Jesu).
3. Die Freiheit der Erben (Erleuchtete, eins werdende Miterlöser).

Das Neue an Joachim von Fiore war, dass er diese Entwicklung auf die unsere europäische Kultur so nachhaltig prägende christliche Lehre anwandte. Und er gab damit vielen der besten Köpfe das positive Bild eines nicht beendeten, sondern eines sich dynamisch entfaltenden Welt- und Menschenbildes. Genau das, was wir mit der Entfaltung des Herzens zu ergründen suchen.

Er hat, ganz im Sinne des Apostels Paulus, das erstarrte mittelalterliche Denken erstmals in einer Entwicklungsvision erweitert und damit ein Zeichen der Hoffnung gesetzt, dass das Schöpfungsgeschehen hin zum immer geistigeren und damit zum transparenteren Herzmenschen in Bewegung ist. Das war und ist eine großartige Leistung dieses visionären Mönches, der auch Beichtvater der Kaiserin-Mutter Konstanze und Freund vieler Päpste war. Natürlich haben konservative Kreise schon damals ihn zum Ketzer verurteilen wollen. Aber die Päpste haben ihn beschützt, denn seine Lehre ist auf den Grundlagen der Bibel aufgebaut.

Hier sei noch eine ganz charakteristische Entwicklung aufgezeigt, die im Sinne von Joachim von Fiore die Entwicklung unseres Bewusstseins zum immer Wesentlicheren und auch damit zum Transparenten hin aufzeigt: Zur Zeit Jesu Christi degenerierte die jüdische Religion mit 613 verschiedenen Vorschriften und Gesetzen zum leeren Buchstabenglauben. Damit hat Jesus Christus im neuen Testament aufgeräumt: Er fasste die 10 Gebote in dem einen Liebesgebot zusammen. Leider wird diese Klarheit gerade von der katholischen Kirche mit vielen Traditionsvorschriften, genau wie es damals die Pharisäer und Schriftgelehrten praktizierten, getrübt. Das Gesetzbuch der katholischen Kirche hat 1752 Paragraphen. Dazu kommen noch päpstliche Dogmen, Rundschreiben und Äußerungen zur Lehre.

Die Gesetze überwuchern den Geist.

Das neue, erleuchtete Testament des Hl. Geistes, das direkt in die Herzen der Menschen geschrieben wird, überwindet die festgeschriebenen Gesetze und Vorschriften vollends, und der neue Mensch lebt und erkennt einfach ganzheitlich von innen heraus. Aus seinem Herzzentrum. Und verbindet diese Erkenntnis mit dem Gesamtherzen der Menschheit und weiter mit dem des Universums. Ihm sind keine dreidimensionalen Grenzen mehr gesetzt.

So wie Abt Joachim die Entwicklung sieht, so ist sie nach allem, was wir in diesen Anregungen erarbeitet haben und noch erkennen werden, bisher abgelaufen und so könnte sie sich weiter entwickeln. Es ist einfach schlüssig, was der Calabrese aus dem 12. Jahrhundert uns mit seinem Lehrsystem anbietet:

Die Entwicklung der Menschheit von der Furchtreligion des Vaters, über die Liebesreligion des Sohnes zur Herzreligion des Hl. Geistes. Eine ungeheure Leistung, die uns Mut für die Zukunft macht.

Und seine Warnung ist aktueller denn je: „Niemals, niemals wiederfahre das der Nachfolge Petri, dass sie dahinsieche vor Neid über die Vollendung der Ordo spiritualis“[120] (der spirituellen, das heißt geistigen Entwicklungsordnung). Statt „Nachfolge Petri“ können wir auch sagen: den aktuellen Gesellschaftsstrukturen. Sie sollen die Weiterentwicklung des menschlichen Bewusstseins nicht durch engstirnige „Mauern“ behindern, sonst zerbröckeln sie, wie alle erstarrten, intransparenten Systeme.

Wir beginnen das Ganze zu „wahren".

Die Herzensschau

„Nicht ihr werdet dann reden, sondern der Geist eures Vaters wird durch euch reden." Jesus.[121]

Sicher gibt es noch mehr Anzeichen für die kommende Kultur des Herzens. Ob alte oder allerneueste Zeugen: Sie alle tasten sich zu dieser großen Bewusstseinswandlung hin. Sie alle heben einen Zipfel der Decke auf, die uns den Zugang zur integralen Welt des Herzens mit seinem multidimensionalen Erfassen, der Welt der 10.000 Dinge, wie es das Tao Te King so schön sagt, verdeckt.

Auch wir wollen jetzt noch in einigen Schritten auf diese Herzkultur zugehen und unser Bewusstsein darauf einstimmen. Letzten Endes ist, wie Abt Joachim es sagt, diese Herzkultur nicht gänzlich erklärbar, sondern nur persönlich und individuell erfahrbar. Das hat die moderne Wissenschaft ebenfalls erkannt, in dem sie beginnt, das einmalige, nicht wiederholbare Ereignis zu erfassen. Denn auch wenn es hartnäckige Vorurteile dagegen gibt „ist die Singularität eines Ereignisses keineswegs ein Hindernis für den Versuch, es mit wissenschaftlichen Mitteln zu erfassen (eine Kosmologie oder eine Evolutionsbiologie wäre andernfalls nicht möglich – denn die Bildung des Weltalls wie die Entstehung des Lebens sind uns jeweils nur als Einzelfall zugänglich!)".[122] So erfasse sich jeder Leser als berechtigter, höchst natürlicher Einzelfall, der auch aus diesen Informationen sein ureigenstes Weltbild dynamisch immer neu bildet und der durch die kommende Herz-zu-Herz-Kommunion oder auch durch die Planetisation trotzdem mit allen Mitwesen suprapersonal verbunden ist.

Der Einzelfall ist die Regel.

Die Kirchen und Parteien haben schon Recht, wenn sie klagen, die Menschen machen sich ihre eigene private Religion oder sind unkalkulierbare Wechselwähler. Dreidimensional gesehen eine ungeheure Zersplitterung. Mit dem mulidimensionalen Auge der durch Resonanz verbundenen Herzen ist es keineswegs so. Wir werden sowohl total individuell, als auch total verschweißt sein. Die Planetisation wird uns, wie Pierre Teilhard de Chardins sagt, in der „Noosphäre“ einen, aber nicht auslöschen, sondern potenzieren. Als Einzelne, die ein neues Ganzes bilden, das wieder mehr kann als jeder Einzelne.

Sowohl das Einzigartige als auch das Ganze gilt.

Ein neues Paradox der kommenden Herzkultur. Jeder wird immer einzigartiger und verschmilzt gleichzeitig mit allen zu einem metabewussten Ganzen. Der Christ würde sagen: Das typische Anzeichen für die Wirkung des Heiligen Geistes, der weht, wo er will und alles durchwirkt. Und sein Organ ist das Herzzentrum im Menschen. Dazu sagt die große Mutter: „Das Herz, das mir gehört, vereinige ich mit dem Heiligen Geiste... Oh, welche Wunder wird er wirken und wirkt er schon jetzt, da er die Seelen und die Herzen neu gestaltet.“[123]

Herz-denken

„'Wir denken hier' sagte er** (der Indianer, d.V.) **und deutete auf sein Herz.“

C.G. Jung[124]

Seit Daniel Goleman die „emotionale Intelligenz“ entdeckt und in besten Denkerkreisen salonfähig gemacht hat, ist der erste Bann der reinen Verstandesausrichtung beim Denken gebrochen. Man hatte schon länger vermutet, dass der „IQ“, der akademische Intelligenzquotient eine virtuelle Welt des Wissens widerspiegelt, die mit der Welt des Lebens nicht kompatibel ist. „Zwischen Zeugnisnoten oder IQ und dem emotionalen Wohlbefinden besteht kein oder kaum ein Zusammenhang“, schreibt Goleman. Doch ohne Wohlbefinden können wir nicht erfüllt leben. Goleman beweist immer wieder, dass Menschen mit hohem

Die Birne allein brennt nicht.
Sie braucht den Strom aus dem Herzen!

„IQ“, aber ohne emotionale Intelligenz, im Leben Schiffbruch erleiden. Es fehlt ihnen, wie er sagt, das Kalkül des Herzens oder „das emotionale Gehirn“.

Emotionale Intelligenz.

Der Mensch ohne Empfindung ist nicht nur krank, er ist auch seelisch blind. Dadurch entstehen nicht nur emotionale Defizite bei Wissensträgern der Gesellschaft, sondern auch Gewaltverbrechen, Mitleidlosigkeit, emotionales Elend. Deshalb schreibt Goleman schon in der Einleitung seines Weltbestsellers: „In unserem Zeitalter sind die Kräfte und Fähigkeiten des Herzens genauso lebenswichtig wie die des Kopfes. Rationalität und Mitgefühl müssen ins Gleichgewicht gebracht werden. Die Alternative wäre ein verelendeter Intellekt, ein Steuerruder, auf das in unserer sich so schnell und so komplex ändernden Gegenwart kein Verlass mehr ist.“

Der Intellekt allein verelendet.

Goleman hat mit seiner „emotionalen Intelligenz“ eine Flut von Büchern, Seminarthemen und Managementrichtlinien ausgelöst, die gerade auch bei den rationalsten Zeitgenossen ein Umdenken bewirken. Es ist ein großer Fortschritt, das rationale Hirndenken nicht mehr fest zu zementieren, sondern auch die Empathie und Emotion gelten zu lassen, die durchaus aus den „Gefühlsregionen“ kommend erkannt werden. Goleman schreibt, dass man die Begriffe emotional/rational mit den Körperteilen Herz und Kopf gleichsetzen kann. Nur „im Herzen zu wissen, dass etwas richtig ist, ist eine andere Art von Überzeugung – irgendwie eine tiefere Art von Gewissheit...“, als wenn man nur mit dem Verstand denkt. Und er beendet diese Überlegungen: „Gefühle sind wichtig für das Denken, Gedanken wichtig für das Fühlen.“ Deshalb müssen wir lernen mit dem Herzen zu denken.

Eine kalte Logik des reinen Intellekts zerstört menschliche Lösungen und damit unsere Lebensgrundlage. Wir brauchen deshalb, wie Goleman Wissenschaftler zitiert, die „multiple Intelligenz“, welche die „Metakognition“ entwickelt und zur „interpersonalen Intelligenz“ wird (Planetisation!).[125]

Goleman sagt, wer sich in den fließenden Zustand versetzten kann, kann jede Leistung besser erfüllen. Natürlich auch denken und denkend zusammenfügen. Dieses Fließen trifft sich mit allen Erfahrungen der emotionalen Intelligenz des Herzens, wie wir noch weiter in diesem Buch erkennen werden.

Im fließenden Zustand sein.

Wir senden Emotionen aus und empfangen sie, wenn wir nicht zu kopfgesteuert sind. Wir können Schwingungen, Atmosphären, Stimmungen mit dem Herzen registrieren. Unsere emotionalen Signale werden von anderen Herzen, menschlichen, tierischen und pflanzlichen, wie immer sie als Wesensmitten geformt sind, wahrgenommen, „gewahrt" und verstanden. Und diese Herz-zu-Herz-Kommunion arbeitet dem Denken zu. Fühlen, analysieren, entscheiden, ausführen – lauter Stufen einer Herz-Hirn-Zusammenarbeit zur denkenden Empfindung hin. Ohne sie ist schon heute Denken ein Unsinn, der nur auf Ablehnung stößt. Das neue Denken ist ein Paket aus allen diesen Varianten der Kommunikation und vereint sie zur Herz-zu-Herz-Kommunion. Mit einer gewissen bewussten Achtsamkeit in Zaum gehalten, wie es Goleman verdeutlicht, damit wir nicht von den Gefühlen überschwemmt werden, wie es damals vor 2.500 Jahren der mythische Spätmensch erleben musste. Kurz gesagt: Emotionale Intelligenz entwickeln heisst, sich die eigenen Empfindungen und auch die Gedanken über diese eigenen Empfindungen bewusst zu machen.

Es ist interessant, dass die Sprache als Ausdruck des Denkens in den verschiedenen Bewusstseinsepochen ganz verschieden eingesetzt wurde. Am Anfang gab es nach der Bibel überhaupt nur eine einheitliche Menschheitssprache, die in der babylonischen Sprachverwirrung in viele Sprachen auseinander brach und mit der sprachlichen Dauerberieselung in unserer dreidimensionalen Epoche ihren Verwirrungs-Höhepunkte erlebt. Die emotionalen Mitteilungen dagegen sind, nach den Kommunikationsforschern, zum Großteil nonverbal. Also von Herz zu Herz. Ohne endloses Quasseln. Die Verständigung des magischen Menschen. Mundlos.

Liebe ist gesund.

Wie es den entgrenzten Herzmenschen ergehen wird, zeigt das Pfingstereignis der Spendung des Hl. Geistes in der Apostelgeschichte: Die Apostel

Die Universalsprache des Herzens sprechen.

redeten in ihrer Muttersprache und doch verstanden sie alle Anwesenden aus vielen Nationen und Völkern, die in Jerusalem waren, in jeweils ihrer Sprache! Ein Phänomen, dass mein schamanischer Freund Ewald Kloser selbst erlebt hat. Er verstand seinen kirgisisch sprechenden Kollegen Wort für Wort, ohne kirgisisch zu können. Die Dolmetscherin war ganz verärgert, weil er sie ja offensichtlich getäuscht hätte, als er ihre Dienste erbat, wo er doch alles verstehe.

Das neue Herz-Denken, zu dem wir nach Gebser besser Herz-„Wahren" sagen, wird in einer entgrenzten Bild- und Analogie- und Empfindungs-„Sprache", die unser heutiges Mitteilen übersteigt, von Herz zu Herz transportiert. Sie wirkt dann unmittelbar. Ein Meta-Kommunizieren, dass wir in Zukunft gut brauchen werden können, wenn die Nachrichten zu komplex oder wir Kontakte zu anderen Wesen im Universum aufnehmen werden. Das neue Wahren erfasst bewusst die reine Ratio im Gehirn als Teilphänomen und lässt komplexe, multiple Phänomene zu, die es zur „Metakognition" erweitert, wie Goleman sagt. Darunter wird ein übergreifendes Erfassen ganzheitlicher Phänomene verstanden. Wir denken und verstehen dann nicht mehr linear in Ausschnitten, sondern aperspektivisch ganzheitlich. Eben fließend und spontan, wie es die Art des Herzens ist.

Auf noch etwas ganz Wichtiges weist Daniel Goleman hin: Im Gegensatz zum IQ kann die emotionale Intelligenz des Herzens das ganze Leben lang wachsen, und die Wissenschaftler des Heart-Math-Instituts in den USA haben dazu noch festgestellt, dass ein entwickelter EQ die inneren Energiereserven des Menschen bis ins hohe Alter steigert.

Die Herz-Gesundung

„Kämpfe nicht gegen die Krankheit! Stärke die Gesundheit!" Ein Engel.[126]

Da das Herz ein Ganzheits-Organ ist, kann es auch nur ganzheitlich gesund bleiben oder wieder gesund werden. Sein Funktionieren oder Nichtfunktionieren sind immer Darstellungen auf der Körperbühne des ganzen Wesens. Wir können also das Herz nicht mit Teilreparaturen auf die Dauer gesund erhalten. Das widerspricht seiner Eigenschaft als Leitorgan des Menschen. Das wäre zu dreidimensional gedacht. Doch schon unser Körper ist, wie der Nobelpreisträger und Arzt Alexis Carrel sagt, mehrdimensional. Wie viel mehr unser schwingendes Herzzentrum?

Das Herz spricht für den ganzen Menschen.

Im Teil II dieser Spurensuche haben wir den Kampf gegen das Herz im Medizinbetrieb gestreift und die größten Widersinnigkeiten aufgezeigt. Jetzt wollen wir kurz skizzieren, wie eine Herzgesundung in einer neuen Herzkultur ausschauen könnte. Eine schwierige Aufgabe, da uns gerade auf diesem Gebiet noch viele neue Entdeckungen erwarten, wie die Kardioenergetiker versichern. Aber einige Trends sind sicher bereits auszumachen.

Wenn das Herz das Leitorgan unseres Gesamtlebenssystems ist, dann müssen die Heilungserfolge davon abhängen, ob wir dieses menschliche Gesamtsystem in die Therapie mit einbeziehen. Dr. Dean Ornish, der schon vorhin erwähnte Präventivmediziner, hat eine erfolgreiche Herz-Therapie entwickelt, die auf folgenden Grundpfeilern aufbaut:

1. Stressbewältigung durch das Zulassen von Gefühlen, der Herzöffnung, Meditation und der Entdeckung, wer Ich bin.
2. Nahrungsumstellung durch fett- und cholesterinarme Diät.
3. Loslösung von Abhängigkeiten (Nikotin, Alkohol, Drogen, Arbeitswut, Fremdbestimmtheit, reine Außenorientierung etc.)
4. Körpertrainingsprogramm auf moderater Basis.

Wie wir sofort sehen, erreicht Dr. Ornish seine großen Erfolge, ja sogar die Rückbildungen der Verkalkung von Herzkranzgefäßen bei Herzinfarktkranken und -gefährdeten, was viele Mediziner nicht für möglich halten, durch eine umfassende Änderung der Lebensweise seiner Patienten. Dazu meint er, es ist leichter große Veränderungen vorzunehmen, als die Änderung von Teilaspekten. Seine Heilerfolge sind signifikant, auch ohne Apparate-Medizin und ohne enorme Kosten. Sie verlangen aber eine Ganzumstellung des Lebensstils.

„Liebe Deinen Nächsten wie Dich selbst“.

Dr. Ornish meint, dass wir anfangen müssen zu berücksichtigen, dass wir nicht nur jeder für uns allein wie Maschinen arbeiten und funktionieren und dabei jeder von jedem getrennt ist, sondern dass es sichtlich – auf einer gewissen Realitätsebene – eine gemeinsame Kraft gibt, die durch und in jedem von uns wirkt, die uns eint und stärkt.

Teilhard nennt sie die Planetisation. Wir sehen in ihr die Herz-zu-Herz-Kommunion. Sie ist deshalb so wichtig, weil viele Herzkranke an der dreidimensionalen Einsamkeit leiden. Das „Liebe deinen Nächsten wie dich selbst“ hat sich, trotz 2000-jähriger Gültigkeit, nicht durchgesetzt. Man ist allein und fühlt sich von den Anderen getrennt, weil die Gesellschaft und die christlichen Kirchen lehren, dass man den Nächsten mehr lieben soll, als sich selbst. Aber ohne Selbstannahme und -liebe ist keine Nächstenliebe möglich. Und keine Herzgenesung! Erst wenn ich mich selbst liebe, liebe ich alles in allem.

Herzerkrankungen vollziehen sich nicht nur auf physischer, sondern zuerst auf emotionaler und vorher auf spiritueller Ebene, sagt der erfolgreiche Arzt. Die kommende Herzkultur wird die Herzerkrankungen stark zurückgehen lassen, weil gerade hier ein allgemeines Umdenken beginnen wird. Das wird die Ärzte ebenso erfassen, wie die Soziologen, Politiker und besonders die Patienten, die bisher die Reparatur verlangen und keine Mitarbeit anbieten.

Dr. Ornish schildert einen Fall, wo die Ehefrau den Mann nach einem Herzinfarkt abhält, die Diät einzuhalten, wahrscheinlich, weil sie auf die gesellschaftliche Attitüde des feinen Essens nicht verzichten will. Dazu sei erwähnt, dass es Gesellschaften mit einem Cholesterinspiegel-Wert von 150 und weniger gibt, die koronare Herzerkrankungen fast nicht kennen. (Unser normaler Cholesterinwert liegt um etwa 200). Wir machen uns unsere Herzerkrankung selbst. Durch Stress, falsche Ernährung, Vernachlässigung des Körpers und der Seele, durch Drogenabhängigkeiten aller Art. Alles Faktoren, die die dreidimensionale Gesellschaft augenzwinkernd duldet, jedenfalls nicht aus dem Herzen heraus zu verändern trachtet.

Wir werden bewußt handelnd herzkrank!

Nochmals Dr. Ornish: Er schildert, wie ein Afrikaner erzählt, in seiner Sprache gibt es das Wort „Einsamkeit" nicht. Dann überlegt er: „Was ist also diese Einsamkeit, die wir fühlen? Die Menschen sind abgeschnitten, nicht nur voreinander, sondern auch von einer harmoniebringenden Kraft in sich selbst. Es geht nicht einfach um das 'Ich bin einsam', es ist das 'Ich', das einsam ist. Woran es uns mangelt, ist eine essenziell harmonische Beziehung zu einer universellen Kraft."[127] Von der Welt getrennt, sind wir unter Stress und fliehen vor ihr in Ersatzglückszustände. Diese „selbst destruktiven Verhaltensmuster" führen zu allen Herzerkrankungen. Unser Herz verlangt also nach der Planetisation!

Die auf uns zukommende Herzkultur wird für offene und daher gesunde Herzen sorgen. Nach dem Motto: „Gedanken vereinen unsere Köpfe, Gefühle verbinden unsere Herzen." Dabei müssen wir ehrlich sein. Transparent. Und diese Grundhaltung ist der Nährboden für die Heilkraft des Herzens und überhaupt jeder Heilung: Für die Liebe. Eine Herzkultur ohne Liebe gibt es nicht.

Aus einem Gruppengespräch:
„Dean: Fragen sie Ihr Herz, was es braucht, um geheilt zu werden?
Vic: Liebe und Anerkennung."[128]
So einfach ist die Heilung des Herzens.

Und siehe da: Die World Heart Federation hat in einer Studie mit 1400 Personen festgestellt, dass Liebe die Gesundheit des Herzens fördert, da sie Stress, Depression und Angst reduziert.[129]

Die Medizin beginnt also umzudenken. Sie baut auch auf die Selbstregeneration des Herzens: Dem Wiener Herzchirurgen Alfred Kocher ist es weltweit erstmals gelungen, jene menschlichen Blutstammzellen zu isolieren, die für die Neubildung von Gefäßen auch im Herzen zuständig sind. Es gelang ihm mit diesen Stammzellen den Herzmuskel direkt zu heilen und abgestorbene Blutgefäße zum Nachwachsen anzuregen. Transplantationen würden bei dieser Behandlung rapid abnehmen![130]

Mitfühlen heilt das Herz.

Die neue Heilung durch das Herz erfolgt nicht durch, sondern mit etwas: Mit Herzen, die unser Herz in ihr heilendes Mitfühlen einbinden und nicht etwa durch technische Anstrengungen, die unser Herz in Bewegung halten wollen. Wir fühlen uns gesund, wenn unser Herz sich wieder freudig in uns und zu allen um uns öffnet und seine Verkrampfung ablegt. Wenn wir das Leben feiern, anstatt es unbedingt zu verlängern. Die Aktivierung des Herzens wird uns aus dem Zustand des Krankseins herauslösen. Nicht die Medizinbombe oder das Herausschneiden von Körperteilen wird es sein. Aus diesen Gewaltanwendungen wird uns das Herz selbst befreien, denn seine Intelligenz und sein Energiefeld ist von uns noch gar nicht ausgelotet. Es übertrifft immer wieder unsere kühnsten Erwartungen.

„Der Arzt der Zukunft wird sich nicht so sehr für Pathologie oder pathologische Anatomie interessieren, da sein Studium den Bedingungen der Gesundheit gilt. Die Prognose der Krankheit wird nicht länger von den physischen Anzeichen und Symptomen abhängen, sondern von der Fähigkeit des Patienten, seine Fehler wieder gutzumachen und eine neue Harmonie mit seinem geistigen Sein anzustreben.“[131] Dazu muss sich der Patient nicht als Opfer, sondern als Handelnder erkennen und sein Herzradar einschalten.

Die Zukunft gehört der partnerschaftlichen Zusammenarbeit von Arzt und Heiler mit dem mündigen Patienten. Von Herz-zu-Herz. Dazu gibt es bereits interessante Ansätze. Zum Beispiel Seminare im österreichischen Moorbad Harbach, wo Primarius Dr. Johannes Püspök ein „Lebensstilzentrum“ etabliert hat. Es wird gelehrt den persönlichen Lebensstil in punkto Ernährung, Bewegung, Stressmanagement und Rauchertherapie zu verbessern. Beobachtungen zeigen, dass die Teil-

nehmer noch nach Jahresfrist ihren neuen Lebensstil beibehalten. Ein richtiger Ansatz der neuen Sparte „Lebensstilmedizin", wie sie Dr. Püspök nennt.[132]

Wir brauchen eine „Lebensstil-Medizin".

Das Teamwork in uns

„Eines der Merkmale des Menschen Nummer Vier ist, dass ein Gleichgewicht zwischen seinem Körper, seinen Gefühlen und seinen Gedanken besteht, aber die wichtigste Eigenschaft ist durch die Idee gekennzeichnet, dass der Mensch Nummer Vier einen ‘dauerhaften Schwerpunkt' hat."

John Godalphin Bennett.[133]

Jeder von uns hat es schon erlebt: Wenn das Herz panikartig reagiert, kann das Hirn nicht denken und wenn das Hirn nur auf coole Analyse macht, versteinert das Herz. Wenn die Angst in einem um sich greift, schränkt sie die Kapazität des Gehirns stark ein und es kann nichts Vernünftiges produzieren und schon gar nicht Unerwartetes oder Neues erfassen. Das Herz wieder krampft sich zusammen zu einem versteinerten Klumpen und unterbindet so jede Intuition.

Und dann erfahren wir doch die wunderbaren Augenblicke eines entspannten, offenen Herzens, das staunen, sich freuen oder erkennen kann und schon arbeitet das Hirn nicht nur besser, klarer, sondern begreift auf einmal Bewusstseinsregionen, die es vorher nicht einmal kannte. Und es hat nicht einmal Angst dabei. Die beiden haben in diesen wundervollen Augenblicken die Team-Arbeit entdeckt, die mehr zustande bringt, als jedes dieser Organe allein könnte.

Wenn sie aber gegeneinander arbeiten, gehen die schönsten Augenblicke verloren: Das Herz jubelt über eine Wolkenform am Morgenhimmel, oder über ein Flimmern über dem See und das Hirn fragt, was daran so toll sein soll. Es setzt mit seiner Analyse unbarmherzig ein. Und

Das Herz jubelt über eine Wolkenform...

Herz und Verstand müssen zusammenarbeiten.

schon ist der Augenblick zerstört und der Jubel des Herzens in Frustration zerbrochen. Weg ist der himmlische Zustand. Wieder eine Gelegenheit der Bewusstseinserweiterung verpasst.

Der neue Mensch wird diese Zusammenhänge studieren müssen, will er erwachen. Lassen wir uns von den beiden russisch-vorderasiatischen Denkern Gurdjieff und Ouspensky anregen. Sie haben gerade über dieses innere Teamwork viel zu sagen.

Sie meinen, dass das Fühlen das Denken nicht übernehmen soll, sonst entsteht ein Durcheinander. Dass Denken ja nicht die Aufgaben des Fühlens übernimmt, weil dann alles viel zu langsam wird. Das Denken ist für besondere Feinheiten des Gemüts nicht geschaffen. Es kann diese Feinheiten nicht verstehen und braucht zu lange, um angemessen zu reagieren. Hier muss unser Wesenskern die Funktion der Koordination aus dem Herzen bewusst übernehmen.

Dazu müssen wir festhalten, dass die beiden Russen verschiedene Zentren im Körper identifizieren, die jeweils ganz eigene Aufgaben zu erfüllen haben und die sich nicht die Aufgaben des anderen Zentrums anmaßen sollten. Sonst geht, siehe oben, alles schief. Erst durch ihr Erkennen kann der Mensch sie gemeinsam einsetzen.

Bewusstseins-zentrten:

Ouspensky meint, der Mensch soll sich beobachten, dann merkt er diese Zentren in sich: Ein Zentrum beherrscht den Intellekt, ein anderes die Gefühle, wieder ein anderes den Instinkt und ein viertes die Bewegungen. Und: „Jedes Zentrum hat sein eigenes Gedächtnis, seine eigene Fantasie und seinen eigenen Willen.“[134] Der „vierzentrige“ Mensch hat eine bewusste Übersicht über diese Zentren. Er wird Meister in dieser inneren Übersicht. Wir wissen: Diese Meisterschaft geht von seinem Herzen aus, denn das Gehirn wäre mit dieser gleichzeitigen Koordination überfordert. Schon aus Zeitgründen. Das Herz schafft es auf seine Weise.

Der erwachende Mensch unterliegt nach Gurdjieff und Ouspensky wie jeder Mensch, A und B-Einflüssen. A-Einflüsse sind das Verlangen nach Ein-

Das magnetische Herz-Zentrum.

fluss, Reichtum, Vergnügen, Zuneigung, also Lebenseinflüsse, die unreflektiert auftauchen und mehr oder weniger mitreißen. Ouspensky nennt sie, wie Gurdjieff auch, mechanisch. Die B-Einflüsse kommen von außerhalb des vegetativen Systems in Form von Religion, Literatur, Philosophie. Diese sind von Anfang an bewusst. Wenn ein Mensch mehr B-Einflüsse sammelt, kristallisiert sich in ihm ein weiteres Zentrum der Anziehung, sie nennen es „magnetisches Zentrum", das immer mehr B-Einflüsse anzieht und die Bedeutung der eher unbewussten A-Einflüsse abschwächt. So entsteht in einem B-Typ ein magnetisches Zentrum, dass mit der Zeit neue Menschen anzieht, die ihm ganz neue Einflüsse individueller Art durch Anregung und Unterweisung vermitteln, die sie C-Einflüsse nennen. Diese können meist nur im direkten Kontakt von Mensch zu Mensch, von Herz zu Herz übertragen werden. Das magnetische Zentrum ist das erwachende Herzzentrum des Menschen. Es saugt höhere Einflüsse in sich auf und verändert den Menschen und sein inneres Teamwork.

Gurdjieff und Ouspensky stellen fest: „Der Mensch Nummer Vier ist ein Mensch, der einen bleibenden Schwerpunkt gefunden hat."[135] Wir haben diesen Schwerpunkt als unser Kraftfeld-Herz in unserer Wesensmitte erkannt und neu entdeckt!

Als Beispiel für das Zusammenspiel der Zentren schildert Gurdjieff seinen Schülern, wie er und seine Freunde eine „seltsame Figur" im Hindukusch entdeckten, die sie zuerst als Teufel zu erkennen glaubten. Bis sie zu fühlen begannen, dass diese Figur viel mehr sagen konnte. Und auf einmal drückten der Kopf, die Beine, die Ohren, jeder Teil der Figur etwas ganz Universell-Kosmisches aus. Sie spürten die Gefühle der Menschen, die diese Figur schufen. Sie hatten in sich das Teamwork aller Zentren voll motiviert und

Georg Iwanowitsch Gurdjieff (1868-1949).

schon kam nach dem Teufel des ersten, angelernten, intellektuellen Vergleiches die Vielfalt und Erhabenheit des Kunstwerkes durch die Herzerfassung heraus, die dann auch der Verstand annahm und neu, ganzheitlich-integral einordnete. Aus dem Teufel des Kopfes wurde durch das Wahren des Herzens ein erhabenes Wesen, das ihnen so vieles an Erkenntnis eröffnete![136]

Herz-Wahren öffnet die Geheimnisse.

Es ist wohl so, dass wir bei uns selbst und bei den Mitmenschen auf größeres Verständnis stoßen, wenn wir Vorurteile des Kopfes loslassen können und mit der Herzintelligenz achtsam die Welt auf uns zukommen lassen. Vorurteile sind Gift für unser inneres Teamwork.

Natürlich spielt die Hyperkommunikation über das Zellgedächtnis und das morphogenetische Feld des Menschen eine große Rolle beim Teamwork in unserem System. Wenn wir das Herz nur machen lassen, wird es mit all diesen Phänomenen Verbindung herstellen und alles anregen, harmonisch zu kooperieren und zu reflektieren.

Was wir für das neue Herzdenken im „magnetischen Zentrum" brauchen ist das Bewusstsein, dass Körper, Intellekt, Gefühl, Geist, Empfindung, gleichberechtigt zu uns gehören und dass sie alle aus der selben Substanz bestehen, nämlich aus unserer Schwingung. Sie haben nur verschiedene Verdichtungsgrade! Stephen Wolinsky zeigt in seiner Quantenpsychologie, dass Körper, Seele und Geist eine holographische Einheit sind. Ein Kontinuum, ein unteilbares Ganzes. „Die Muskeln gelten nicht mehr als von den Gedanken getrennt, genauso wie Wellen nicht als vom Ozean getrennt betrachtet werden." Es gibt auch keine Grenzen und Wertungen. Alle diese Teile bin ich! „Sobald es zur Abspaltung kommt, arbeiten Körper, Geist und Seele gegeneinander."[137]

Reagieren unsere Zellen?

Mittlerweile ist man dabei zu erforschen, dass unsere Milliarden von Körperzellen auf Lebenserfahrungen reagieren. Ihre bioelektrische Ladung verändert sich durch Gedanken und Gefühle.[138] Sie bilden das Gruppenbewusstsein Mensch. Wo soll es da Trennung geben?

Das neue Herz wahrt

„Durch das Wahrnehmen wird die nur hörbare und die nur schaubare und die nur sehbare Welt als Ganzheit gegenwärtig." Jean Gebser[139]

Wie wir bereits wissen, geht die Bewusstseinsentwicklung vom Erleben, zum Erfahren und Schauen, dann zum Sehen, Folgern und Vorstellen. In der kommenden Bewusstseinsstufe wird es das Wahr-Nehmen oder, wie Gebser es neu benennt, das „Wahren" sein. Es wird uns die Strukturen auf das Wesentliche, Ganzheitliche, Zeitlose, Gegenwärtige und Wahre hin transparent und wahrnehmbar machen.

Unser Weltbild ist ganz von unserer Fähigkeit abhängig, was wir von der Welt um uns wahrnehmen können. Nur so, wie wir die Welt mit unserem Bewusstsein begreifen, ist sie für uns Wirklichkeit. Deshalb hat die dreidimensionale Sichtweise die Perspektive hervorgebracht, die es vortrefflich ermöglichte, unser Ego als Subjekt vom beobachteten Teil, dem Objekt, zu separieren. Dabei haben wir letztlich das Begreifen des Ganzen aus den Augen verloren.

Das Ego sieht im Geheimnis den Dämon.

Darum hilft uns die Chaostheorie: Sie verbindet die Nicht-Voraussagbarkeit mit dauerndem spontanen Wechsel und ermöglicht es uns, damit zu arbeiten. Deshalb muss man den starren Blick der linearen Analyse beiseite lassen, wie Katya Walter sagt, und peripher schauen. Wenn wir Eigenschaften sehen, „die beim direkten Daraufstarren nicht erkennbar sind, so können wir im Grenzbereich des Bewusstseins Wirklichkeiten erkennen, die das Ego eher übersieht. Das ungeschulte Ego sieht außerhalb seiner Grenzen nur Dämonen."[140]

„Wahren" ist ein Sowohlalsauch.

Das heranwachsende integrale Bewusstsein erkennt das Paradoxe im Sowohlalsauch als neues Paradigma des Lebens. Dieses Sowohlalsauch ist nicht geschieden, wie das dreidimensionale Entwederoder, sondern ungeschieden in seinem Erfassen, in seinem Wahren widersprechender Strukturen und Begriffe. Der Ursprung und das Zugleich sind weder darstellbar noch vereinbar. Wir können sie nur wahren.

Das ist mit dem bisherigen perspektivisch-egozentrischen Denk- und Vorstellungssystem nicht zu erfassen: Letzten Endes ist diese paradoxe Sicht nur eine ungenau annäherbare, aber sehr wohl eine integrierende. Das Paradoxe übersteigt die Vernunft und ist eine Bewusstheits-Auflösung der starren Denkgrenzen des konditionierten Egos. Unsere Herzintelligenz kann das spielerisch lösen. Das können wir nutzen.

Ein Beispiel: Wenn wir einen Berg in seiner verschneiten Pracht gegen den blauen Himmel sehen und vollkommen hingerissen sind, dann vergessen wir unser angelerntes Wissen und schauen mit ganzem Herzen: Wir wahren. Wir können das ganze Leben so intensiv wahren und es genießen, und ohne unsere Individualität zu verlieren!

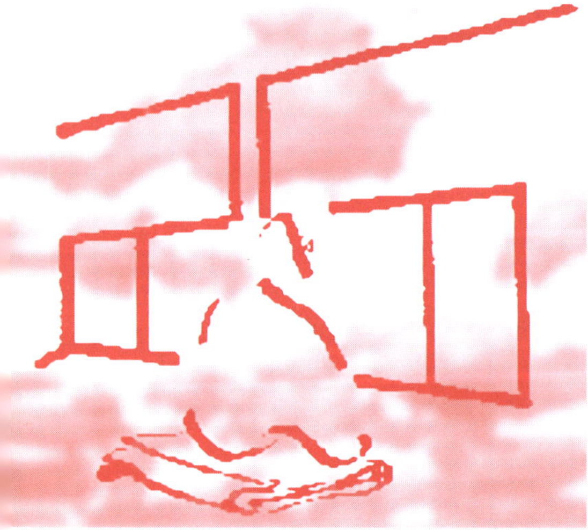

Auch werden die Zen-Koans, die alogischen Rätselfragen der Zen-Meister, plötzlich, in einer Erleuchtung von innen her, vom Herzzentrum, begriffen. Sie sind im Kopfdenken unlösbar, weil eben überlogisch. Doch das plötzliche Verstehen eines überlogischen Satzes verändert stark das Bewusstsein des Zen-Schülers. Sein Denk-Ego löst sich auf.

Nils Bohr hat in der Quantenphysik die „Komplemerität" als Begriff eingeführt um zu erklären, dass sich zwei Phänomene zwar gegenseitig ausschließen und doch zusammen sind und zusammengehören. Wir kennen schon den oft zitier-

Der Zen-Schüler begreift im Paradoxon das Überlogische.

ten Teilchen-Welle-Dualismus des Lichtes, der nach den alten physikalischen Gesetzen unvorstellbar war. Entweder ist Licht Materie in Teilchen, oder materielose Schwingung als Welle. Wie wir heute erstaunt feststellen: Es ist beides. Und Komplemerität ist genau der Zustand des Menschen auf dieser Erde: Mitspieler der Natur und gleichzeitig Zuschauer. So kann also unser Herz zugleich unbestechlich gerecht und liebevoll barmherzig sein. Es sieht durch die anderen Herzen hindurch und ist zugleich taktvoll diskret. Das ist komplementäres, zwischengeschöpfliches Herz-Wahren.

Nils Bohr entdeckte die Komplemerität.

Wahren hat auch sehr viel mit Zeit und Raum zu tun. Beide werden im Wahren zur rundum-erfassbaren Gegenwartsschau, für die alles transparent wird. Jiddu Krishnamuti sagt es immer wieder: Wenn ich beobachte, ohne zu kategorisieren oder zu denken, dann habe ich die Umklammerung der Vergangenheit überwunden und die Furcht vor der Zukunft vergessen. Ich urteile nicht mehr, sondern beobachte mit all meinem Wissen als Grundlage und lasse mich, im besten Sinne, in der Gegenwart vom Ereignisfluss überraschen, ohne deshalb richtungslos zu segeln oder mein Wissen zu vergessen. Ich kategorisiere nicht. Ich urteile und benenne nicht. Ich erlebe hellwach. So wird das Leben durch das Herz-Wahren zum Abenteuer und in einer neuen Weise durchsichtig.

Gott ist nicht vorstellbar, aber wahrnehmbar. Oder: Wir entwickeln uns auf ein unendliches Ziel hin und verlassen niemals den Ursprung. Der Verstand gibt auf. Das Herz begreift. Das Paradoxe liegt ihm.

Gebser spricht von aperspektivischer „Gänzlichung“, die wir erreichen, wenn wir nicht nur perspektivisch sehen, nur hören, nur riechen, nur fühlen, sondern ganzheitlich wahren. Alles zulassend, „unscharf“ in der Mitte unseres Wesens, im Herzen erfassen. Dieses Erfassen ergibt nämlich unendlich mehr als nur „exakt“ zu denken oder alles in Gedankenschubladen abzulegen.

Gott ist nur wahrnehmbar, nicht vorstellbar.

Das heißt nicht, dass wir unseren Denk- und Sinnesapparat ausschalten, sondern dass wir ihn in die Fähigkeit des Herz-Wahrens integrieren und damit unserem Bewusstsein eine orgiastische Entgrenzung geben, die es in der nahen Zukunft brauchen wird.

Die Einmaligkeit begreifen.

Wie schon angedeutet: Wenn wir wirklich, wie es Wissenschaftler vorsichtig formulieren, auf die Erkenntnis der Einmaligkeit jedes Lebensvorganges in dieser Schöpfung und auch jedes „wiederholbaren" Experiments hinsteuern, dann werden wir weniger den Kopf als Vergleichsorgan der analytischen Beweisführung, als viel mehr das Erfassungsorgan der spontanen Rundum-Erfahrung brauchen: Das Herz.

So werden wir Zeit und Raum individuell wahren. Der Wissenschaftler A.S. Eddington sagt es so: Die Ereignisse kommen nicht auf uns zu; sie sind da, und wir begegnen ihnen auf unserem Weg.[141] Und Jean Gebser: „Für jene aber, die das Ganze, das Wahre, zu wahren vermögen, ist dieses Wahren kein philosophisches Suchen mehr, noch ein immer mehr zweifelsgestörter Glaube, sondern ein Finden ohne jenes Suchen, das durch Jahrtausende hindurch gleichsam nur Vorbereitung war."[142]

Lassen wir den Mut nicht sinken. Das alles ist nicht so schwer zu erfahren und zu leben, wenn wir das Herz als rundum schwingendes Resonanzorgan einschalten und immer intensiver seine Führung zulassen, wie es den „Kardiosensiblen" eben so gut tut. Schließlich haben sich die Menschen, die wir bereits hier in diesem Buch kennen gelernt haben – denken wir gerade an die Arzt-Patienten – sehr wohl über ihr angelerntes akademisches Wissen hinaus, sich vom Herzen führen lassen und damit die Welt um sich, ohne recht zu wissen wie, durchschaut und gewahrt. So haben sie ihre Grenzen erweitert und ihr Schicksal besiegt, während die dreidimensional-mentalen Strukturen um sie herum versagt und Traumgrenzen übersehen haben. Wie sagt es der französische Dichter Antoine de Saint-Exupery durch den kleinen Prinzen: „Man sieht nur mit dem Herzen gut. Das Wesentliche ist für die Augen unsichtbar."[143]

Nur das Herz sieht durch und durch.

Und Jean Gebser stellt fest: „Es bildet sich eine neue ‘Denkform’ heraus, die wir als ‘Gewahr-Werden’, als ‘Wahren’ bezeichnet haben. Dieses Wahren vermag das bloße Gegenüber, das zugleich Ziel und Verstelltheit ist, zu durchbrechen. Damit gewinnt es die Offenheit, eine Offenheit, welche die Fülle unserer Teilhabe am unausschöpfbaren Ganzen offensichtlich macht.“[144]

Wahren ist mehr als denken und sehen.

Die Kultur des Herzens kann sich nur mit den 10.000 Dingen des Tao Te King, mit dem Ganzen einer Multidimensionalität zufrieden geben. Und wir merken es in vielen Menschenherzen: Diesen Einbruch des Vieldimensionalen in unsere rationale, dreidimensionale Welt. Und diese Menschen haben sich in ihrem Bewusstsein gewandelt. Sie können mehr als sehen, sie können bereits wahren.

Das Herz-Kraftfeld

„Das Herz der Lebewesen ist der Grundstock ihres Lebens, der Fürst ihrer aller, der kleinen Welt Sonne.“ William Harvey[145]

Wie erstaunt war ich, bei den islamischen Mystikern, den Sufis, diese energetische Brust-Herz-Region in seiner Vielfalt als Energiefeld beschrieben zu sehen, die uns eine Idee von diesem neuen Herzverständnis gibt. Mir Dad beschreibt es Ende des 18. Jahrhunderts so: Im Herzen links im Brustkorb ist die subtile Stelle von Liebe und Sehnsucht lokalisiert; in der rechten Seite der Brust Ruhe und Stille; in der linken Brustspitze die Vertrautheit und in der rechten die Auslöschung des Selbst und im Brustzentrum die Stelle der mystischen Auflösung.[146] Ein neues Organfeld wird bewusst. Manche Menschen, wie die Sufi-Mystiker, haben schon früher weit über das Allgemeinbewusstsein hinaus empfunden.

„Das Herz ist kein statisches Symbol. Es ist dynamisch, lebendig. Das Herz ist der pulsierende Kern unserer Lebendigkeit in mehr als einem bloß körperlichen Sinn“, sagt der Mystiker David Steindl-Rast. Verschenke ich mein Herz, verschenke ich mich ganz.[147]

Das Herz ist dynamisch.

Schon Form und Funktion des Herzens als Organ sind auf Ganzheit ausgerichtet: Das Sich-Zusammenziehen und das Sich-Ausdehnen wird als Einheit vollbracht; linke und rechte Herzkammern werden im Gleichgewicht gehalten; das Blut einerseits in den Körper und andererseits in die Umwelt (Lunge-Luft) gleichzeitig befördert und filternd geprüft, Schwere und Auftrieb (die Viskosität) des Blutes in allen seelischen und körperlichen Situationen geregelt. Das Herz muss also auch als Organ sensibel und dauerhaft Gleichgewicht und Ausgleich in ganz verschiedenen Situationen schaffen und damit immer das Ganze des Menschen, sein Sowohlalsauch, gewährleisten. Und zwar im Wachen und im Schlafen.

Das Herz-Symbol: Von der Dualität zur Einheit.

Deshalb zeigt das Symbol des Herzens den perfekten Weg zur Einheit. Seine beiden oberen Hälften als die sichtbare Dualität der Gegensätze, vereinigen sich in der unteren Mitte zur Ganzheit, die sich punktförmig in das Sein auflöst. Das ideale Symbol des Übergangs zur neuen, integralen Bewusstheit.

Es drängt sich eine Bewusstheitsveränderung auf: Zuerst die Stufe des Instinktes (Solarplexus), dann die Stufe der Worte (Mund), der abstrakten Begriffe (Verstand) und zum Schluss die des integralen Wahrens (Herz). Das ist mehr als sehen. Es ist das Wahrnehmen des Ganzen aus und mit dem Herzen.

Wie beschreibt der große indische Lehrer Yogananda, ein hervorragender Vertreter der neuen Herzkultur, seine Schau: „Ich wusste, dass die Mitte dieser Feuerhimmel in meinem Herzen war, der Mittelpunkt wahrnehmender Schau. Strahlendes Licht entströmte meinen Zellen und durchdrang jeden Teil des Universums!“[148]

Jede Ganzheit, die wir wahren können, ist die Frucht unserer eigenen Fähigkeit, in uns selbst ganz zu sein. Was ist die menschliche Ganzheit? Nicht nur

Die Lebens-Energie des Herzens.

die Vereinigung von Hirn und Herz, sondern auch von Materie und Geist, materiellem und Seelen-Körper. Gerade im Kraftfeld Herz kann diese Vereinigung mit unseren nicht materialisierten, bisher schlummernden oder gar verdrängten inneren Personen beglückend erlebt, entdeckt und gelebt werden, wie wir noch im kommenden Folgeband zur „Herz-Öffnung" ausführen werden. Mit einem offenen Herzen ist dies eine wunderbare Erweiterung unseres bisher nur realen Körper-Egos in das unsterbliche, immaterielle, lebendige Energiefeld des Selbst.

Dr. Paul Pearsall ist auch auf eine Info-Energie des Herzcodes gestoßen, die er L-Energie nennt. Diese kann das Herzkraftfeld gemeinsam mit seinen elektrischen Aktivitäten übertragen. Diese elektrischen Aktivitäten sind mit meistens 30 CPS (cycles per second) im Gehirn messbar, dagegen ist die normale Frequenz des Herzens bei 250 CPS. So meint er, „ist das Herz unter Umständen der stärkste Sender und Empfänger" von L-Info-Energie.[149] Da gibt es noch viel zu entdecken!

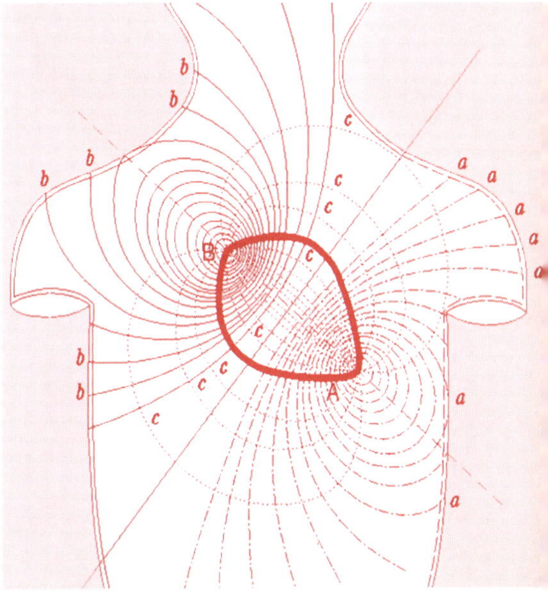

Schon 1887 wurde von August Waller das elektrische Feld des Herzens gemessen.

Seit altersher wurde das Herz mit dem „mächtigen Zeichen" des „Siegels Salomos/Sulimans, des Sonnen-Mannes", gleichgesetzt. Gerade weil es als Verbindungsorgan zwischen Himmel und Erde, Geist und Materie, Seele und Körper, Männlich und Weiblich, sonnengleich ganzheitlich wirkt: Es scheint auf Gut und Böse und vereint die bisher als Gegensätze erlebten Seiten der Lebensmedaille zu einem befreienden Sowohlalsauch.

Die beiden Welten, das Oben und das Unten, ergänzten sich zum Stern des Lebens in Fülle, des „Sterns von Bethlehem", der auch als Symbol für das bisherige, das personale Herz des Menschen gilt. Nun aber erkennen wir mit unserem heranreifenden Bewusstsein die Ganzheit nicht mehr in der Trinität, sondern in der Quaternität!

Der Stern von Bethlehem oder Siegel Salomos – das multidimensionale Ursymbol.

C.G. Jung erkannte, dass in allen Symbolen, zum Beispiel in den Mandalas, die Ganzheit durch die Vierzahl bestimmt ist: Vier Elemente, vier Herzkammern (!) und die vier Seraphine in der Apokalypse des Johannes, die als Geistwesen um Gottes Thron stehen. Nicht zuletzt wird der von allen Wissenschaftlern angekündigte Übergang von der jetzigen dritten in die kommende vierte Dimension unserem Bewusstsein eine neue Sicht der Ganzheit geben. Also verändert sich das Sechseck des Sterns von Bethlehem zum neuen, transpersonalen und vieldimensionalen Symbol des neuen Herzzentrums. Hier die neue Form, in der sich das Herz des mehrdimensionalen Menschen zeigt:

Es erweitert sich in das versöhnende Viereck und zugleich auch in das menschliche Herz, das sich wieder in die Vieldimensionalität, symbolisiert durch die Kreise, erweitert. Und in der Mitte ist der Punkt, wo sich Geist und Materie, Gott und Seele im Hier und Jetzt treffen.

Es gibt also keine Trennung mehr von Diesseits und Jenseits, sondern nur eine einheitliche Durchdringung! Oder auf den Menschen bezogen: Sichtbarer und „Energie-Körper“ vereinigen sich im Herzzentrum. Und den Menschen der neuen Herzkultur ist es aufgetragen, diese beiden Körper bewusst zu verbinden, ihre Schwingungen in Resonanz zu bringen und in beiden zu leben. Das Geschenk dieser Zusammenarbeit wird unsere Erweiterung in eine bisher ungekannte Größe und Kraft sein. Dass diese Ganzheit in unserem Herzzentrum nicht aus dem angelernten Intellekt kommen kann, sondern nur durch die Erweckung des

Das Sechseck erweitert sich zum Herzen.

Die Freiheit des Geistes im Herzen.

intuitiven, freien Bewusstseins, das weit über Logik und Widerspruchsfreiheit hinausgeht, ist uns mittlerweile klar geworden. Die „Ordo spiritualis“ des prophetischen Mönches Joachim von Fiore oder die Durchsichtigkeit, die Diaphanität des Hl. Geistes nach Jean Gebser werden in uns wechselseitig das Kraftfeld-Herz zur Entfaltung bringen.

Einseitigkeit und Teilung sind nicht mehr lebenskonform. Das Streben zur Ganzheit wird in uns sowohl als Animus wie auch als Anima, sowohl als Licht wie auch als Schatten, sowohl mit Herz als auch mit Verstand, Intelligenz wie auch Empfindung zugleich die Triebfeder des kommenden Lebens sein. Das Herz wird uns lehren, niemals zu trennen, zu urteilen oder Angst vor dem Anderen zu haben. Es wird immer die Umarmung der Abwehr vorziehen, nicht verurteilen und damit Ganzheit schaffen, auch das Dunkle in uns aufnehmen, wahren und akzeptieren und es somit ohne Verurteilung einbinden. Das Herz wird zum Ort der Erlösung!

Von der Dualität zur schwingenden Einheit.

In diesem Zusammenhang ist es bemerkenswert, dass astrologisch gesehen, das jetzige Fischezeitaler, symbolisiert im Zeichen der zwei auseinanderstrebenden Fische, in das Wassermannzeitalter übergeht, das durch zwei parallele Wellen gekennzeichnet ist: Sie symbolisieren die Kohärenz in der Herz-zu-Herz-Schwingung, ohne gleichmachende Vereinnahmung. Wir finden es überall im Alltag als Zeichen für „Wechselstrom“.

Seit der Verführung der Schlange im Paradies erkannten Mann und Frau durch den Geschlechtsakt mehr ihre Trennung, als ihre bewusste Vereinigung, die dem zukünftigen Herzmenschen aufgetragen ist. Denn dieser weiß, dass das Geheimnis jeder Vereinigung die Erkenntnis ist, dass die getrennten Teile seit jeher zusammengehören. Die Frucht des bewachten „Baumes des Lebens“ im Paradies ist die bewusste Einheit des

Im Herzen ist alles eins.

Menschen und seiner Welt, die immer von seiner Lebensmitte im Herzen ausgeht. Im Herzen gibt es keine Polarität. Das Denken des Herzens ist Einheit in der Vielheit. Von den Früchten des Baumes der Erkenntnis, von Gut und Böse haben wir gegessen und durch Trennung dazugelernt, jetzt in der neuen Herzkultur, werden wir vom ganzheitlichen „Baum des Lebens“ essen und leben in Ewigkeit, wie die Bibel sagt. Weil wir die Einheit des Lebens in den verschiedenen Daseins-Zuständen erkennen und seine bisher paradoxe Art im Herzkraftfeld liebend erfassen können, wird sich Raum und Zeit als relativ und wandelbar herausstellen. Wir werden Mitwirkende in vielen Dimensionen sein und damit Beweger von Raum und Zeit. Wir werden aus diesem innersten Kraftfeld leben.

Die neue Herzdimension

„So können wir uns vielleicht keine Vorstellung bilden, die nicht euklidisch oder vierdimensional ist.“ Prof. Dr. Gerhard Vollmer[150]

Nichts ist fix.

Unser Welt- und Naturbegriff der Zeit hat sich seit Newton dreimal in unserem Bewusstsein gewandelt:

1. Bei Newton waren Materie, Raum und Zeit getrennt. Raum und Zeit dienten als passive Gefäße der Materie. Es gab fixe Standpunkte, sie zu beobachten.

2. Seit Einstein sind Raum, Zeit und Materie nicht mehr unabhängig voneinander. Aber der feste Standpunkt, des Betrachters, die Lokalisierbarkeit ist noch Teil der Theorie.

3. Dieser feste Standpunkt der Lokalisierbarkeit wird, so wie das starre Verhältnis von Raum und Zeit zueinander, gerade aufgehoben. Alles ist fließend und relativ zur Bewegung des sich bewegenden Beobachters.

Es sind Entdeckungen mit ungeheuer viel Zündkraft in die Richtung des neuen Herzmenschen, weil wir wieder einmal feststellen, dass es keine fixen

Standpunkte mehr gibt. Alles ist in dauernder Bewegung und Veränderung. Auch unser jeweiliger Standpunkt. Und das hält nur das Herz durch, weil es selbst immer in Bewegung ist. Es arbeitet nicht dreidimensional und starr verankert. Diese Art der Dynamik wird von Lagrange bereits 1796, also über einhundert Jahre vor Einstein und Minkowski, mit einer vierdimensionalen, beweglichen Geometrie wissenschaftlich beschrieben.[151] Ohne diese neue Dimension können wir das neue Herz nicht verstehen.

Das neue Herz ist mehrdimensional.

Seit jeher ist das Geheimnis der Herz-Zahl 4 als die Eintrittspforte in eine ganz andere Welt erkannt worden. Hier einige Erkenntnisse aus vielen Zeiten und Kulturen.

Die älteste Art der Bewusstseinsbildung der Menschheit war der Blick auf den Himmel. So konnte er Dimensionen begreifen. Zuerst war es die Sicht eindimensional als Linie von der Erde aus; dann zweidimensional als Fläche von Erde und Mond; dann dreidimensional als gedachter Körper von der Sonne aus mit Höhe, Tiefe und Breite; und schließlich vierdimensional als die Dimension des Schöpfungsganzen vom Mittelpunkt des Weltalls oder zumindest der Galaxis aus. Gerade zur letzten brauchen wir die Fähigkeit der gleichzeitigen Wahrnehmung der verschiedensten Teile. Wir müssen wahren können![152]

Der kosmische Mensch erweitert sein Bewusstsein.

Die Koptin Maria Prophetissa aus der frühen Zeit des Christentums sagt: „Eins wird Zwei, Zwei wird Drei, und aus dem Dritten kommt das Eine als das Vierte."[153] C.G. Jung erkennt: „Die Vier symbolisiert die Teile, Qualitäten und Aspekte des Einen."[154] Im Tao Te King: „Das Tao erzeugte die Eins. Die Eins erzeugte die Zwei. Die Zwei erzeugte die Drei. Die Drei erzeugte die zehntausend Dinge" (des ununterbrochenen Schöpfungsprozesses d.V.). Die geistige Welt beginnt

Das Geheimnis der Vier.

sozusagen in der 4. Dimension, die die Dimensionen in unserem jetzigen Sinn aufhebt. Zeit und Raum lösen sich auf oder werden manipulierbar. „Wer die Manipulation der Zeit beherrscht, wird sie mit anderen Augen sehen," sagt Ernst Meckelburg, und beschreibt, wie wir durch die Mauer der Zeit in die vierte Dimension gelangen werden.[155]

Prof. Friedrich Weinreb schreibt über die ältesten jüdischen Überlieferungen:[156] Die Vier ist das Ende eines Zyklus. Was nachher folgt, ist nur noch Abwandlung und Wiederholung dieser Vier. Darum schließt in der Bibel die Schöpfung immer den Tag mit der vierten Schöpfungsstat. Das ist es, was die Bibel als Mysterium, als das Wissen von der „Vier" vermittelt: 4+3+2+1= 10=1. Die Vier ist denn auch die Basis eines Systems, das den Aufbau der ganzen Welt und unseres Denkens durchdringt. Daleth, der vierte Buchstabe im Hebräischen, stellt die Türe dar! Die Türe zur neuen Welt, zum Geist. Viele weitere Geheimnisse der Vier gibt es im Hebräischen und Ägyptischen. Selbst der Zug des Volkes Israel durch die Wüste ist ein Weg in die Vier! Auch die Hl. Geistin (ruach) ist mit der Vier verbunden, denn die Vier steht für das Weibliche, die Drei für das Männliche. Jetzt halten sie Hochzeit. So sind die drei Dimensionen vollendet und die vierte ist das Leben. Unsere heiligsten Schriften deuten auf die Vier, die uns jetzt zum Leitsymbol wird. Könnte sie sich als neue Dimension im 4. Punkt des Energiesystems des Menschen manifestieren: im Herzchakra?

Auch die Chaostheorie denkt in die selbe Richtung: „Der Angelpunkt zwischen dem analogen und dem linearen Bereich ruht in der Zahl 4, um die sich alles dreht. Die 4 ist einzigartig unter den Zahlen... Im Chaosparadigma kommt der 4 der entscheidende Platz zu... Jenseits der 4 gibt es keine Rückkehr zum Urzustand."[157]

Es gibt einen Chaos-Rhythmus im innersten Herzen der Dinge. Das Chaos hat seinen Anfang im Herzmuster der Mandelbrotmenge. Die Metawissenschaft stößt analog und alinear in die 4. Dimension vor. Oder wie es Wissenschaftler formulieren: Heutzutage wird Naturwissenschaft mit dem Herzen des Mystikers betrieben. Und bei diesem neuen, paradoxen Einstieg kommt viel mehr heraus, was die Geheimnisse der Natur erkennbar macht, als beim alten logischen, linearen, dreidimensionalen Paradigma. Und das Herz spielt dabei eine große Rolle: Unser Herzschlag fasst, nach Katya Walter, unseren genetischen und psychischen Code mit dem generellen Code des Lebens im Universum zusammen. Deshalb wird er uns durchhelfen, in die 4. Dimension einzutauchen, damit wir in der „Welt der 10.000 Dinge" harmonisch leben können. In der Welt des Wunderbaren, die wir mit dem Verstand allein niemals begreifen werden. Das symbolisiert die Zahl Vier. Sie ist das Fundament des neuen Tempels im neuen Jerusalem.

Das neue Weltbild ist analog und alinear.

Wie schon gesagt, weist uns das physische Organ Herz selbst unübersehbar auf die neue Dimension hin. Mit seinen vier Kammern ist es immer in Bewegung und entwickelt chaotische Herzrhythmen, die alle Dimensionen überwinden und bezieht seine ungeheure Lebens-Kraft aus Energiefeldern, die wir gerade zu erforschen beginnen.

Nochmals hat Zoltan Szabo, der tiefschürfende Astrologe, über Zeit und vierte Dimension von seiner Warte aus reflektiert. Zuerst zeigt er nach dem Gesetz der Oktaven auf, dass nach der Ziffer 3 die Ziffer 4 immer etwas Neues bedeutet, weil die Summe aller in 4 enthaltenen Zahlen 1 ist, wie wir schon wissen. „Der Übergang zwischen 3 und 4 bedeutet den Übergang von der Theorie zur Praxis, bzw. die Befruchtung des Stoffes durch den Geist. Hier ist eine neue Einstellung nötig, eine neue Sicht der Welt, damit die Entwicklung weitergehen kann."[158]

Ein künstlerischer Versuch, die vierte Dimension zu visualisieren.

Die Grundsatzfrage taucht auf: Können wir also aus der dreidimensionalen Verstelltheit und dem linearen Zeitpfeil aussteigen – können wir die neue, die vierte Dimension durch Ort- und Zeitfreiheit erlangen? Sogar Platon hat das pulsierende Universum wie das Herz als in beide Zeitpfeil-Richtungen sich bewegend angenommen.[159]

Der Urgrund ist raum- und zeitlos.

Zukunftsschau und Bilokation (Anwesenheit auf zwei Orten zugleich) deuten darauf hin, dass der Grund hinter allen Dimensionen zeit- und raumfrei in einer dauernden Gegenwart im Hier und Jetzt existiert. Und dieses Hier und Jetzt ist immer nur mit dem Innen, dem Wesenskern als Herz-Kraftfeld zu erfassen. Die nächste Dimension, ob wir sie die 4. oder sie als Sprung in das Multidimensionale nennen, kündigt sich durch ein Erfassen der Zeiten an, die jeweils in den Wesenskernen eines Geschehens herrschen und in die man sich einklinken kann.[160]

Die vier „Körper" des Menschen.

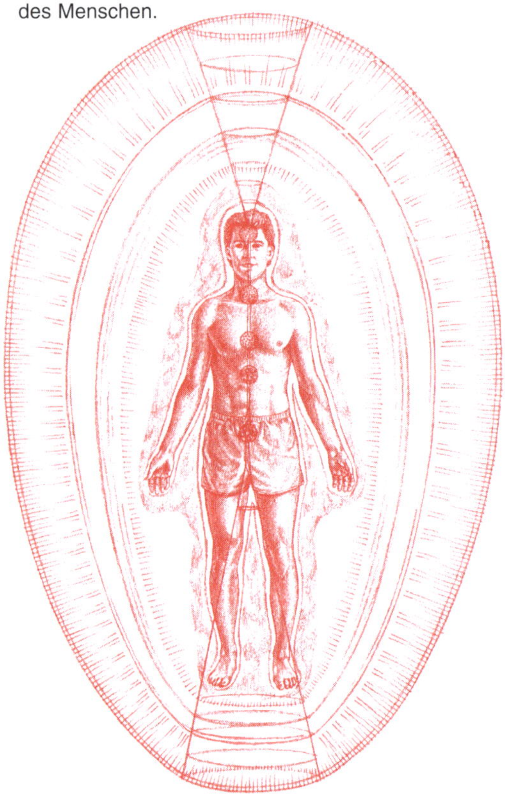

Gurdjieff hat 4 „Körper" aufgezählt, die den neuen, ganzen Menschen ausmachen: Der erste ist der fleischliche, der zweite der astrale Körper der Gefühle, der dritte der geistige Körper des Verstandes und der vierte der göttliche Körper des Ich-Bin, der aus Einsicht lebt. Dieser vierte Mensch arbeitet an allen seinen Möglichkeiten zugleich und ist somit unsterblich. Denn der 4. Körper hat Macht über alle anderen. Es ist der Sonnenkörper, was mit dem Sonnenorgan Herz korrespondiert. „In einem Menschen mit 4 Körpern ist der vierte Körper aktiv. Das bedeutet, dass das Bewusstsein im vierten Körper vollständig die Macht über den 'mentalen', den 'astralen' und den physischen Körper hat." Ein Kriterium, dass für den zukünftigen oder sich gerade entwickelnden Herzmenschen von grundlegender Bedeutung sein wird.[161]

Der Arzt-Philosoph und Nobelpreisträger Alexis Carrel notiert am 2. Juli 1937 in sein Tagebuch: „Unser Körper erhält seinen Standort durch die immer wirkende vierte Dimension. Er besteht aus Stoffen der kosmischen Welt und kehrt nach dem Dasein in unserer Welt in jene Welt zurück. Unser Geist ist offenbar nicht den vier Dimensionen (drei plus Zeit d.V.) des physischen Ablaufs

Gedanken sind raum- und zeitfrei.

unterworfen. Er steht in keinem Zusammenhang mit den Gegebenheiten der raum-zeitlichen Welt. Wahrscheinlich ist er Dingen verhaftet, für die andere Dimensionen des Alls gelten, außerhalb von Zeit und Raum... Allerdings scheint es, dass gewisse geistige, nicht-intellektuelle Fähigkeiten uns die Erfassung der Dinge, die außerhalb von Raum und Zeit liegen, ermöglichen, so zum Beispiel das Lesen der Gedanken anderer Leute..." (Telepathie d.V.).

Carrel bringt ein wunderbares Beispiel von der normativen Kraft der Dimension auf das Bewusstsein, wenn er behauptet, dass ein Individuum, das in einem zweidimensionalen Raum lebte, unmöglich die Bedeutung des Regens begreifen könnte. Er würde lediglich sehen, dass die zweidimensionale Fläche um ihn plötzlich nass wird.[162] Und so geht es uns Dreidimensionalen mit der kommenden vierten Dimension. Wir versuchen sie theoretisch und in Wirkungen zu beschreiben, können aber noch nicht in ihr integriert leben und sie begreifen.

Fassen wir diese Informationen zusammen, so gibt es die sehr bedeutsame Erkenntnis des räumlich beliebigen Beobachter-Standortes, der in einen relativen Zeitfluss eingebettet sein kann. Und darüber hinaus die Beobachtung, dass der Mensch selbst Zugänge in verschiedene Dimensionen in seinem Wesenskern gespeichert hat. Diese beiden Phänomene könnten uns weiterhelfen!

Dazu ein interessantes Beispiel über verschiedene Zeitsysteme in uns. Einer unserer beiden Russen-Sufis, Peter D. Ouspensky (1877-1947), der auch Mathematiker war, beschreibt es in seinem Buch „Psychologie der möglichen Evolution des Menschen". Er hat in Versuchen festgestellt, dass wir mindestens in drei verschiedenen innerlichen Zeitabläufen leben können. Den langsamsten Zeitablauf besitzt unser intellektuelles Zentrum, schneller ist das instinktiv-motorische und das schnellste ist das Gefühlszentrum. Er sagt, jeder von uns soll versuchen, so schnell zu denken, wie wir instinktmäßig oder gefühlsmäßig auf Situationen reagieren. Vollkommen unmöglich! Wenn wir das versuchen, geben wir resigniert das Denken auf. Die Zeit wäre für jede Denkaufgabe zu schnell. Und zwar nach Ouspenskys Beobachtungen in „kosmischen Relationen". Unser motorisches Zentrum arbeitet

Das intellektuelle Zentrum ist das langsamste.

30.000 mal schneller als das Intellektuelle und das Gefühlszentrum 30.000 mal schneller als das motorische Zentrum.[163] Und wie wir bei Alexis Carrel gelesen haben, die Gedankenübertragung steht überhaupt außer Zeit und Raum, was diesbezügliche Experimente zu bestätigen scheinen. Unsere Gedanken oder besser Bilder, die wir uns machen, brauchen überhaupt keine Zeit, um übertragen zu werden. Oder jedenfalls keine bisher messbare Zeit. Sie erfolgt unmittelbar.[164]

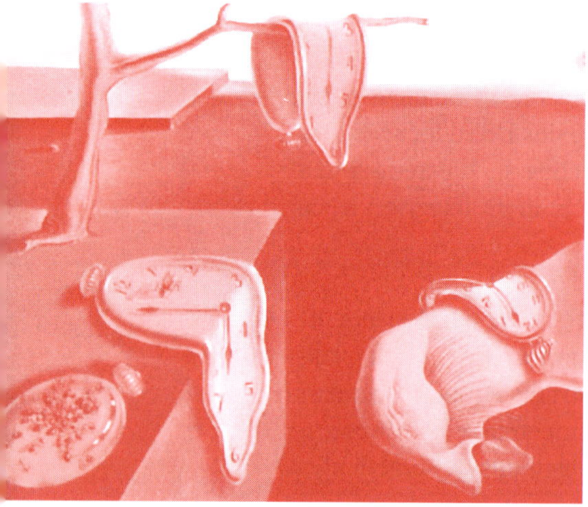

Dali's Relativierung der Zeit.

In dem obigen Beispiel von Ouspensky ist Zeit klar definiert: Sie ist der Ablauf, den die Tätigkeit eines Systems benötigt. Wenn Gedankenübertragung gar keinen Zeit-Raum benötigt, welche Phänomene warten darauf, vom neuen Menschen entdeckt zu werden? Ist damit die Gegenwart aller Zeiträume bewiesen? Jedenfalls haben wir im Inneren alle Zugang zu ungeheuer verschiedenen Zeit-Räumen mit jeweils anderen Ablaufgeschwindigkeiten. Wenn wir das Phänomen mit der 30.000 mal schnelleren Zeit unserer Wesens-Zentren betrachten, hat das Gefühlszentrum mindestens 8 Stunden in seiner Ablaufzeit Zeit, auf ein Signal richtig zu antworten, weil es ja in einer 60.000 mal schneller ablaufenden Raum-Zeit existiert als unser Intellekt! Ob da nicht der Schlüssel zur Zeit-Raum-Wahlfreiheit der 4. Dimension versteckt ist? Wir können uns also bereits jetzt in jeweils andere Zeitschienen einklinken? Einfach verschieden schwingen? Schließlich leben wir täglich mit so verschiedenen Zeitbegriffen wie Traumzeit, Uhr-Zeit, Begriffszeit, Lebenszeit.

Irgendwann wird die neue Dimension aus dem Alltagsbild unserer Gewöhnungen herausspringen, wie das Such-Bild aus dem gewohnten Grundmuster. Dann leben wir in der 4. Herz-Dimension oder Multidimensionalität und staunen, dass wir es als Menschheit so lange in nur drei Dimensionen ausgehalten haben. Raum und Zeit sind relativ. Das wissen wir seit Einstein. Da liegt unsere große Chance für die Zukunft.

Das unmittelbare Begreifen des Herzens.

Der neue Mensch wird, nach Enomiya-Lasalle „nicht mehr auf dem Weg des Nachdenkens und Abwägens sondern unmittelbar und sicher“ seine Entscheidung treffen.[165] Oder wie die große Hildegard von Bingen es beschrieb: „Ich sehe, höre und weiß gleichzeitig, und wie in einem Augenblick erfasse ich das, was ich weiß.“[166] Die Schau nach Innen, im Innen und aus dem Innen hebt alles Dreidimensionale auf. Sie ist unmittelbar, zeitgleich und raumunabhängig.

Der große Sucher nach kosmischer Wachheit, der Amerikaner Richard Maurice Bucke, schreibt, dass das individuelle Bewusstsein an den Körper gebunden ist. In uns arbeiten einzelne Organe. Wenn wir kosmisches Bewusstsein erreichen scheint der gesamte Körper zu einem Organ gebündelt zu sein. Er meint, dazu braucht es die Ekstase. Die Planetisation im Kleinen, in uns selbst![167]

Sagen wir statt Ekstase Austreten aus dem dreidimensionalen Bewusstsein oder Veränderung des Herzrhythmus oder noch anders „Beamen“ und wir können diese Forderung Buckes immerhin in unserer Phantasie mit vollziehen. Er meint, wir müssen diese Zustände nicht klar definieren, weil wir das noch nicht können, sondern sie uns immer wieder vorstellen, bis wir sie plötzlich erfahren. Dies gelingt uns auf der „vierten Ebene“ der unmittelbaren Herzensintelligenz, die niemals ruht.

Die neue Herz-Dimension beginnt.

Viele Menschen beginnen in dieser Beziehung zu einer neuen, vierten Dimension aufzubrechen: Träume zeigen uns Handlungen, die wir zeitlich in kein früher oder später einordnen können; Unfallopfer sehen ihr ganzes Leben „in einer Sekunde“ an sich vorüberziehen; manche lesen Gedanken-Bilder oder sehen Gefühle der Mitmenschen; andere schreiben Texte, die sie im Herzen diktiert bekamen und die sie gar nicht selbst verstehen; tausende Menschen haben mit Wesenheiten von anderen Dimensionen Kontakt, ohne dass sie diese Kontakte gesucht haben; K.O. Schmidt und meine Lehrerin, die Mystikerin Luise Wittmann, haben von geistigen „Astralreisen“ zu anderen Planeten erzählt, die sie erlebt haben, als wären es interessante Spaziergänge gewesen, ohne sich dreidimensional körperlich von ihrem „Standort“ zu bewegen.

Die „Hyperkommunikation“ kommt.

Raum und Zeit werden aufgehoben. Die dritte Dimension der Sicht verstellenden, festen Körper zerfällt. Zuerst langsam. Dann immer schneller. Wie es mit allen undurchlässigen und daher intransparenten Systemen eben so geht. Der einzige Kompass in diesem Einfall des gänzlich Ungewohnten und Neuen ist das transparente und wache Herz.

Den heutigen Übergang zur Transparenz des Hl. Geistes und zur vierten Dimension beschreibt Joel[168] in der Bibel so: „Danach aber wird es geschehen, dass ich meinen Geist ausgieße über alles Fleisch. Eure Söhne und Töchter werden Propheten sein, eure Alten werden Träume haben, und eure jungen Männer haben Visionen. Auch über Knechte und Mägde werde ich meinen Geist ausgießen in jenen Tagen.“ Dadurch wird die von Fosar und Bludorf formulierte „Hyperkommunikation“[169] ermöglicht, die als allgemeine innere Stimme oder als Gruppenbewusstsein der vierten Art Überbewusstsein schafft und die Macht der Meinungsmonopole auflösen wird, weil ja alle erfassen, um was es geht. Transparenz, eine weitere Eigenschaft der anbrechenden 4. Dimension! Auch wenn es jetzt durch das allgemeine Chaos der Informationsflut noch ganz anders aussieht.

Es muss eine große Zeit sein, in der wir leben. Wie oft, wie lange und dann wieder eindringlich-freudig künden sie die Propheten seit mehreren tausend Jahren an. K.O. Schmidt, der Visionär unserer Tage, sagt es so: Wir kommen endlich in die Gemeinschaft der galaktischen Zivilisationen, wenn wir den blinden Egoisten und die Scheuklappen der 3. Dimension abgelegt haben.

Lassen wir nochmals Richard Bucke auf uns wirken: „Es gibt noch eine weitere Idee, die uns in jüngerer Zeit von der westlichen Wissenschaft nahegebracht wurde und die in die gleiche Richtung weist – die vierte Dimension. Die Erkenntnis, dass unsere tatsächliche Welt statt drei räumlichen Dimensionen ihrer vier hat, lässt Dinge vorstellbar werden, die zuvor gänzlich unmöglich schienen. Sie lässt vorstellbar werden, dass scheinbar getrennte Objekte wie etwa verschiedene Individuen in Wirklichkeit physisch vereint sind; dass einzelne Dinge, zwischen denen gewaltige räumliche Entfernungen zu liegen scheinen, sich in Wirklichkeit in ziemlicher Nähe befinden...“[170]

Größe, Entfernung und Dauer sind relativ.

Die Entfernung der Sonne zu uns ist vielleicht gleich der Entfernung eines unserer Körper-Atome zum Nebenatom. Wenn Raum und Zeit relativ sind, ist wahrscheinlich alles eine Frage der Schwingung und nicht der Größe, Entfernung und Dauer. Und unser Schwingungsorgan, das Tor zur vierten Dimension, ist das Herzzentrum. Deshalb sagt Gott durch Ezechiel: „Ich schenke ihnen ein anderes Herz und schenke ihnen einen neuen Geist. Ich nehme das Herz aus Stein (Materie d.V.) aus ihrer Brust und gebe ihnen ein Herz aus Fleisch (Lebensenergie d.V.)... Sie werden mein Volk sein und ich werde ihr Gott sein." Nach dieser Ankündigung einer göttlichen Herztransplantation schildert der Prophet Ezechiel, dass der Geist ihn empor hob vom Tempel in Jerusalem und gleichzeitig in Chaldäa bei den verbannten Landsleuten wieder absetzte. Eine dreidimensionale Strecke von mehr als 1000 Kilometern.[171]

Die große Mutter sagte während der Erscheinung am 24.5.1958 im französischen Krizinen: „Sich selbst überlassen könnte die Geschichte der Menschheit nur in einer allgemeinen Vernichtung enden. Es wurde jedoch ein Keim eingepflanzt, der jenseits der Zeit aufgehen wird, und aus dem Ernten für die Ewigkeit heranwachsen werden..."[172] Jenseits des heutigen Zeitbegriffs.

Abschließend noch ein bemerkenswerter Satz aus dem inspirierten Text von Luise Wittmann: „Ihr (unsere Generation d.V.) geht durch die Zeit hindurch, sie aber (die neuen Herzmenschen d.V.) werden die Zeit wandeln."[173] Das entspricht auch den aktuellsten Raum-Zeit-Überlegungen: Zeitreisen erfolgen, auch für Zeitreisefahrzeuge, ohne echte, dreidimensionale „Bewegung". Die Zeitreise wird durch Auslösen von verschiedenen „Zeitlinien", zukünftige oder vergangene, erfolgen. Die Herz-Menschen werden die Zeitqualität wandeln können! Geist braucht keinen Raum und keine Zeit. Er benutzt sie zur Selbstdarstellung.

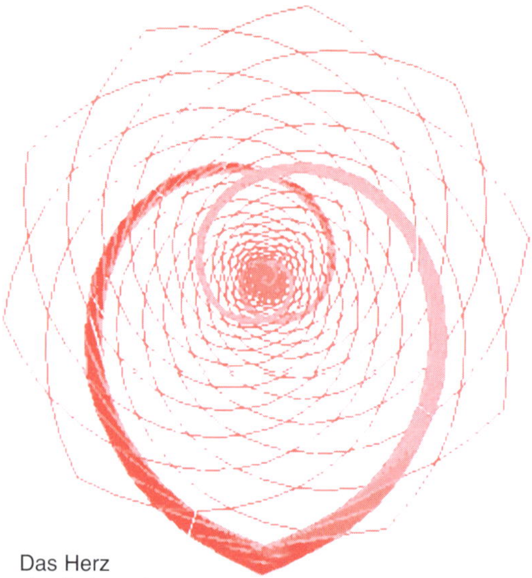

Das Herz
als vibrierender
„Fixpunkt".

Wir tun uns so schwer mit der vierten Dimension, weil wir sie uns einfach nur sehr schwer vorstellen können. Aber wir haben ja ein Organ, dass nach Pearce unlokalisierbare Energie- und damit Erkenntnisfelder anzapfen und mit ihnen schwingen kann: Das Herzzentrum. So wird unsere Herzintelligenz den Übergang von der dritten zur vierten Dimension schaffen: Die eine auflösen und die andere plötzlich verwirklichen. Dabei bleibt uns unser Herz als vibrierender Fixpunkt innerer Individualität in allen Aggregatszuständen erhalten.

Paul Brunton schreibt in seinen „Einsichten und Reflexionen eines Wanderers nach Innen": „Die erste Äußerung des Geistes ist die Leere (Einheit). Die zweite und darauf folgende das Licht (Hell und Dunkel = Dualität), das heißt der Weltgeist. Dem folgt die dritte, die Weltidee (Abstraktion und Vorstellung). Schließlich kommt die vierte, das Erscheinen der Welt selbst (Konkretion)."[174] Wenn das Herz das Ich-Bin, das höhere Selbst des Menschen konkretisiert, dann ist die vierte Dimension ein Durchbruch in das Herz aller Dinge, in das Wesentliche. Oder wie es uns hohe Engel sagen: Wir durchbrechen zuerst drei Widerstände dorthin wie die Lotusblüte: Erde (Materie), Wasser (Gefühle), Luft (Gedanken) und als vierten einen noch nicht bekannten Widerstand zwischen Stofflichem und nicht mehr Stofflichem.[175] Ist das dreidimensionale Ego der letzte Widerstand? Kommt die Lotus-Blüte unseres Bewusstseins an die erhellende Sonne des Geistes? Zum Feuer der Gesamteinsicht?

Jedenfalls scheint uns die kommende Dimension des Herzens endlich das geistige Auge oder das Auge des Herzens zu öffnen. Wir wachsen über uns hinaus und verlieren uns dabei nicht!

Bewusst und überbewusst, überlogisch und transparent zum Ganzen. Ein wunderbares Versprechen!

Herzensphilosophie

„Das Herz gilt, auch im Zeitalter seiner Transplantierbarkeit, in den dominierenden Sprachspielen unserer Zivilisation noch immer als das Leitorgan der verinnerlichten Menschlichkeit." Peter Sloterdijk[176]

Platon entdeckte die Kopf-Vernunft.

Am Anfang der Philosophie stand der Widerstreit zwischen Herz-Solarplexus und Hirn. Die ganze Philosophie dreht sich um den Gegensatz von Gefühl und Vernunft. Gerade bei den Griechen, die ja das mentale und individuelle philosophieren erfunden haben.

Bei Empedokles war das Herz das Zentrum des Menschen, bei Platon war es bereits der Kopf.[177] Für Aristoteles, den Vater der europäischen Philosophie, ist das Gehirn noch ein ziemlich nebensächliches Organ. Das Geistige im Menschen ist für ihn im Herzen lokalisiert. Das Hirn ist eine Art Kühlgerät für das heiße Blut. Es zügelt das Herz.[178] Was ja auch wieder richtig ist: Gefühl braucht Analyse. Das alte persönliche Herz brauchte damals das reflektierende Hirn. Deshalb wurde dieses dann so überragend wichtig.

Natürlich lebt noch, in diesen philosophischen Anfängen, die mythische Auffassung vom Herzen weiter. Der Verstand setzt sich erst durch. Der sogar vor Aristoteles lebende Alkmaion von Kroton sagte ebenso, dass das Gehirn die wichtigste Rolle im beseelten Körper spielt. Das Mentale begann seinen Siegeszug.

Jesus Christus setzte aufs Herz.

Interessanterweise ist der nächste Bewusstseinsschritt mit dem aufkommenden Christentum eng verbunden. Der Wüstenvater Hieronymus sagt, dass nach Platon das Zentrum des Menschen das Hirn ist, nach Christus ist es aber das Herz.[179] Die Stoiker sind wieder mehr als Vorläufer und Anreger der christlichen Anthropologie des Herzens zu verstehen. Für sie ist die Mitte des Kosmos die Sonne als „Herz des Kosmos". So hat das Urfeuer seinen Sitz

im Menschenherzen, von dem die vitale Wärme in alle Körperteile ausgeht. Für die Stoiker und den Apostel Johannes ist das Herz die Sonne und der Logos, die beide für die Führungskraft im Menschen stehen. Die Stoiker haben eine Menschenkunde des Herzens, die Platoniker eine des Intellekts. Christus als das Logos richtet sich an diese Führungskraft im Menschen: an das Herz. Die Theologen sagen: „Hier, im Herzen ist es, dass die Geburt des göttlichen Logos im Menschen geschieht, die Vereinigung des Menschen mit dem persönlichen und Mensch gewordenen Wort Gottes." Nach diesem Bild sind wir geschaffen, sagt Origines. Gott ist Fleisch geworden und hat sich im Herz-Körper zu erkennen gegeben. Die Leibfeindlichkeit mancher Christen widerspricht also dem göttlichen Erlösungsgeschehen!

Das Urfeuer im Herzen.

Bei den Stoikern war das Herz Sinnbild des Zusammenhaltens des Mikrokosmos Mensch. Das durchbohrte Herz Jesus Christi am Kreuz hat diese Definition wahrhaft umgestürzt. Dieses Herz ist nicht mehr Selbsterhaltung, sondern Selbstpreisgabe für das Ganze. Es rettet die Welt, indem es sich öffnet. Der Umsturz des geöffneten Herzens ist der Inhalt des Ostergeheimnisses. Das Herz rettet, ja, aber es rettet, indem es sich verschenkt. So ist im Herzen Jesu die Mitte des Christentums vor uns hingestellt. In ihm ist alles gesagt, das wahrhaft Neue, das im neuen Bund geschieht. Hier sehen wir die Herzensöffnung ganz klar als das Neue in der Bewusstwerdung des Menschen dargestellt. Das enge Ego wird aufgelöst. Hier wurde, trotz des zweitausendfünfhundertjährigen Sieges des Intellekts über die Empfindung, des Hirns über das Herz, die neue Auffassung des wahren Herzens bereits sonnenklar in Jesus von Nazareth vorweggenommen.[180]

Der große Augustinus hat die Innenschau und damit die Herzauffassung religionsphilosophisch weiter entwickelt: „Du hast uns zu dir hin geschaffen,

Die Selbstpreisgabe des Herzens für das Ganze.

und unser Herz ist unruhig, bis es ruhet in dir", spricht er zu Gott.[181]

Der tiefste Herz-Philosoph ist Blaise Pascal. Ein Wunderkind, das im 16. Jahrhundert Rechenmaschinen und öffentliche Buslinien für Paris erfindet, mit 16 Jahren über Kegelschnitte und die Theorie des Roulette schreibt. Und zwar so gut, dass er jetzt noch wissenschaftlich anerkannt wird. Und dieser Realist betrachtet in seiner Philosophie das Herz als das Leitorgan des Menschen, wenn er sagt: „Das Herz hat seine Gründe, die die Vernunft nicht kennt." Und als große Erkenntnis: „Der letzte Schritt der Vernunft ist es, anzuerkennen, dass es eine Unendlichkeit von Dingen gibt, die sie übersteigt". Sein Lehre: Er stellt nicht dem Wissen bloßes Fühlen entgegen. Er stellt dem methodischen Denken das Herz gegenüber, dass seine eigene Logik hat: „Wir erkennen die Wahrheit nicht nur durch die Vernunft, sondern auch durch das Herz." Es ist auch das Gottes-Aufnahme-Organ. Geist ist für Pascal nicht nur kühle berechnende Vernunft, sondern auch im besonderen Herzenskraft! Das Herz ist für ihn darüber hinaus „das Organ der Erkenntnis des Daseins im Ganzen und in seinem Wertcharakter". Das Herz als Erkenntnis-Organ und nicht das des unkontrollierten Gefühls. Pascal sagt dazu „esprit de finesse", was richtig gedeutet als „Geist der Intuition" übersetzt werden kann. Das Herz hebt den Menschen zum höheren Menschsein. Es erfasst direkt, unmittelbar und grundlegend. Vernunft und Herz müssen sich ergänzen und achten. Die Stelle der höchsten Kraft des Menschen ist die, wo Geist und Herz zusammen schwingen. Der neue Mensch wird in diesem Schwingen in einen ganz neuen und andersartigen Zustand seiner Liebe gehoben. Pascal praktizierte seine Philosophie, indem er Armen und Kranken ohne Standesschranken und herablassendes Mitleid half und somit sein Herz diesen Mitmenschen in Not öffnete.[182]

„Das Herz hat seine Gründe, die die Vernunft nicht kennt".

Der große japanische Philosoph Daisek Teitaro Suzuki bezieht sich auf Pascal, wenn er sagt, dass die buddhistische Denkweise den Verstand nicht als vom Herzen getrennt, sondern ihn als aus dem Herzen entstanden und mit dem

Herzen identisch ansieht! Und trotzdem denken die beiden Organe jeweils anders: der Verstand unterscheidend, das Herz intuitiv. Eine Unterscheidung in der Nicht-Unterscheidung als typisches Beispiel buddhistisch-paradoxer Logik.[183]

Das Herz lehrt den Einfachen wie den Gebildeten.

Die chinesische Philosophie zeigt eine klare Einheit des Herzens mit dem Leib im 5. Jahrhundert vor Christus durch Zhuang Zhou. Das „vollkommene Herz“ ist Lehrer des Gescheiten wie des Dummen. Der Mensch muss meditativ ein „leeres Herz“ bekommen durch „Herzfasten“. Dann lernt er durch das Herz.

Im Menschenbild des zweiten vorchristlichen Jahrhunderts wird mit dem chinesischen Gelehrten Xunzi das Herz zum Ersten unter Gleichen, zum Fürsten erhoben. Zu fast gleicher Zeit erklärte Mengzi das Herz als Ort der einflussnehmenden Himmelsmacht. Das moralische Prinzip kommt aus dem Herzen. Deshalb sei jeder Mensch gut. Für Zhuxi im 12. Jahrhundert nach Christus begann das „gespaltene Herz“ der Neokonfuzianer: Das Herz mit Tugendkraft kämpft gegen das Herz der allzu menschlichen Gefühle und Neigungen. Das „himmlische Herz“ ist mit dem „fleischernen Herz“ uneins. Das erste ist zwischen den Augen, das zweite in Pfirsichform im leiblichen Herzen. Die Ganzheit des Menschen war gefährdet. Das Herz war zerrissen. Und trotzdem: Der Herzmensch, wie wir ihn hier kennen lernen, ist doch das große Vorbild der chinesischen Kultur, wenn er so geschildert wird: „Wohlgestaltet und schön von Angesicht, verfügte er in der Gegend seiner vollkommenen Brust über einen Magneten. Wenn er sich dies bewahren und zunutze machen sollte, so vermag er alle möglichen Dinge zu tun.“ Wie schön hier die Herzöffnung als Magnetwirkung beschrieben wird. Echte Herzöffnung wird zu dem, was wir Charisma nennen.[184]

In der tibetanischen Philosophie und Mystik wird viel über das Herz und das Hirn reflektiert. „Das Bewusstsein des unerweckten Hirn-Zentrums hat die Fähigkeit des unterscheidenden Erkennens, aber ihm fehlt die einende Kraft des schöpferischen Lebens.“ Das Herz-Zentrum ist im buddhistischen zuerst nur Sitz von Gefühl und Empfinden, wird dann zum Organ des intuitiven Geistes, des vergeistigten Gefühls (des allumfassenden Mitgefühls = Herz-zu-Herz-Kommunion!) und zum Mittelpunkt, zum Zentral-Organ des mediatorisch Vorgangs, in dem das kosmisch Abstrakte zum menschlich Erlebbaren und Verwirklichungsfähigen wird. Dazu fähig wird das Herz durch das „Feuer der Hingabe“. Auch nach tibetanischen Quellen ist somit der Bereich der Verwirklichung und des erleuchteten Geistes das erwachte Herz-Zentrum![185]

Das erwachte Herz wird zum strahlenden Organ des vergeistigten Gefühls.

In der neueren Zeit lebte der amerikanische Dichter-Philosoph Ralph Waldo Emerson (1803-1882). Er war einer, der eine positive Zukunftssicht dem allgemeinen Pessimismus vorzog. Er sah in seiner mystischen Naturphilosophie das gemeinsame Herz aller Menschen, dem alles Denken und Handeln unterworfen ist. Einem gesamtmenschheitlichen Gewissens- und Erleuchtungsorgan, dem Weisheit, Kraft und das Gute im Menschen zuzuschreiben ist.

Jedes Menschen Herz ist zugleich das Herz aller. Ein Blutkreislauf strömt durch alle Menschenherzen, ununterbrochen, aber auch durch das Meer mit seinen Gezeiten, durch alle Natur. Ken Wilber meint dazu, dass uns dabei wieder ein Tieferes, Inneres zum Darüber-Hinaus bringt. Die Weltseele, die im großen gemeinsamen Herz wohnt, eröffnet uns vom Herzinneren die Augen der Intuition und der Einheit mit dem Ganzen. Wilber nennt das, was wir nach Gebser integral nennen, „zentralistisch“.[186] Die Weltseele ist Physio-, Bio- und Noosphäre und sie bewirkt in uns individuelles und universales Erkennen und Ausweiten. Wieder ist die Planetisation Teilhards angesprochen.

Ganz im Sinne der Suche nach dem neuen Herzen arbeitet der jetzt lebende deutsche Philosoph Hermann Schmitz an der Wiederentdeckung und Rehabilitierung des Leibes in seiner neuen Phänomenologie der „Leibesinseln“ und da besonders der Brust-Bauch-Gegend. Benennen der organischen Körperteile ist einfach, das Spüren in ihnen zu bestimmen ungleich schwerer. Er prägte also den Ausdruck „Leibesinseln“ für das Gewoge von strahlenden

Leibesinseln als Regionen des Fühlens.

Herden im Körper. Leibesinsel und Organ müssen nicht zusammenfallen. Es gibt Zentren des Spürens als Leibesinseln. Wenn man den Herzschlag spüren will, dann legt man die Hand auf die Brust oder fühlt den Puls. Aber Gefühle und Empfindungen aus dem Herzen sind so nicht zu lokalisieren. Leibesinseln sind relative Orte von Empfindungen, die sich mehr oder weniger mit Organen decken. Den Körper kann man sehen, der Leib ist gespürt. Diese Überlegungen helfen uns, das Kraftfeld Herz auch philosophisch als Leibesinsel einzuordnen und zeigen uns andererseits, dass die Überlegungen in diese Richtung dem geistigen Trend unserer Zeit nach Ausdrücken für solche Felder im Allgemeinen und auch im Körper entsprechen. Und dabei taucht auch der Begriff des „kalten Herzens" für künstliche Herzapparaturen verschiedenster Art auf. Die Philosophie entdeckt also das Herzkraftfeld als Leibesinsel neu. Uns kann es recht sein. Auch sie bereitet das Feld vor für die neue Herzkultur.[187]

Der Star unter den heutigen Philosophen, Peter Sloterdijk, beschreibt den Herzenstausch der Mystikerin Katharina von Siena mit Gott als das Leermachen des Herzraums zum Vakuum um, das Gottes-Herz als höchste geistige Gabe unwiderstehlich anzuziehen. Es ist der selbstbewusste Ausdruck des Geistmenschen, das Geist-Göttliche aufzusaugen. Das Gefälle vom göttlichen zum menschlichen Pol wird „nivelliert". Der Mensch wird „mit einem Mal Genosse, Ko-Subjekt, ekstatischer Komplize und gleichartiger Mittäter des Absoluten." Dann später zitiert er Hildegard von Bingen: „Und plötzlich regte sich nach der verborgenen Anordnung des himmlischen Schöpfers diese Gestalt mit lebhafter Bewegung, so dass eine Feuerkugel das Herz dieser Gestalt in Besitz zu nehmen schien." Diese Feuerkugel im Herzen ist nach Sloterdijk des Menschen Schicksalszentrum. In ihm ist sein „Urbegleiter". Der „Interkordialraum" ist die Mikrosphäre des

Federzeichnung aus dem Libellus de Supplemento, Stadtbibliothek Siena

In-Menschen. Sein In-Bewusstsein, sein Allerheiligstes. Der Man-Mensch unserer Zeit verliert sich im Außen. „Sein Innen ist ganz ins Außen übergegangen; seine Seele sind die Äußerlichkeiten selbst.“ Und weiter über die Man-Menschen: „Sogar ihre Intelligenz wird nun im neurologischen Außen gesucht, in einem biologischen Apparat, dem Gehirn, das seieinem Besitzer nach allen Seiten entgeht.“ Wir sehen: Der Innen-Mensch allein kommt zum Herz-Kraftfeld, zum Selbst, zum Ich-Bin und somit zum All-Einen.[188]

Der Innen-Mensch lebt, der Man-Mensch wird gelebt.

Das gläserne Herz

„Der Weise hat kein verschlossenes Herz, die Herzen der Menschen sind ihm sein eigenes Herz.“ Lao-Tse[189]

Es ist bezeichnend, welche innere Rangordnung die Seligpreisungen[190] in der Bibel aufzeigen: Die Trauernden werden getröstet, die Barmherzigen werden Erbarmen finden, oder die Friedensstifter werden Kinder Gottes genannt. Aber nur eine Kategorie von Menschen wird Gott schauen, was sicherlich die höchste aller Gaben ist: die reinen Herzens sind!

Gottschauen mit reinem Herzen.

Es ist einer der schönsten Stellen in der Bibel über den neuen Herzmenschen, der zur Klarheit und Transparenz mutiert ist. Jesus verkündete diese Entwicklung schon vor 2000 Jahren als große Freude, indem er diese Menschen selig nannte. Gott zu schauen, das Unfassbare mit den Augen des Herzens zu erfassen, ist Erleuchtung, die über den Intellekt weit hinausgeht.

Beobachten wir die Entwicklung der Transparenz als Phänomen unserer jüngsten Zeit. Intransparente Systeme zerbrechen täglich, implodieren, werden blitzartig enttarnt. Zum Beispiel, das extrem intransparente System des Kommunismus.

Intransparente Systeme implodieren.

Jeder misstraute jedem. Gorbatschow nannte seine Reform „Glasnost", was soviel wie Transparenz heißt. Oder das Gesundheitssystem mit den unnahbaren Göttern in Weiß, die jetzt plötzlich ihren Patienten Rede und Antwort stehen müssen. Die lange Vertuschung von Ärztefehlern oder die verheimlichten Gefahren wie BSE und vieler anderer Gefährdungen des Menschen durch die moderne Industrie, die mit großen Mitteln Desinformation betreibt, kommen ans Tageslicht. Auch dem gefährlichen „Herdentrieb" der Aktienmärkte und der Börsen kann nur durch Transparenz und Bilanzwahrheit gegengesteuert werden. Die Liste lässt sich beliebig fortsetzen. Intransparente Organisationen und Meinungsmonopole haben prompt ihre Schwierigkeiten. Intransparenz stößt auf Unverständnis, besonders bei den jungen Menschen von heute. Nur noch klare Verhältnisse können uns Menschen motivieren. Eine Bewusstseins-Mutation jenseits von Moral und Ethik ist da im Gang. Sie ist ein Vorbote dieser allgemeinen und doch ganz individuellen Erleuchtung des Herzens, die nicht befohlen werden kann, sondern einfach passiert und den „kalten Krieg" zwischen den herzgepanzerten Menschen langsam beenden wird.

Ein erschütterndes Zeugnis aus unserer Zeit gibt die im KZ von Auschwitz umgekommene Jüdin Etty Hillesum durch ihr Tagebuch (1941-1943). „In manchen Augenblicken kommt es mir vor, als wäre das Leben für mich durchsichtig geworden und auch die Herzen der Menschen." Und als sie, bereits im Internierungslager, in die Herzen ihrer LeidensgenossInnen schaute, sagte sie: „Ich bin das Herz der Baracke."[191] Das ist die Transparenz der Liebe angesichts des Todes.

Etty Hillesum (1914-1943).

Das Herz funktioniert anders als der Kopf: Denken und wissenschaftlich arbeiten geht recht gut mit einer unverantwortlichen Einstellung. Wenigstens einige Zeitlang. Nicht so der Herzeinsatz: Das Herz braucht Aufrichtigkeit und totale Transparenz, sich selbst oder anderen gegenüber. Sonst ist man nur mit halbem Herzen dabei, und das merkt jeder schnell. Herzdenken macht Schwindeln unmöglich.

Herzintelligenz braucht Ehrlichkeit.

Das Herz ist also das Transparenz-Organ, das in dem neuen geistigeren Herzmenschen immer mehr Klarheit und Ehrlichkeit zubereitet. Denn nur so kann er in sein Herz und in das Herz eines Nächsten schauen und die auf uns zukommende Herz-zu-Herz-Kommunion realisieren. Goethe sagt es im Faust II so spontan: „Komm, drücke mich zärtlich an dein Herz! Doch nicht zu fest, damit das Glas nicht springe!“[192]

Egoismus macht blind. Reinheit der Absicht bringt totale Transparenz. Deshalb durchschauen die, die ein reines Herz haben, Alles und Jedes als Manifestationen des Lebensprinzips. Sie haben keine Schuldgefühle und viel Vertrauen. Sie können deshalb das Leben in vollen Zügen genießen und erfassen, wie es ist.

Oder wie Jean Gebser es in seinen Tagebuchaufzeichnungen ausdrückt: „Daher die Schiffsbrüchigen, von denen nur die wenigsten diesen Mächten (des Lebens d.V.) die Klarheit ihres eigenen Herzens entgegen zu setzen vermögen, wie Odysseus es tat, den die Wellen schlafend an den Strand zurücktrugen: schlafend, zutiefst vertrauend, denn sein Herz dachte das klare Meer, und auch das klare Ufer.“[193]

Paulus sagt über die Transparenz der Herz-zu-Herz-Kommunion: „Legt deshalb die Lüge ab; und redet untereinander die Wahrheit; denn wir sind als Glieder miteinander verbunden“.[194] Die Planetisation ist Einheit in der Vielfalt. Deshalb brauchen wir die klar schauende Herzenssicht. Ein reines Herz oder ein verstocktes Herz: Beide sind ansteckend!

Dass also das Herz, trotz der vor-verstandesmäßigen Grundaktivitäten doch letzten Endes der Transparenz zum Durchbruch verhilft, sei in der Tatsache erhärtet, dass jedes Erleuchtungserlebnis, das doch als Überklarheit beschrieben wird, mit dem innersten Herzen und weniger mit dem Verstand zusammen-

Zwei Herzen schlagen gleich.

hängt. Am klarsten kommt aber die Fähigkeit des Herzens zur Transparenz in der Kommunion von Herz zu Herz zum Ausdruck, wie wir es rein biologisch bei zwei Herzzellen sehen können, die getrennt in einer Nährlösung liegend ihren Rhythmus auf geheimnisvolle Weise einander angleichen. Sie können diese Offenheit und Resonanz gar nicht unterdrücken.[195]

Kein Wunder, dass das innerste Herz des reinen, transparenten Menschen seit jeher mit einer gläsernen Burg, mit dem Kristall der Gralsburg oder der gläsernen Stadt des neuen Jerusalem beschrieben wird, aus der das ewige Licht des Lebens kristallklar wie Jaspis glänzen wird und sie wird viereckig (!) angelegt sein und ihre Mauern golden „wie aus reinem Glas"! In ihr wird kein Tempel sein, weil der transparente Gott ihr Tempel sein wird.[196] Oder denken wir an den Traum von Klaudia: Licht, wie aus einem Kristall. Zu stark für unser bisheriges Auge.

„Wo menschliches Leben sich seiner Bestimmung gemäß entwickelt, erfüllt es sich als Transparenz, und Transparenz ist diejenige Gesamtverfassung, in der der Mensch in seinem Welt-Ich durchsichtig und durchlässig ist für das Wesen und fähig, es in der Welt zu bezeugen.", sagt Karlfried Graf Dürckheim.[197] Der neue Mensch öffnet sein Herz und vernetzt sich somit mit den subtilen Energieflüssen des Universums. Sein Leben erhält einen besonderen Glanz, mit dem er alles, was er begegnet, transparent werden lässt.

Der Prediger spricht von seiner Wahrheit. Der transparente Mensch teilt sich selber mit. Der gegenständliche Künstler malt die Welt, wie sie dreidimensional erscheint, der transparente Künstler löst die Formen auf und zeigt die Essenz, die dahinter zum Vorschein kommt. Der religiöse Traditionalist bleibt bei Gesetz und Sprache, der transparente Mystiker versinkt in das Herz Gottes.

Der neue Herzmensch darf sich also mit dem Verlust der Offenheit, die mächtige Instanzen unserer zu Ende gehenden Bewusstseinsepoche mit globaler Machtausübung zu realisieren versuchen, nicht abfinden. Er muss die Transparenz zu seinem Herzensanliegen machen. Nur mit ihr wird die ersehnte Herzkultur gelingen.

Eine der vom amerikanischen Geheimdienst NSA betriebenen „Echelon"-Abhöranlagen in Manwith Hill, England.

Denken wir nur an „Echelon", die weltweite amerikanische Satellitenüberwachung oder an die Idee, Kranken Mikrochips zu injizieren. Um jederzeit zu wissen, wo sie sind und wie es ihnen geht. Das sind die letzten großen Angriffe auf die Freiheit des Menschen. Diese Institutionen versuchen in Herz und Hirn der Menschen zu schauen, ohne sich selbst zu öffnen. Dasselbe kann man immer wieder am Computer erleben: Viren zerstören die Informationstransparenz und die Urheber verstecken sich weltweit. Das wird nicht gelingen, denn die geöffneten Herzen werden sich untereinander verbinden und, wie im Traum von Klaudia, den grauen Filz der Überwachung zersprengen. Dann wird Herzens-Transparenz sein.

Die Theologie des Herzens

„Denn es ist ein Licht, das an einem finsteren Ort scheint, bis der Tag anbricht und der Morgenstern aufgeht in euren Herzen." Petrus[198]

Gerade unsere dreidimensionale Bewusstseinsepoche mit der speziellen Ausformung der Vernunft und dem Infragestellen des nicht sichtbaren Geistes, hat die Frage nach dem Woher und Wohin des Menschen und des Universums stark aktualisiert. Und gerade der realistische, kausale Intellekt ist dabei an unüberwindliche Grenzen gestoßen. An die Grenzen des Paradoxen, Unwahrscheinlichen und Unmessbaren. Doch dieses An-Grenzen-stoßen ist die beste Voraussetzung, um neu anzufangen und die Paradigmen, also die geistigen Grundlagen, neu zu definieren. Wir sind in der Umkehrphase des „verlorenen Sohnes" in das Herz des Vaters. Wir brauchen eine Theologie des Herzens.

Die ganze uns bekannte materielle Schöpfung ist die Geschichte vom verlorenen Sohn: Wie wir vom Gleichnis der Talente wissen, freut sich der Vater über die Knechte, die etwas riskieren. So auch über seinen Sohn, der sich in die Welt hinauswagt. Auch wenn der Vater beim Abschied weint. Denn die

ganze Schöpfungsidee des Vaters ist ein Hinausgehen aus dem göttlichen Herzen und eine Freude an den Kreationen seiner Geschöpfe. Sonst hätte er ja ewig in seiner alles bergenden Ruhe verbleiben können. Der verlorene Sohn, der Heimkehrer hat eine ganz große Erfahrung mitgebracht. Nämlich die, wie es einem geht, wenn man alles verloren hat. Er weiß den Unterschied zwischen Gerechtigkeit, Barmherzigkeit und Gnade zu schätzen. Er hat die tiefste Not am eigenen Wesen gespürt. Sein Herz wird verständnisvoll sein gegen Menschen, die suchen und denen es schlecht geht. Er wird nicht mehr verurteilen. Er ist ein Verwandelter im Herzen und wird niemals so wie früher sein. Deshalb drückt ihn der liebevolle Vater bei der Heimkehr an sein Herz und küsst ihn. Der Sohn hat dazugelernt und so seine Schöpfung bereichert. Er ist zum neuen Herzmenschen gewandelt. Das muss gefeiert werden.

Der Vater drückt den heimkehrenden Sohn an sein Herz.

Der andere Sohn, der nichts riskiert hat, ist missgünstig. Er nennt den Bruder nur „den da“[199] und denkt besitz- und moralbezogen: „Der dein Vermögen mit Dirnen durchgebracht hat“. In diesem Moment verwandelt sich sein Herz in Stein, obwohl ihm der Vater mit einem liebevollen „mein Kind, du bist immer bei mir, und alles was mein ist, ist auch dein“ trösten will. Jetzt beginnt sein Suchen. Fort vom Vaterherzen. Er wird sein eigenes Herz öffnen müssen. Er hat die Freude am Zusammensein mit dem Vater, mit dem Ursprung des Lebens, sichtlich als Pflicht aufgefasst oder als Tauschgeschäft für gute Noten. Jetzt ist diese seine kleinliche Grundhaltung von ihm selbst aufgedeckt. Aufrechnen ist Kopfsache, verzeihen die Sache des Herzens.

Und so geht es vielen: Wir haben, wie der verlorene Sohn, „Schweine gehütet“ und waren ohne Herzens-Nahrung, weil wir das Leben egozentrisch und kopflastig konsumiert haben und weil wir uns dafür schämen. Versuchen wir,

Das Herz Gottes verschmilzt mit dem Menschen-Herzen.

ob uns der Ursprung des Lebens wieder nahe kommt und wir angenommen werden. Wir werden es durch eigene Erfahrungen und durch die Erweiterung unseres Herzens erkennen. Wie schreibt Evelyn Underhill über die Mystikerin Juliana von Norwich: „Es war für sie eine große Freude zu sehen, dass der Himmel so weit und tolerant war wie ihr eigenes Herz."[200]

Wenige haben wissenschaftlich beobachtend und auch aus eigener Erfahrung über Mystik reflektiert wie der Arzt Dr. Carl Albrecht. Hier die Schilderung einer lebenden Mystikerin in seinem Werk „Das mystische Erkennen" über ihre Verbindung zum Vater, zum Ursprung: „Es kommt aus ganz ferner Tiefe, die Stelle, die es aufnimmt, die Stelle der Geburt ist aber in der Gegend des Herzens. Bis vor kurzem noch schaute ich es im Außenraum. Jetzt ist es, als wenn sich das bisher im Raume Geschaute so 'verdichtet' hat, dass ich es nur noch innerlich 'spüre' .... Das ist die Kraft. Von da strahlt es aus. Ich spüre dieses Ausstrahlen als Atmosphäre um mich herum. Es ist, als ob man das Allgegenwärtige dort in der Nähe des Herzens 'spürt'. Es ist die Stelle, die davon ergriffen ist."[201]

Es ist immer das Herz, das vom Ursprung des Lebens, von Gott ergriffen wird. Weil wir es aber bewusstseinsmäßig verdrängt haben, ist es nicht für jeden Menschen als die Geistverbindung schlechthin zu erkennen. Unsere Herzen sind taub und stumm geworden, weil wir so vielen Idolen nachrennen, die nichts mit Hinwendung und Liebe im tieferen Sinn zu tun haben. Wir sind im Herzen erkaltet und haben mehr der geschäftigen Eichhörnchen-Mentalität des Gehirns vertraut, als dem sehnsüchtigen Schauen des Herzens.

Unsere Übergangszeit von der Herzensversteinerung bzw. -materialisierung hin zur Herzkultur wurde einer Seherin vor mehr als 700 Jahren gezeigt ,und sie hat ein großes Geheimnis für uns dazu enthüllt bekommen: Der Heiligen Gertrud von Helfta (1256-1302) wurde geistig vom Apostel Johannes, der so innig am Herzen Jesu ruhte und sein göttliches Herz schlagen hörte, in die „Bewegung der hochheiligen Pulsschläge" eingeweiht: An seinem Namenstag, am 27. Dezember, erscheint der Nonne Gertrud der Apostel Johannes in einer Vision und lädt sie ein, mit ihm an der Brust Jesu auszuruhen.

Der Apostel Johannes am Herzen Jesu Christi.

Er stellt sie zur rechten, sich selbst zur linken Seite des Gottmenschen. Da fragt ihn Gertrud, warum sie auf der rechten Seite stehe. Johannes antwortet in der Schilderung der Hl. Gertrud, damit sie „leichter Süßigkeit und Trost aus dem göttlichen Herzen schöpfen könne, weil die rechte Seite durch die Lanze geöffnet sei.“ Da die göttlichen Herzschläge sie mit unaussprechlicher Wonne erfüllen, fragt sie weiter, warum er nichts davon in seinem Evangelium niedergeschrieben habe. Er antwortet: „Meine Aufgabe war es, für die noch junge Kirche ... Worte Gottes des Vaters ...niederzuschreiben. An meinem Evangelium kann sich die Intelligenz des ganzen Menschengeschlechtes bis ans Ende der Welt versuchen, obgleich es dennoch von niemandem jemals vollkommen erfasst werden kann. Die Sprache jener beseligenden Pulsschläge aber ist der neuen Zeit aufbewahrt, damit die bereits alternde und erkaltende Welt durch das Auflösen solcher Herz-Geheimnisse wieder erwärmt werde.“[202] Eine prophetische Voraussage der jetzigen Bewusstseinsentwicklung vom kalten Kopfdenken zum wärmenden Herzwahren.

Jede Zeit braucht ihre Mittel, um zur Essenz des Lebens vorzustoßen. Unsere wird durch die Herzenergie aufgeweckt. Die katholische Kirche hat diese Erkenntnis durch die offizielle Herz-Jesu-Weihe seit Marguerite-Marie Alacoque im Jahr 1675 immer stärker betont. Bei einigen meiner Freunde ist dieser besondere und bewusste Herzimpuls als Zeichen der immerwährenden inneren Anwesenheit der göttlichen Lebensquelle Realität geworden. Jeder religiöse oder nach Innen strebende Mensch soll angeregt sein, die inneren Herzschläge des Ursprungs allen Lebens für sich zu erbitten. Er wird es beglückt erhalten, wenn es ihm nur stark genug daran gelegen ist. Das ist gelebte Herz-Mystik!

Dazu ein mystischer Text: „.... nichts berührt euch mehr als dieser Mein göttlicher Herzschlag, der über euch gekommen und der in euren Herzschlag gefallen ist. Es ist ein vollendeter Rhythmus entstanden."[203] Ich habe selbst so ein Herzerlebnis durch die Mystikerin Luise Wittmann vermittelt bekommen und habe es seither immer wieder als tiefe Verbindung zum Ursprung allen Lebens dankbar in mir erweckt.

Der Herzschlag vereint Gott und Mensch.

Eine Mystikerin unserer Zeit, Oda Schneider (1892-1987) hat „Am Anfang war das Herz" geschrieben, dass mit Gedanken aus der geheimen Offenbarung des Johannes schließt: „Beim Klang der siebenten Posaune öffnet sich der Tempel Gottes im Himmel und sichtbar ist die Bundeslade, umzuckt von Blitzen, umtost von Stimmen und Erdbeben und großem Hagel." Das Öffnen des Tempels ist für sie wie das Öffnen des ewigen Vaterherzens. Die Bundeslade ist das gottmenschliche Herz. Das Lodern der Blitze ist das Flammen des Heiligen Geistes rings um das göttliche Herz. Das Erdbeben und der Hagel die Verwandlung der Erde zum neuen Bund Gottes mit den Menschenherzen.[204]

Gerade für religiös nicht uninteressierte Menschen gibt es offene und verborgene Hinweise auf das menschliche und göttliche Herz-Zentrum in einer Fülle, dass wir sie hier gar nicht aufzählen können. Denken wir nur an das Herz der großen Mystikerin und Kirchenlehrerin Theresa von Avila (1515-1582), das von einem Seraphin mit einem Pfeil durchbohrt wurde oder an den Herzenstausch, der immer wieder zwischen Jesus, Maria und den Menschen stattfindet. Auch der neue Heilige unserer Tage, Pater Pio, wurde durch einen „lebendigen und glühenden Pfeil" am Herzen verletzt und meinte, sterben zu müssen. Dann erkannte er in dem Ereignis eine große Tröstung und eine Öffnung ins Geistige. Er sagte dazu: „Mein Gott, welches Feuer! Welche Wonne!"[205] Auch die Kirche bekommt ihre Herz-Heiligen. Gerade die Begeisterung rund um Pater Pio zeigt das überdeutlich.

Pater Pio, mit bürgerlichem Namen Francesco Forgione (1887-1968) praktizierte die Theologie des Herzens.

Herz-Gottes Gemeinschaft.

Ich persönlich kenne eine neue spirituelle Gemeinschaft von Brüdern und Schwestern, die gerade jetzt geistig direkt „aus dem Herzen Gottes" gestiftet wurde, die eine Mutter als Oberhaupt (die Frau und Mutter ist dem Herzen zugeordnet!) und ein spezielles Rosenkranz-Gebet bekommen hat, das sich nur um die göttlichen Herzen rankt. Es beginnt mit den Worten: „Ich weihe mich in diesem Rosenkranz dem göttlichen Herzen des Vaters, durch das Herz des Sohnes und durch den Geist dieser Herzen." Eine Gemeinschaft der Zukunft, aufgebaut auf der Anziehungskraft von göttlichem und menschlichen Herzen!

Oda Schneider schreibt: „Es gibt also nicht nur ein Denken des Hauptes, sondern auch ein Denken des Herzens und dies könnte das Denken ... der Mystiker sein."[206] Und der Christ der Zukunft wird Mystiker oder gar nicht mehr sein, wie der große Konzilstheologe Karl Rahner gesagt haben soll. Also ist der Christ der Zukunft ein Herz-Christ!

In Deutschland ist das bedeutendste übernatürliche Herz-Zeichen erschienen, das die Welt überhaupt seit dem Tod Jesu Christi erlebt hat. Nur wissen es die wenigsten Menschen, weil es verheimlicht wird. In dem kleinen Städtchen Rodalben in der Rheinpfalz ist der Seherin Anneliese Wafzig in der Nacht vom 1. auf den 2. Juli 1952 auf einem Tuch das Herz Jesu mit seinem Blut, und dazu Kelch und Kreuz-Hostie auf übernatürliche Weise eingegossen worden. Zum sichtbaren Zeichen, damit die Menschen wieder glauben, wie die Gottesmutter Maria der Seherin in Rodalben angekündigt hatte. Dieser übernatürliche Vorgang ist in allen Einzelheiten von einem anwesenden Pressephotographen festgehalten und von Zeugen geschildert worden. Das Herz-Tuch, das an einem geheimen Ort aufbewahrt wird, ist von mir in Anwesenheit von Luise Wittmann, die tief erschüttert war, persönlich mit großer Ehrfurcht betrachtet worden.

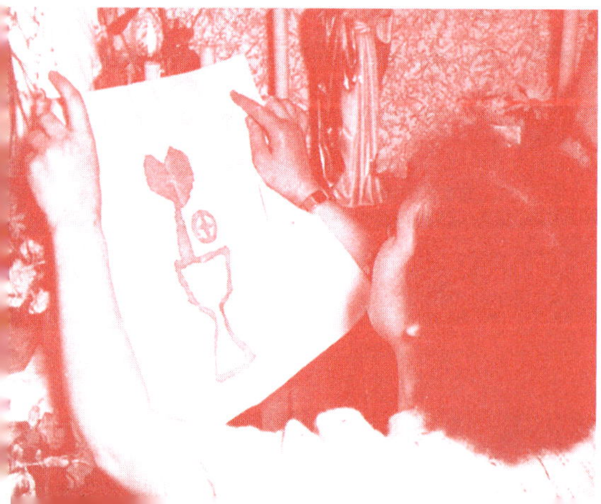

Das Herzblut-Wunder von Rodalben am 1./2. Juli 1952.

Die Herz-Gegner geben bereits nach.

Wird dieses Herz-Jesu-Zeichen aus Blut einmal eine der großen religiösen Symbole dieser Welt sein? Auch wenn es jetzt verborgen ist? Die verstorbene Seherin und ihre Familie wurden nämlich wegen dieser übernatürlichen Geschehnisse von der katholischen Kirche exkommuniziert und ausgegrenzt. Diese ungerechte und lieblose Maßnahme hat der jetzige Bischof von Speyer für die noch lebenden, tief religiösen Betroffenen vor einigen Jahren wieder aufgehoben. Aber unter dem Gebot des Stillschweigens über diese Vorgänge.

Während des Wunders damals 1952 tobten Mitglieder der katholischen Kolpingfamilie (!) wie verrückt und warfen Steine durch die Fenster des Erscheinungshauses. Sogar Schüsse auf die Betenden sind gefallen. Eine außer Rand und Band geratene Welt wehrte sich gegen das erlösende Zeichen des göttlichen Herzens! Wenn diese Vorgänge nicht ebenfalls mit Fotos belegt wären, würde man an krasse Übertreibungen denken. Aber: Auch im religiösen Umfeld ist die Herzkultur durch nichts aufzuhalten.

Pater Gebhard Heyder OCD, der als Anwesender eine Dokumentation dieser Ereignisse verfasst und die Seherin betreut hatte, musste auf höhere Weisung über die Ereignisse um das Herz-Zeichen der Hoffnung in Rodalben 30 Jahre ebenfalls schweigen und die geistliche Betreuung der Seherin abbrechen. Er hat dann aus eigenem Antrieb Zeugnis über diesen übernatürlichen Herzhinweis Gottes in Deutschland abgelegt. Auch er als Priester wurde Verfolgter seiner allzu rationalistisch eingestellten kirchlichen Vorgesetzten, wie er bezeichnenderweise vorher schon von den Nazis zum Tode verurteilt war und nur knapp der Einweisung ins KZ entgangen ist.[207]

Damit wir als Christen die Bedeutung dieses Herzzeichens, dass übernatürlich mit dem Blut Jesu geformt wurde, in seiner ganzen Tragweite begreifen, hier einige prophetische Worte Marias über dieses geheiligte Tuch am 1. Oktober 1994 in Rodalben: „Es wird einmal kostbar auf allen Altären sein. Und an diese Verheißung ist alles gebunden, was sich ereignen wird in der künftigen Zeit.“[208] Ein deutlicher Hinweis auf die kommende Herzkultur auch in der Kirche. Übrigens: Dieselbe Prophezeiung soll Maria auch der Seherin direkt gesagt haben. Mit denselben Worten, wie die Schwester bezeugt.

Das Herz-Erlöserpaar...

Dazu ein Wort Jesu während der Marienerscheinungen in Budapest im November 1964: „Die Blendung Satans bedeutet den Triumph meines göttlichen Herzens in der Welt und das Freiwerden der Seelen. Das ist die Erfüllung des Heilsweges."[209]

Da ist die neue Herztheologie zum Greifen nahe: Der Triumph des göttlichen Herzens ist die Erfüllung der Erlösungstat Jesu Christi! Jetzt werden wir, nach Joachim von Fiore, in das Zeitalter des Hl. Geistes, in die Freiheit der Erben Gottes geführt, als vom Herzen erleuchtete Miterlöser. Ein Miterlöser ist zutiefst davon überzeugt, für die ganze Schöpfung mitverantwortlich zu sein. Denn Alles hängt auch mit Allem zusammen. Darum hat Maria ein weiteres Dogma angekündigt: Die Miterlöserschaft![210] Der Miterlöser ist nicht – dreidimensional gedacht – größenwahnsinnig, sondern eben zur Mitverantwortung aus dem liebenden Herzen bereit. Er ist als der verlorene Sohn zurückgekommen und ist eins mit dem Vater, der ihm, weinend vor Freude, an die Brust, an sein Herz drückt und ihn bittet, mit ihm seine Schafe zu hüten.

Wir sehen also, dass auch in der christlichen Lehre das Herz als Zeichen des Heils und der Befreiung immer stärker in Erscheinung tritt. Es ist noch eine stille, aber umso tiefere Bewegung zum Herzen als Kreuzpunkt des neuen Menschen im Hl. Geist zu erkennen. So wird das Herz geistiges und psychisches Organ der religiösen Erneuerung. Dies kommt auch in den neuesten Marienerscheinungen des Jahres 1999 in Marpingen im Saarland immer wieder zum Ausdruck. Dort sagt Maria: „... ich werde noch öfter kommen, denn hier in Marpingen beginnt der Triumph meines unbefleckten Herzens in Deutschland ... Und ich bitte euch von ganzem Herzen, so wie eine Mutter nur bitten kann: Öffnet eure Herzen! Der Widersacher ist so stark, aber am Ende wird mein unbeflecktes Herz triumphieren. Habt keine Angst, meine Kinder, es ist alles im göttlichen Plane." Und Jesus Christus daselbst: „Lasst Mich eure Herzen entflammen mit der Liebe, für die Ich eure Herzen geschaffen habe." Dazu erscheinen weiße Tauben als Symbol des Hl. Geistes, erstmals seit es Marienerscheinungen gibt, mit rotglühenden Herzen auf der Brust. Überhaupt fällt auf, dass in den Marpinger Erscheinungstexten fast in jedem Satz das Wort Herz vorkommt. Gott greift zugunsten des Herzens ein, weil er es sichtlich als das Verbindungs-Organ des zukünftigen Menschen zum Hl. Geist herausheben will. So sagt Jesus in Marpingen von sich selbst: „Mein Herz glüht vor Liebe, die Strahlen Meiner Liebe durchdringen euer Herz, wenn ihr es öffnet."[211] Dazu drehte das französische Fernsehen das Rotieren der Sonne, ihr Versprühen von vielen Sternchen und ihre Verwandlung in ein Herz![212]

Thomas Schipflinger, der große Sophia-Maria-Theologe, zeigt in seinem neuen Buch „Wunderwelt der Engel" die Richtung einer Hl.-Geist-Theologie in Herzform auf. Er zeigt die Durchlässigkeit der geistigen Engelssphären für den Menschen. Oben ist Gott-Vater und Gott-Mutter (Hl. Geistin). Ganz unten das Herz des Erlöserpaares Jesus und Maria. Seine Beschreibung: „Aus diesem unteren Herzen im Grunde blüht die Schöpfung auf und als deren höchste Blüte die

...Maria und Jesus.

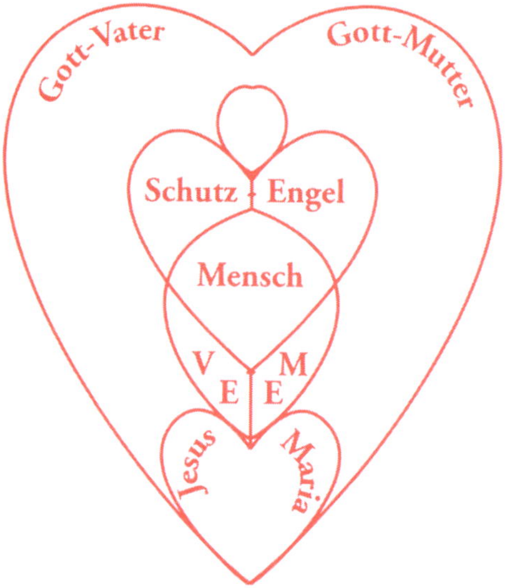

Eine neue Theologie des Herzens entsteht.

Engel und Menschenwelt... Beide, Engel und Mensch, ja die ganze Schöpfung, liegen umschlossen und behütet von der Vater- und Mutterliebe Gottes und beide erblühen aus dem Herzen des Sohnes Gottes, des menschgewordenen Logos Jesus Christus und der menschgewordenen Sophia Maria, die ein gemeinsames Herz bilden."[213] Wir sehen, auch hier bildet sich eine neue Herz-Theologie für eine neue Menschheit heraus: Sie wird alle Sphären der Schöpfung umfassen und das Väterlich-Männliche mit dem Mütterlich-Weiblichen zu einer Ganzheit im Herzen verbinden.

Luise Wittmann hat uns in dem Werk „Worte des Geistes" die tiefsten mystischen Geheimnisse um die Beziehung des menschlichen und göttlichen Herzens geschenkt. Die Fülle der Herzgeheimnisse darin ist überwältigend. Zum Abschluss seien hier zwei Texte zitiert:[214]

„Seht ihr, das geht aus Meinem Herzen hervor: dass ihr in Mich eingehen werdet und, losgelöst von euch selbst, die Möglichkeit besitzen werdet, die Freiheit im Geiste zu erfahren... Ich öffne in diesem Augenblick Mein Herz in Seiner göttlichen Strahlung. Die Liebesströme Meines Herzens beginnen um euch zu kreisen. Voll zarter Vorsicht umhüllen sie den Einzelnen und heben ihn in Meine göttliche Liebe hinein. Wer den Glauben hat, kann Meine göttliche Liebesstrahlung in sein Herz nehmen, damit es genau so offen wird wie das Meine."

„Ich senke Meine Liebe tief in jedes Herz, und wenn ihr aufstehen werdet in dieser Liebe, dann feiert ihr die Auferstehung mit Mir, und nichts berührt euch mehr als dieser Mein göttlicher Herzschlag, der über euch gekommen und der in euren Herzschlag gefallen ist. Es ist ein vollendeter Rhythmus entstanden."

Dies ist der göttliche Herzcode des neuen Menschen, damit er seine Verbindung zu Gott nie verliert. Er kann ihn jederzeit und überall aktivieren!

Somit ist die existenzielle Einsamkeit und Verlassenheit des scheidenden Menschenbildes durch ein ununterbrochenes Angenommensein des neuen Herzmenschen ersetzt. Ein permanentes Wunder der neuen Herzkultur.

Herz-Öffnung

„Wenn das Herz aufgetan ist, dann fühlt das ganze körperliche Geschehen mit. Da gibt es nicht einen einzigen, winzigen Punkt im ganzen Körper, der sich nicht öffnet." Luise Wittmann[215]

Die Herz-Öffnung erlebt jeder anders.

Sicherlich gibt es bei jedem von uns einen Zeitpunkt, wo wir in jeweils einzigartiger Weise spüren, dass unser Herz weiter geworden ist. Das es sich einfach verändert hat. Man kann diesen Vorgang keineswegs in eine allgemeingültige Form bringen und für alle Leser dieser Spurensuche festlegen: So oder ganz ähnlich wird es geschehen oder hast Du es, liebe Leserin, lieber Leser schon erlebt. Die Herzöffnung ist bei jedem Menschen anders. Gott sei Dank. Sie ist eine Frage der Bereitschaft! Wie wir im Eingangstraum gesehen haben: Jedes geöffnete Herz hatte sein ureigenstes Licht.

Ricca-Devi von Bach, die „Künstlerin des Herzens", hat es als Ausleeren erlebt. Sie holte ekliges Zeug, Steine, Schlamm und Gerümpel aus dem Herzen heraus. Immer wieder, wild entschlossen, bis es leer war. Ganz leer. Und dabei hatte sie das Gefühl, das wir schon kennen: Das Herz war auf einmal wie „Plexiglas", durchsichtig geworden und füllte sich mit strahlendem Gold an. Es strahlte und wurde Ausstrahlungs- und Empfangssort für die Kommunikation mit Menschen, Tieren, Pflanzen, Häusern, Felsen oder den Naturgeistern und geistigen Wesen. Auf einmal waren sie im Herzen und teilten sich mit. Dabei empfand sie, dass das Gold im Herzen reine Kraft war, die direkt von Gott kam. Und in drei Stufen füllte sich ihr Herz mit dem Gold der Geläutertheit, mit grenzenlosem Enthusiasmus und zuletzt mit Seligkeit, die sich allen mitteilen möchte.

Wie sie sich wunderte über die Kleidung der Intellektuellen und mancher Künstler: Schwarz und Anthrazit-Grau! Das pure farbliche Gegenteil vom

Das Kraftgold des Herzens.

Kraftgold des Herzens. Da pulsiert nichts. Das ist Einsamkeit und Kälte in Farbe ausgedrückt. Da ist kein Mitempfinden, kein Mitgefühl, keine Herzöffnung, die unsere Kultur so verändern könnte. Sie meinte noch zur Herzöffnung: Nicht darum bitten, sondern es tun, durch tägliches, minütliches Hören auf die Stimme des Herzens. Dann ist die Öffnung da.

Ich bin ihr, über ihren frühen Tod hinaus, dankbar für die Anregungen, die aus ihrem Herzen gequollen sind wie ein Wildbach im tiefen Wald.

Ein Freund erzählte mir sein Herzöffnungserlebnis so: Die Brustmitte dehnte sich. Es war wie eine Operation. Ein großes Ereignis fand in ihm statt, das spürte der Freund mit allen Fasern seines Wesens. Das Heilungsvermögen, dass dieser Mensch im Herzen verschlossen hatte, weil sich die Menschen nicht um Heilung bemühten, war auf einmal da und alle Zweifel waren wie „weggefetzt". Er fragt sich nicht mehr nach dem Sinn, sondern ist befreit zur Heilung, die aus dem geöffneten Herzen fließt.

Die Psychiaterin Olga Kharitidi erlebte die Herzöffnung während einer Behandlung: „Einen kurzen Augenblick lang wurde meine Wahrnehmung auf merkwürdige Weise unterbrochen. Es war, als würden sich mein Gesicht, meine Identität vom Kopf abwärts bewegen, bis dorthin, wo sich mein Herz befindet. Für ein paar Augenblicke war mir tatsächlich, als würde ich die Welt von der Mitte meines Körpers aus betrachten, so, als hätte mein Herz seine Augen geöffnet und könnte damit sehen."[216] Dann setzte sie ihre Behandlung fort. Aber um vieles effektiver als vorher. Sie sah mit den Augen der Heilerin.

Mir selbst hat meine Lehrerin Luise Wittmann eines Tages mit der Hand auf die Brust geklopft und schon zerfloss das verkrampfte Herz, das vielfach verletzte. Auch die Sufi-Meister machen es so bei ihren Schülern.

Irina Tweedie erlebte die Herzöffnung in der Vision zwischen Traum und Erwachen: Ihr Meister stand da mit einem langen Stab, auf dessen Spitze ein funkelnder Stern war. Er berührte sie auf der Brust und gleich darauf begann eine kleine Flamme in ihrer Brust zu flackern. „Es war ein lebendig gewordener Stern, der Lichtstrahlen aussandte.“ [217]

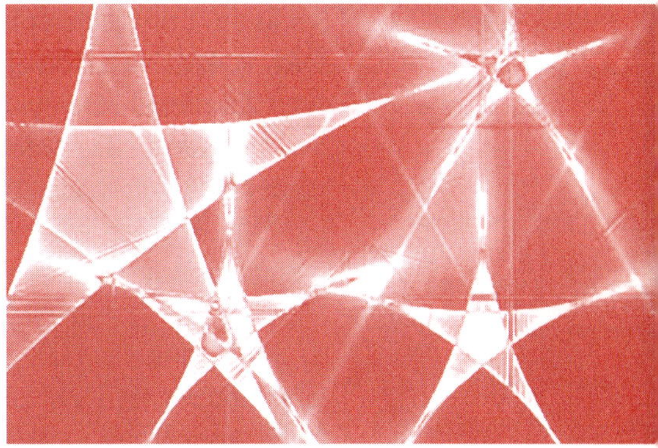

Die offenen Herzen strahlen und leuchten wie die Sterne.

Herzöffnungen sind nicht immer so spektakulär. Sie geschehen meist in Etappen. Wenn ich jetzt in meinem Buch „Aufbruch zur inneren Erfahrung“ lese, dann finde ich immer wieder Erfahrungen von Herz-Brust-Gefühlen, die mein Herz schmerzlich zu zersprengen drohten, die es körperlich, seelisch und geistig erweiterten. Ein Satz war typisch: „So wird die Kirchturmmentalität meines verängstigten Herzens langsam aufgelöst.“ Mein Herz erschloss das Weite, das Kosmische, das Geistig-Freie für meinen Erfahrungshorizont. „Ich ruhe am Herzen Gottes“ war eines der Herzmantras von Luise Wittmann, das meinen Herzschlag und mein Herzverständnis veränderte.[218]

Der Mystiker unserer Zeit, David Steindl-Rast, dessen Herz sich dehnte und öffnete, während er die violetten Blütenblätter seiner Usambara-Veilchen goss, sie dankbar zu ihm aufschauten und er mit ihnen innigste Zugehörigkeit empfand, hatte so ein ganz intimes Herzöffnungserlebnis, das ihm zum Gebet wurde.[219]

Diese Herzöffnungen sind die Frucht großer Sehnsucht nach einem offenen, wachen, reinen und hingebungsvollen Herzen. Jeder dieser Menschen hat sein Herz verschlossen und verkrampft gehabt, weil sie viel gelitten hatten an der eigenen und an der Kälte ihrer Mitmenschen, an ihrem Zynismus, ihrer eigenen und fremden gepanzerten Abwehr gegen die Liebe aus dem jeweils geöffneten Herzen. Denn eines dürfen wir nicht vergessen: Der beste und einzige einhundert Prozent wirkende Herzöffner ist die Liebe. Und wir wissen, wie sie zwar besungen, aber nicht gelebt wird. Deshalb beginnt die Herzöffnung mit einem klar positionierten Vorsatz: der bedingungslosen Liebe. Liebe als Tauschgeschäft ist Besitzgier. Sie verschließt das Herz.

Das offene Herz liebt...

Mein Rat: Liebe ab heute so viel und wen oder was Du kannst und lasse Dich von nichts davon abhalten. Besonders nicht von Dir selbst und den tausend Zweifeln, die Dein enttäuschtes Herz anmeldet, weil es schon so oft tief verletzt wurde. Sag Deinem Herzen, dass bei der bedingungslosen Liebe ja nichts passieren kann. Wir warten ja nicht auf Gegenliebe! Wir lieben wie ein Ofen Wärme ausstrahlt. Und lassen uns überraschen. Du wirst staunen, was da alles herüber kommt. Aber deswegen lieben wir nicht!

Ein geöffnetes Herz muss einfach mitfühlen, mit sich selbst und mit allem rundherum. Es selektiert und urteilt nicht. „Den Weißen liebe ich, ein Neger kommt mir nicht ins Haus“ oder was es da für Vorverurteilungen gibt. Das geöffnete Herz verwandelt durch Annehmen. Klingt paradox. Doch jedes Ablehnen – ich bekämpfe das Böse! – ist eine Verfestigung des Bekämpften. Deshalb beginnt das neue integrale Bewusstsein mit der Ganzheitlichung der Annahme. Gerade durch die weitherzige Annahme des Dunklen, des Ungleichgewichtigen löse ich es in Liebe auf. Es gibt viele Erlebnisberichte von Menschen, die ihre dunklen Seelenanteile in Liebe annahmen und jetzt gewandelte Helfer aus ihnen gemacht haben. Schon das Nichts-davon-wissen-wollen ist eine Lüge, die das Herz niemals akzeptieren wird, weil es Angst als einengend erkannt hat.

...und wird vom Leben beschützt.

Wer dem Rat des Herzens folgt, öffnet es. Nach innen und nach außen. Er wird dafür mit bisher unbekannten Seligkeiten beschenkt. Er muss einmal ganz nackt dastehen, sein Unbewusstes ansehen und sein Herz preisgeben. Aber die lichten Kräfte in und um uns beschützen uns. Und Wunder über Wunder weiten das Herz ins Unendliche aus.

Fassen wir den Entschluss: „Ich will nie mehr die Wahrheit meines Herzens verdrängen. Ich will sie leben. Ganz unspektakulär und ohne jeden Pathos.“

„Die Öffnung des Herzens ist die Voraussetzung zur Geburt des Seelenbewusstseins, zur Heilung der Sexualität und der Emotionen und zur Bewältigung jeder anderen Herausforderung und Lektion auf dem Weg. Das Herz steht am Anfang, in der Mitte und am Ende und ist der entscheidende qualitative Unterschied zwischen dem Gefängnis der Wiederholungen des dreidimensionalen Bewusstseins und der Brücke der Liebe zum Leben und zum HÖCHSTEN SEIN", sagt mein Releasinglehrer Markus Langholf. Und er betont, dass mit der Herzöffnung die Leibfeindlichkeit unserer Zivilisation überwunden werden kann. „Das Zentrum des Herzens ganz zu öffnen, bedeutet zu finden. Zu finden bedeutet, uns selbst sein zu lassen." Und in diesem Herzzentrum finden wir die Liebe, die wir so lange gesucht haben. Markus Langholf beschreibt einen Traum, in dem ihm ein Avatar, ein Gottesbote, sagt: „Guru, mein Lieber, es gibt keine Gurus. Bedingungslose Liebe ist der einzige Guru."[220] Darauf war sein Herz mit Liebe erfüllt und somit auch geöffnet.

Leibfeindlichkeit vergeht mit der Herzöffnung.

Der Herzmeister Burkhardt Kiegeland schreibt, dass es keine Übungen oder Willensanstrengungen des kleinen Egos gibt, die die Herzöffnung erzwingen oder garantieren. „Das wahre Herz gehorcht nicht dem Ehrgeiz des kleinen Ich. Es ist nicht zu kaufen."[221] Aber Liebe, Loslassen, Hingabe, Selbstvergessen, Annehmen von sich und der Mitwelt bilden die richtigen Einstellungen zum Herzbewusstsein. Irgendwann muss dann jeder von uns springen und das Bekannte verlassen. Wenn wir angekommen sind, dann wissen wir das im Herzen. Und dieses Wissen um das geöffnete Herz ist ein tiefe Befreiung. Sie macht uns stark und liebesfähig.

Von Herz zu Herz

„Das Aufgehen lassen von Tao ist allein auf dem aller Beschreibung spottenden Wege „Von Herz zu Herz" möglich."

Bogenmeister Kenran Umeji[222]

Ouspensky schildert eine tiefe Erfahrung mit seinem Lehrer Gurdjieff. Er fing an, seine Gedanken zu hören. „Nach einiger Zeit hörte ich seine Stimme in mir, und zwar in der Brust, in der Nähe des Herzens. Er stellt mir eine bestimmte Frage. Ich sah ihn an; er saß da und lächelte. Seine Frage rief in mir ein starkes Gefühl hervor. Ich antwortete ihm bejahend." Dann ging das einige Zeit so weiter. Die Anwesenden der Gruppe wunderten sich sehr. Später steigerte sich dieser Austausch. Ouspensky war im Garten und Gurdjieff im Haus. „Und ich hörte wieder G`s Stimme in meiner Brust. Bei dieser Gelegenheit hörte ich nicht nur, sondern antwortete auch in Gedanken, und G. hörte mich und antwortete mir." Und abschließend formulierte Ouspensky, nach Zweifeln, „aber das Gefühl, es sei eine Unterredung, war sehr stark und völlig neu und ganz anders wie alles andere". Dabei war Ouspensky hellwach und hatte zusammen mit G. eine Gedankenkapazität, die ihn „erwachen" ließ.[223]

Die Planetisation der Herzen beginnt die Menschen anzuregen.

Diese Geschichte erinnert uns sehr an die Einleitungsszene am Anfang dieser Spurensuche: „Du hast ja in meinem Herzen gedacht!"

Je länger diese Suche nach der neuen Herzkultur dauert, desto stärker wird die Bedeutung dieser Herz-zu-Herz-Kommunion sichtbar. Sie ist der Schlüssel zur großen Veränderung unseres gesamtmenschlichen Zusammenlebens. Stellen wir uns doch vor: An allen Ecken und Enden dieser Welt beginnen Menschen echtes Gemeingefühl zu entwickeln, von Herz zu Herz zu kommunizieren. Und das geschieht bereits, wie das Beispiel von Ouspensky aus dem Jahre 1915 und unser Anfangsbeispiel aus 1998 zeigen. Mit oder ohne Worte, gewollt oder unerwartet, bewusst oder unbewusst. Die Planetisation der Herzen beginnt.

Sogar im christlichen Umfeld wird diese Herz-zu-Herz-Kommunion großflächig in einer „Aktion der Liebesflamme" angeregt, die Maria in einer Erscheinung 1952 in Budapest ankündigt und die „von-Herz-zu-Herz-gehen und alle Herzen im ganzen Land entzünden" soll. Sie abzuweisen „würde die große Zerstörung mit sich bringen"[224]

Information – Kommunikation – Kommunion.

Die Herz-zu-Herz-Kommunion ist die Steigerung von Kommunikation. Ein Beispiel: Stellen wir uns vor, ich sehe einen Baum. Dann informiere ich mich: es ist eine Buche. Wenn ich sie tagtäglich längere Zeit beobachte und mit ihr Wind und Wetter erlebe, dann kommuniziere ich mit ihr. Und wenn ich mich durch Meditation ganz in meine Buche versenke, von der Wurzel bis zur Baumspitze den Saft in ihr aufsteigen spüre, dann kann es sein, dass ich mit ihr auf einmal Kommunion erlebe. Ich werde Buche und sehe die Welt auf einmal als Buche. Das ist Kommunion. Sie ist also Informationsverschmelzung im weitesten Sinne, ohne Identitätsverlust. So habe ich diese Information in mich aufgenommen, ich werde von da an jede Buche besser verstehen als jemals zuvor. Aus ihrem Inneren heraus.

Die Herz-zu-Herz-Kommunion bewirkt die Planetisation der Noosphäre Menschheit, wie es Pierre Teilhard de Chardin formuliert hat. Sie lässt die „Hyperkommunikation", wie sie Grazyna Fosar und Franz Bludorf formulieren, in dramatischer Weise im Alltag geschehen. Wie nennen sie das: „Die Natur geht online" oder auch im Buchtitel „Vernetzte Intelligenz".

Wir vernetzen uns menschlicher, tiefer, geistiger aus dem geöffneten Herzen heraus. Dieser Zustand ist mit technischen Ausdrücken fast nicht wiederzugeben. Wir verschmelzen, ohne uns zu verlieren und erreichen im Ganzen mehr, als die einzelnen Teile, die Individuen, fassen können. Wenn es nicht so pathetisch klingen würde: Die Menschheitserleuchtung beginnt. Wenn der kritische Punkt, der Siedepunkt erreicht ist, kippt die Gesamtmenschheit in diese Herz-zu-Herz-Kommunion. Die Erleuchtung ist Wirklichkeit. Und mit ihr die totale Wandlung in eine neue Herzdimension.

Die Herz-zu-Herz-Kommunion findet nach allen möglichen Richtungen statt, wie es für das Kraftfeld Herz so typisch ist. Von Mensch zu nicht körperlichen Wesen, wie wir es bei Erleuchteten erleben, die im Herzen Worte aus anderen Dimensionen vernehmen, aber ebenso zu Menschen, zu Tieren – es gibt viele Berichte vom Reden mit Tieren[225] – mit Pflanzen, mit der Mutter Erde und was sonst noch auftaucht, um sich mit uns von Herz-zu-Herz auszutauschen. Der Herz-zu-Herz-Kommunion sind keine Grenzen gesetzt,

Das freie Herz verbindet.

außer die des verstockten Herzens. Wir bekommen mit ihr ein „hyperdimensionales Umfeld", das bisher noch nicht angemessen erforscht wurde.

Dazu ein Text des Erzengels Gabriel durch Luise Wittmann: „Die Botschaft, die ich euch zu bringen habe, sie strahlt nieder, und bevor ich es euch noch bringen darf, wird sie euer Herz treffen. Ihr werdet eins sein mit dem Herzen Gottes, denn sein Pulsschlag lebt in euren Herzen, und wenn euer Herz frei schlagen wird, wird es mit dem Herzen Gottes und Seinem Schlag einen einzigen Rhythmus bilden. In diesem Augenblick werdet ihr die Botschaft empfangen können."[226] Wir sehen, auch im Offenbarungs-Austausch mit Gott kommt es auf die Herz-zu-Herz-Kommunion an. Es wäre ja auch ein Wunder, wenn es gerade hier nicht so wäre.

Die versteinerten Herzen werden immer tauber.

Betrachten wir nur noch folgende Tatsache, die auch Fosar und Bludorf anschneiden: In dieser Herz-zu-Herz-Kommunion ist Unterdrückung, Lüge oder Intransparenz vollkommen unmöglich geworden! Man kann sich ja gegenseitig in die Herzen „schauen" und fühlen, sobald sie sich direkt miteinander austauschen. Da hat jede böse Absicht oder jede Vertuschung nichts zu suchen und würde nur den Auslöser sofort bloßlegen. Die verschlossenen Herzen aus Stein, die nicht Mitkommunion feiern wollen, die Angst vor dem Aufmachen haben und die weiter Vorteile im Verheimlichen und Abgrenzen suchen, die werden immer mehr an sich selbst verzweifeln und Schmerz erleiden. Mit den Gleichartigen versickert die Kommunikation und mit den Herzgeöffneten wird keine Kommunion stattfinden können, weil die Hartherzigen selbst Angst haben und nicht aufmachen können. Sie werden keine Botschaften von wo auch immer empfangen können. Übrigens verhärtet sich jedes Organ, wenn man es nicht beansprucht. Es degeneriert, es altert vorschnell, es verkalkt. Das trifft auch auf das Herz zu, wie wir von der Herzverkalkung wissen.

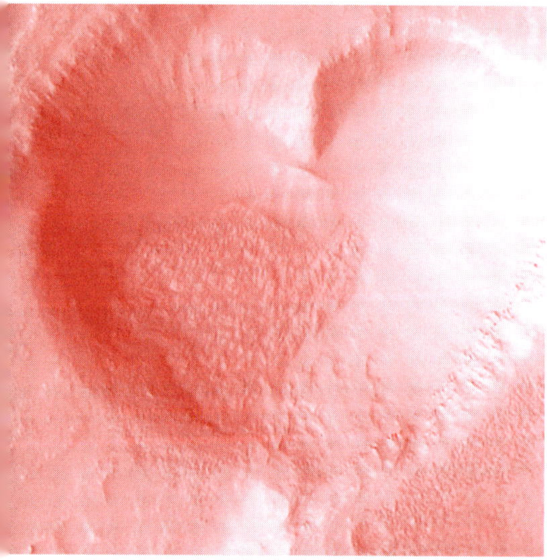

Die Menschheit wird sich ein letztes Mal in zwei Hälften teilen: die mit den geöffneten Herzen und die mit den verschlossenen. Die Teilung wird mitten durch Familien, Arbeitsgruppen und Freundschaften gehen, wie es Jesus in der Bibel schildert. Die Menschen offenen Herzens werden um jeden Verschlossenen werben. Sie werden auch die kommende Herzkultur aufbauen, ob es nun die Verhärteten wollen oder nicht. Wie sagt Dr. Pearsall: Die Kardiosensiblen werden geheilt und heilen die Welt.

Die Scheidung der Geister geschieht in den Herzen.

Diese Zusammenhänge sehen alle Menschen, die sich mit den Problemen um das Herz beschäftigen. Markus Langholf erzählte von einem Traum, in dem er ins Unbekannte sprang und dabei sein Herz „die panische Angst vor der Materie verlor" und er schreibt weiter: „Als ich davon erwachte, blieb das Licht für eine Woche in meinen Augen, und ich konnte direkt in die Herzen der Menschen mit all ihren Gedanken und Gefühlen sehen."[227]

Herz und Auge können sich ergänzen. Das Auge sieht auf einmal mehr und das Herz sendet und öffnet. Eine weitere Variante der Herz-zu-Herz-Kommunion schildert uns Olga Kharitidi: „Die (innere d.V.) Stimme spricht zu mir im Rhythmus eines klopfenden Herzens, und ich erkenne, dass dieser Rhythmus genau mit meinem eigenen Herzschlag übereinstimmt, so, als würde dieser aufgenommen und mir dann wieder vorgespielt."[228]

Safi Nidiaye schreibt in ihrem Buch „Das Tao des Herzens": „Für den Moment, da wir den anderen mit dem Herzen wahrnehmen, sind wir eins mit ihm – und übrigens, paradoxerweise, genau dadurch auch davor geschützt, von dem, was er oder sie ausdrückt, verletzt zu werden."[229] Nur starke Emotionen persönlicher Art verhindern ihrer Meinung nach die Herz-zu-Herz-Kommunion. So wie es meine Lehrerin Luise Wittmann sagt: Egoistische Wünsche und Gedanken verhindern diese Herzensschau.

Die Sexualität von Herz zu Herz ist um vieles intensiver.

So ist es auch in der sexuellen Begegnung: Egoistische Beschränkung auf den eigenen Lustgewinn und direkt auf die Geschlechtsorgane lassen die Sexualenergie versickern. Die liebevolle gegenseitige Anregung und ihre Verteilung im ganzen Körper und ganz besonders in den Herzen der Partner ermöglicht hingegen das stärkende Zusammenfließen dieser Lebensenergie. So entsteht die wunderbar-intensive Herz-zu-Herz-Kommunion zwischen Frau und Mann aus der Wahrheit des Augenblicks heraus und nicht aus Leistung und Technik. Wie viele menschliche Missverständnisse und Tragödien könnten in dieser Herz-zu-Herz-Verschmelzung überwunden werden?

Edith Stein, die Philosophin und Kirchenlehrerin, entdeckt „ein rein geistiges Sichzuwenden in der Absicht einem Anderen mitzuteilen, was man in sich hat."[230]

Und der Universalist Ken Wilber sagt, nicht die objektive Wahrheit ist ausschlaggebend in dieser Herz-zu-Herz-Kommunion (er nennt sie nicht so), sondern ob die beiden Wesen zu einem „gegenseitigen Verstehen kommen können. Nicht objektiv, nicht subjektiv, sondern intersubjektiv."[231] Ein neuer Zustand der Informationsübertragung wird in der Informationsverschmelzung entdeckt.

Der Arzt Dr. Ruediger Dahlke sieht die Schwierigkeiten: „Denken und Sprache hängen äußerst eng zusammen und sind gleichermaßen ungeeignet, die Polarität zu überwinden. Die Einheit ließe sich nur von Mitte zu Mitte erleben. Dieses Erleben lässt sich aber eben nicht fassen. Es gibt da nichts zu begreifen".[232] Die große Schwierigkeit unserer dreidimensionalen Ausdrucks- und Denkweise. Sie kann eben nur von Mitte zu Mitte, von Herz zu Herz überwunden werden.

Wir wissen schon: So wie zwei Herzzellen, in zwei Petrischalen separiert schlagen, ab einem Moment – noch in der Entfernung – im selben Rhythmus sich angleichend zu schlagen beginnen, ebenso ist es mit unserer Wesensmitte, dem Kraftfeld Herz. Das nennt man Resonanz. Sie entsteht aus der Schwingung, die auf andere Schwingung trifft und mitschwingt. Es entsteht ganzheitliche Schwingungs-Information. Und diese Resonanz kennen wir ab dem Mutterleib, wo wir mit dem Herzschlag der Mutter in lebenswichtige Resonanz-Information getreten sind.

Resonanz entsteht von einer Herzschwingung zur anderen.

George Leonhard beschreibt das so schön: „Den ganzen Weg in Erinnerung behaltend, durchläuft dieses Geschöpf die verschiedenen Stadien der irdischen Evolution, begleitet vom mächtigen Trommelschlag des Mutterherzens. Es wird bis ins Mark erschüttert durch diesen Pulsschlag, der Zielrichtung, Ganzheit, Gleichklang verheißt. Geborgen in diesem Rhythmus, nimmt das eigene Herz des Geschöpfes Form an und antwortet mit seinem Pulsschlag."

Leonhard schreibt weiter über das konkrete Bemühen des militärischen Nachrichtendienstes in das Herz des Gegners zu schauen: „Aber schon die bloße Möglichkeit einer engeren Verbindung von einem menschlichen Herzen zum anderen unterläuft das Spionagenetz des kalten Krieges und kündigt eine weitere Stufe der menschlichen Evolution an: Die Entwicklung einer Seinsweise, die das Bewusstsein der gesamten Menschheit in die Selbst-Bewusstheit jedes einzelnen Menschen einbringt."[233] Es läuft immer wieder auf die Planetisation der Menschheit hinaus, die durch die Herz-zu-Herz-Kommunion immer schneller verwirklicht wird.

Paul Brunton meint „eines Tages wird die Wissenschaft diesen ... geheimnisvollen, telepathischen Strom anerkennen müssen."[234] Und sie tut es bereits unter dem Fachausdruck „Kohärenz". Ihr Interesse an Kohärenz, dem harmonischen Zusammenschwingen lebender Systeme, ist erwacht, da sie entdeckte, dass in solchen kohärenten Zusammenschlüssen praktisch keine Energie verloren geht. Sie ermöglicht in der Kommunikation besser Kommunion zwischen Individuen reinen, lückenlosen, fokussierten und frei von Blockaden stattfindenden Ausdruck, der in Teams zu unerhörter Steigerung der Effektivität und von Kreativität und Freude führt.[235] Herz-zu-Herz-Kommunion in praktischer Anwendung. Vielleicht erfüllt sich die Herzkultur früher als wir glauben.

Auch der Gleichklang in der kollektiven Bewegung eines Fischschwarms ist Herz-Kohärenz.

„Brannte uns nicht das Herz?“

Zum Abschluss sei die wunderbare Stelle aus der Bibel zitiert, wie die Emausjünger im nachhinein erkannten, dass sie mit dem auferstandenen Jesus gesprochen hatten: „Brannte uns nicht das Herz in der Brust, als er unterwegs mit uns sprach und uns den Sinn der Schrift erschloss?“[236]

Ich-Bin

„Schwindet das Ich, so strahlt das Herz selbst auf: ‘ICH-ICH’ – vollkommene Fülle reinen Seins.“ Shri Ramana Maharshi[237]

Wir kehren an den Ausgangspunkt dieser Spurensuche nach dem neuen Herzen zurück: Ich bin da in meiner Mitte, wo sich das Herz-Kraftfeld befindet. In meiner Brust. In meinem tiefsten Inneren. Im Herz des Herzens. Das ist mein Selbst. Dorthin deute ich, wenn ich sage: „Ich bin.“

Meine Mitte, mein Ich-Bin, ist im Herzen.

Es scheint gerade unsere Zeit mit dem Ich-Bin Schwierigkeiten zu haben, obwohl wir das Ich in dieser Bewusstseinsstufe so richtig ausgebildet haben. Ich ja, aber bin!? Ich möchte, ich wünsche, ich habe. Ja. Aber nicht existenziell. Das eigene Sein in seiner Tiefe auszuloten, das überlassen wir den theoretisierenden Philosophen oder Psychologen.

Ich bin ein nützliches Glied der Gesellschaft, ein strammer Soldat an der Ostfront, ein Aufseher im KZ für Deutschland, ein Albaner, der die Serben hassen muss oder ein Israeli, der das Sagen über die Palästinenser hat. Ich bin ein Guter, der einen Feldzug gegen das Böse unternimmt. Lauter geborgte Existenz-Motive, die jederzeit die scheußlichsten Schandtaten rechtfertigen. Der Philosoph Sloterdijk nennt sie Man-Existenzen. Man geht ins Kino, zieht in den Krieg oder auf dem Parteitag ein. Man dient einem Zweck.

Wer bin ich?

Man lebt im Außen und vermeidet das Innere, wie der Teufel das Weihwasser. Die Gesellschaft applaudiert dazu und die Industrie erzieht brave Konsumenten, von denen sich ja keiner fragen soll: Wer bin Ich? In meiner ganzen Tiefe?

„Gnothi Seautón" - „Erkenne dich selbst", stand auf dem antiken Apollo-Tempel von Delphi für alle sichtbar kurz und markant zu lesen. Was steht auf unseren Medien-Tempeln? Erkenne deinen Nutzen! Wie nutzt du den Wohlfahrtsstaat aus und wie nutzt dieser dich aus. Ein teuflischer Kreislauf.

„Erkenne Dich selbst" stand am Tempel in Delphi.

G.I. Gurdjieff schrieb ein Buch, sein letztes, das nannte er „Das Leben ist nur dann wirklich, wenn Ich Bin!". Er beschreibt darin etwas, das nur dem Menschen auf dieser Erde vorbehalten ist, und das über können und wollen, wünschen, verlangen, bedürfen, begehren, mögen hinausgeht. Er kennt kein englisches Wort dafür und umschreibt es so: „Das vollständige Spüren der eigenen Gesamtheit." Er nennt ihn den dritten Impuls des wachen Menschen. Diese Art Mensch ist nicht, wie die meisten Zeitgenossen, schlafend und mechanisch, sondern voll bewusst. Wenn dieser Ich-Bin-Mensch sagt: „Ich kann" – dann kann er wirklich. Wenn er sagt: „Ich will" – dann will er wirklich. Und wenn er sagt: „Ich-Bin" – dann ist er wirklich. Wir würden ergänzen: Wenn er liebt, dann aus bedingungslosem Herzen. Er ist ein herzerwachter Mensch.

Gurdjieff sagte damals seinen Zuhörern in New York: „Wenn ich will – fühle ich mit meinem ganzen Wesen, dass ich will und wollen kann. Dies bedeutet nicht, dass ich begehre, dass ich darf, dass ich möchte oder aber dass ich verlange. Nein. Ich will. Ich möchte nichts, begehre nichts, ich verlange nichts und brauche nichts – alles das ist Sklaverei. Wenn ich will, dann muss ich es mögen, selbst wenn ich es nicht mag (Sowohlalsauch). Ich kann dies, es zu mögen, wollen, weil ich kann.

Der Widerhall meines Seins im Körper.

Ich will – ich fühle mit meinem ganzen Wesen, dass ich will.

Ich will – weil ich wollen kann."

Ein erwachter Mensch kann einen Widerhall im Herzzentrum, im Solarplexus oder sonst wo im Körper erzeugen durch die Worte Ich-Bin. Der Übende muss diese Worte direkt, zum Beispiel in das Herz sprechen. Mit der Zeit wird der Widerhall existenziell. Ohne diesen Widerhall hat die Aussprache oder das Denken der Worte Ich-Bin, nach Gurdjieff, keinen Sinn. Wir verpesten dann nur das morphogenetische Feld Menschheit. Er hat es natürlich nicht so gesagt, aber genau so gemeint. Er nennt das Ich-Bin den göttlichen Impuls. Hören wir ihm nochmals zu:

„Wenn 'ich bin', dann – und nur dann – 'kann ich'; wenn 'ich kann', dann – nur dann – verdiene ich es und habe ich das objektive Recht zu 'wollen'."

Gleich am Anfang seiner letzten Gedanken schreibt Gurdjieff über die Bedeutung des Ich-Bin: „Um so mehr als mein Sein nicht allein für meine persönliche Selbstsucht notwendig ist, sondern zugleich für das Wohl der gesamten Menschheit." Wieder unsere Planetisation.

Das Ich-Bin verlangt ein waches Selbstbesinnen, um vom Gelebtwerden wegzukommen. Gerade diese Zentrierung ist am besten im Herzen zu verwirklichen. Diese Herz-Zentrierung ist, nach Gurdjieff die „unparteiische Selbstzufriedenheit" der alten Essener.[238] Das Gegenteil vom Man-Menschen, der seine Wahrnehmungen und Äußerungen nicht als automatisch erkennt und seine Selbstzufriedenheit aus dem Außen holt: „Seht, welch tolles Haus, Auto, Image ich habe. In mich hinein sollt ihr nicht schauen. Ich weiß gar nicht, was da drinnen ist. Ich liebe mich nur, wenn ihr mir applaudiert."

Nach Shri Ramana Maharshi bleibt beim Forschen nach dem Ich in uns irgendwann das ICH-ICH übrig, das der Kern meines und aller Wesen ist. Glückseligkeit. Man nennt es „das Herz". Hier ist das Selbst im Urzustand, ohne Ablenkung, ganz Wirklichkeit. Sogar der Geist ist vorübergehend. Das eigene Selbst aber ist unzerstörbar im Herzen, ewig und umwandelbar. Wenn der Yogi entrückt ist, so trägt ihn noch immer das Selbst im Herz.[239] So, wie es im Hohelied der Bibel heißt: „Ich schlief, doch mein Herz war wach.“[240] Das ist das absolute ICH-BIN, das innerste Herz des Herzens; der ewige innere Beobachter, das Gottesfünklein des Meister Eckehardt.

Das Herz ist immer wach.

Stephen Wolinsky zitiert Gurdjieff, wenn er sagt, dass das ICH-ICH Shri Ramana Maharshis „das wirkliche Ich“ ist. In seiner Quantenpsychologie ist dieses ICH-ICH Wissen, ohne einen Wissenden abzugeben und Bewusstsein, ohne ein bewusstes Objekt zu sein. Also unverfälschtes Sein. Es ist die Vorstellung dessen, wer wir sind, die uns von dem, wer wir sind, trennt. Oder ganz radikal: „Alles, was du zu sein glaubst, bist du nicht.“[241] Werfen wir die Leiter der Beurteilung und der Vorstellungen weg, denn sie sind nicht aus uns selbst und setzen wir das Abenteuer Herzweg einen Stock höher fort.

Mein Ich-Bin zu finden braucht die Sehnsucht und die Freude den Hintergrund zu ergründen und nicht den Vordergrund. Und wenn wir den Hintergrund immer besser studieren, werden wir entdecken, dass er in uns ist, uns verbindet und für alle gleich ist. Es ist eine ununterbrochene, reine „Istheit“. Mit der können wir durch das Quantenherz in Verbindung treten, das nach dem Frank Sinatra-Lied als „Dobedobedo“ existiert. Sein-Leere-Sein usf. als sich bewegendes Ganzes, wie die Stehbilder in Bewegung den Film ergeben.

Das passt ganz genau zu den Ausführungen von Axel Klimek, der sagt, dass wir im Zustand des reinen Ich-Bin – also nicht im „Ich bin ein toller Manager“ oder „Ich bin der Beste“ – sowohl wach und kraftvoll (Do) als auch zugleich gelassen und entspannt (Be) sind. Meist ist der „Ich-Bin“-Zustand zufällig für Augenblicke als Schwebezustand da. Es gibt aber auch Methoden, ihn zuzulassen: durch Meditation, Stille, Tiefenentspannung, Atemtech-

Ruhe bringt tiefste Erkenntnis.

niken, Staunen können, Bergsteigen, Segeln usw. Ohne Stille, ohne zeitweise Unterbrechung der alltäglichen Tretmühle, ist kein „Ich-Bin"-Zustand zu erreichen, sagt der Körperpsychotherapeut. Er schlägt auch eine „Ich-Bin"-Übung vor, die an Gurdjieff erinnert: Hineinhorchen in den Herzraum und mit den Handflächen Druck ausüben. Dazu sagt er: Der „Ich-Bin" Zustand „umfasst unser ganzes Sein. Er hat einen Einfluss, wie wir denken, fühlen und atmen, auf unser Körperempfinden, ja sogar auf unsere Körperhaltung. Es braucht nur wenig Achtsamkeit, um diese Verbindung wahrzunehmen."[242]

Zum Schluss meint er, dass die Liebe den Weg vom „ICH" über das Ich-Bin zum Aufgehen in dem All-Einsein bereitet. Das menschliche Ich-Bin erkennt sein Sein im göttlichen „ICH-BIN". Die Grenzen schwinden. Unser Herz ist im Herzen Gottes aufgegangen, ohne seine Individualität zu verlieren. In allumfassender Liebe.

„Dobedobedo": Menschen, Tiere, die Erde, Sterne, Galaxien kommen und vergehen und trotzdem bin ich als Ich-Bin in meinem Herz des Herzens. Auch wenn die Leere tanzt und zur Form wird, die Form tanzt und zur Leere wird. Shri Ramana Maharshi sagt es auf seine Weise: „Wenn einer auf sich selber weisen will, deutet er mit dem Finger auf die Brust: Diese Gebärde besagt genug dafür, dass das Unbedingte als das Selbst in jedem Herzen wohnt."[243]

Herz-Zukunft

„Ihr werdet eins sein mit dem Herzen Gottes." Erzengel Gabriel[244]

Der Templer-Orden war sicher einer der großen Geheimnisträger des alten Europa. Was man von ihm weiß, zeigt deutlich, dass er seiner Zeit in allem weit voraus war. Wie wir in einer Abbildung eines Ritters vom Templerorden sehen, waren sie auch auf das Herz konzentriert. Seine gepanzerten Hände sind über dem spirituellen Herzen gekreuzt wie in der im vorigen Kapitel zitierten Herzübung!

Einer der Ihrigen, Johannes von Jerusalem, er war einer der acht Gründer des Ordens, verfasste in Jerusalem um das Jahr 1100 das „Buch der Prophezeiungen“, das er in der Wüste aufgeschrieben hatte. Es soll die Vorlage für Nostradamus gewesen sein und wurde auf verschlungenen Wegen wiedergefunden. Johannes von Jerusalem war, wie der spätere Nostradamus, Geheimnisträger, Heiler, Arzt und Astrologe. Beide heilten Menschen und beobachteten den Gang der Gestirne. Das Geheimnis der Menschheitsentwicklung war ihren prophetischen Augen offenbar.

Die Prophezeiungen des Johannes von Jerusalem beginnen immer mit der Redewendung: „Wenn das Jahrtausend, das nach dem Jahrtausend kommt, zu Ende geht.“ Also es ist unser neues 3. Jahrtausend gemeint und wir wollen zwei Voraussagen herausheben, die für unsere Herzkultur von großer Bedeutung sind:

Spruch 31:

„Wenn das Jahrtausend, das nach dem Jahrtausend kommt, zu Ende geht...

...werden die Menschen endlich die Augen geöffnet haben. Sie werden nicht mehr in ihren Köpfen und in ihren Städten gefangen sein. Sie werden von einem Ende der Erde zum anderen sehen und einander verstehen können. Sie werden wissen, dass, was den einen schlägt, den anderen verletzt.

Tempelritter mit über dem Herzen gekreuzten Händen.

Planetisation in den Herzen.

Die Menschen werden einen einzigen großen Körper bilden...

...von dem jeder von ihnen ein winziger Teil ist. Gemeinsam werden sie das Herz sein. Und es wird eine Sprache geben, die von allen gesprochen wird, und so wird es endlich geboren werden, das große Menschliche."

Spruch 33:

„Sie werden miteinander kommunizieren. Denn ihr Geist wird so offen sein, dass er alle Botschaften aufnehmen kann. Und Träume werden sie untereinander teilen...."[245]

Diese und die hier folgenden Prophezeiungen können als Ausfluss des gesamtmenschlichen Unter- oder Metabewusstseins aufgefasst werden, als Zeitreisen in die Zukunft, als geistige Inspiration oder als Wunschbilder. Ganz gleich: In jedem Fall ist es eine Ausschau auf eine Weiterentwicklung, die unserer Herzkultur entspricht. Die Planetisation durch das Herz, die allgemeine Transparenz und die Herz-zu-Herz-Kommunion sind angesprochen. Sie gehören also zum archetypischen Bild des erlösten oder erleuchteten Menschen.

Maria, die große Mutter, prophezeit in Karizinen am 1.10.1955: Die Königsherrschaft der vereinigten Herzen von Jesus und Maria wird die Welt erst dann gerettet haben, „wenn sie zuerst in eurem Inneren, in euren Herzen besteht. In euch, im geheimen Heiligtum eurer Seelen, wollen wir das Fundament für unsere göttliche Herrschaft legen, die in Barmherzigkeit, in Licht und Liebe bestehen und der Menschheit vom Himmel her einen zarten Hauch unaussprechlichen Friedens bringen wird."[246]

Und in der Offenbarung des Apostel Johannes wird von den Herzmenschen prophezeit: „Er wird in ihrer Mitte wohnen, und sie werden sein Volk sein; und er, Gott, wird bei ihnen sein."[247] Und Maria sagt am 17.10.1999 in Marpingen: „,... in einer späteren Zeit ... werde ich wieder zu meinen Kindern sprechen. In dieser Zeit werden alle Herzen geöffnet sein, jeder wird mich hören können... Euer Ziel ist diese Zeit, von der ich sprach und die kommen wird. Diese Versprechen gebe ich euch."[248]

Die Erde erwacht.

Mit uns wird die Erde erwachen. Vergessen wir nicht, wir sind mit dieser Erde tiefer und enger verbunden und verschmolzen, als wir bisher dreidimensional angenommen haben. Unsere Erlösung ist auch ihre Erlösung, unsere Erleuchtung ebenso auch die ihre. Das zeigen drei prophetische Hinweise durch Luise Wittmann:

„Mit dieser Erde wird es nicht so geschehen, wie es anderen Welten ergeht, dass sie der Zertrümmerung anheimfallen. Sie muss sich aus ihrem Keime so vollkommen reinigen, dass sie so gereinigt das Gewaltige bildet und in der Form bestehen bleibt."[249] Und dieser Keim ist im Herzen, in ihrem Kern.

Maria, die große Mutter, segnet die Erde: „Erde, dich will ich beglücken, ich, die zu deiner Mutter auserwählt. Mein Sohn hat dich genährt mit Seinem Blute. Erde, dein neuer Herzschlag kommt aus mir. Ich segne dich und hülle dich ein mit meiner Liebe."

Jesus, der Erlöser, hebt sie hinauf: „Was meine Mutter segnet, will Ich laut in das Leben rufen, dass es sei. Herzschlag Meiner neubelebten und erstandenen Erde: Hebe dich! Erde, atme in deinem neuen Leben! Dein König hebt dich auf!"[250]

Und neueste wissenschaftliche Messungen bestätigen diese Erdfrequenz-Steigerung: Die Schumannsche Grundfrequenz der Erde lag 1960 bei

Luise Wittmann und Georg Schmertzing in Säusenstein/Donau.

Die Verästelungen der Schafgarbe zeigen anschaulich den Fibonacci-Sprung von 8 auf 13 Zweige.

rund 7, 8 Hz. Nach regelmäßigen Messproben nimmt sie seither ständig zu. Nach der „Fibonacci-Reihe" könnte sie bis 13 Hz ansteigen. Dann ist die nächste harmonische Zahl erreicht und die neue Resonanzfrequenz der Erde festgelegt, ihr Herzschlag in die höhere Schwingung, in das stärkere Licht gehoben und alles auf ihr wird sich dieser Frequenzsteigerung angleichen, wenn es das neue Leben mittragen will. Diese Frequenzsteigerung bewirkt und unterstützt eine Bewusstseins-Erweiterung des Menschen und der Erde.[251]

Wir gehen also nicht dem Ende der Erde und mit ihr dem Ende der Menschheit entgegen. Es geht uns nur so wie den Herzkranken: Der Lebensstil muss ein anderer werden. Natürlich gibt es Menschen, die lieber sterben, als ihren Lebensstil zu ändern. Die lieber hektisch untergehen, als friedlich oder mit vollem Einsatz zu neuen Menschen zu mutieren. Aber die Alternative zu dieser Weltkultur der Egoisten ist konkret in der Herzkultur gefunden.

Die transparenten Herzmenschen schaffen diese neue Weltkultur und heben mit dem eigenen Herzschlag, unterstützt vom göttlichen Herzschlag, den Herzschlag der Erde. Und dieser neue Herzschlag wird als starkes Signal hinausschwingen in viele Dimensionen und in die unendlichen Räume des Universums.

Das Zentrum unserer Galaxis ähnelt nach der errechneten Vogelperspektive stark einem kosmischen Herzen. Unsere Sonne liegt oben im Kreis zwischen den Herzhügeln.

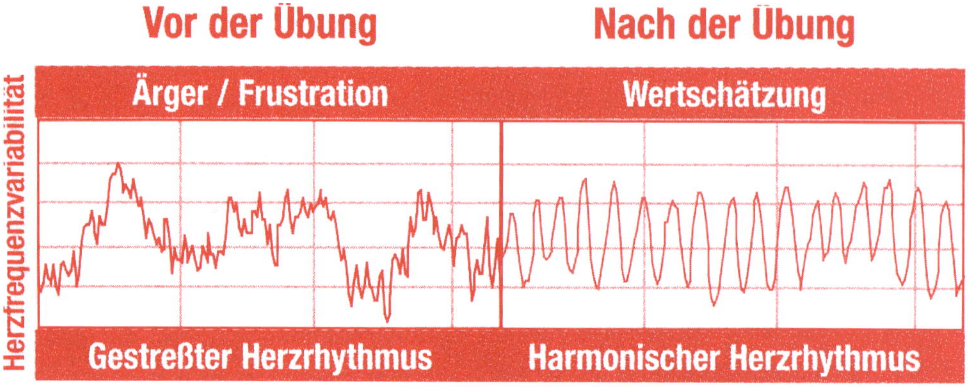

EINFACHE ÜBUNGEN RUND UM DAS HERZ

Wir alle haben leider wenig Zeit. Die unbedingt notwendige Ruhetechnik ist für viele von uns im Alltagsleben abhanden gekommen. Dabei ist sie, nach Sigmund Freud, überaus wichtig. Er entdeckte drei Grundtriebe und alle drei sollten gleichwertig in uns selbst vertreten sein: Der Selbsterhaltungstrieb – der ist in unserer Gesellschaft stark ausgebildet – dann der Kreativ- oder Sexualtrieb – der wird zu leistungsorientiert statt spielerisch aufgefasst – und der dritte ist der Ruhe- oder Todestrieb. Der ist fast vollständig unterdrückt oder vergessen. Und um den geht es besonders bei diesen Herzübungen!

Wir müssen also neu beginnen, in Ruhe und Offenheit zu leben. Deshalb sind hier einige ganz kurze und trotzdem sehr wirksame Übungen beschrieben, die von mir und meinen Freunden erprobt, praktiziert und als erfolgreich auf dem Weg zu einem geöffneten Herzen erkannt wurden.

Jede Leserin, jeder Leser sollte sie spielerisch ausprobieren, in der eigenen Weise variieren und dann nach Herzenslust anwenden. Nur keinen Stress rund um das Herz! Es zeigt selbst, wie intensiv es beachtet und motiviert werden will. Typisch Herz: Es regt an und zeigt, wie es angeregt sein will. Hauptsache: Wir vergessen es nicht und fangen an, mit ihm zu leben.

1. Übung: Herz-Einstellung

Einfach immer wieder an das Herz denken und es fühlen. Schließlich pulst es, wie alles Geschaffene durchpulst ist. Mein Herz hat seinen, meinen Code, an dem ich im ganzen Universum zu erkennen bin.

Ich sage einfach „JA!“ zu meinem Herzen – ich rufe es an einem geeigneten Platz laut heraus! – und sehe die Welt, so oft es geht, aus der Herzperspektive. Ohne Vorurteil, spontan, bedingungslos und voll Liebe.

Wenn es mir gelingt, durch das Herz zu leben, dann freue ich mich. Und diese Freude lasse ich, so lang wie möglich, in der Mitte meines Brustkorbes lebendig sein. Ich horche immer wieder in die Brustmitte, wo das Herz-Kraftfeld ist.

Ich bete täglich für die Öffnung meines Herzens. Hier der Gebetsvorschlag des Netzwerkes „Herz-zu-Herz“, das wir gerade gemeinsam zu gründen im Gange sind (Adresse siehe Seite 188):

Ich reinige und öffne mein Herz, um es in Liebe mit dem Herz der Schöpfung zu verbinden. Amen.

2. Übung: Herz-Vertrauen

Wir anerkennen den Mittelpunkt des Universums und unseres Wesens im Herz des Herzens, im Kraftpunkt inmitten unserer Brust. DORT BIN ICH SELBST UND DAS GANZE.

Dazu lege ich eine Handfläche über die andere, wie der Tempelritter (siehe Abb. Seite 177), über meinen Wesenskern Herz und schließe die Augen. Dann dringe ich immer tiefer zu diesem Herz-Kern vor.

Ich begegne der unendlichen Tiefe und der unendlichen Weite meines Wesens. Ich denke dabei nichts und ich sage nichts. Ich lausche und öffne mich nach Innen und nach Außen. Ehrfürchtig der eine, freudig-erstaunt der andere, verwandelt der dritte. Alles ist richtig.

Die Dauer dieser zweiten Herzübung ist situationsbedingt. Die „Ergebnisse" immer wieder anders. Und das ist gut so. Sie bringt uns dem Herzen näher und näher.

Alles, was ich dabei spüre oder sehe, kommt aus dem Herzkern.

3. Übung: Herz-Mantra

Wie ich in meinem Buch „Aufbruch zur inneren Erfahrung" geschildert habe, kann es notwendig sein, die Hektik rund um das Herz zu beruhigen. Luise Wittmann, meine Lehrerin, hat mir folgende Übung aufgetragen:

Ich setze oder lege mich hin und sage mir direkt in den Solarplexus (2 cm über dem Nabel): „Ich habe Ruhe..." und direkt ins spirituelle Herz in der Mitte des Brustkorbes „und Frieden in mir". Verstehst du diese Steigerung?

Wenn Du das öfter nacheinander zu dir, direkt auf die beiden Energiezentren gerichtet, sagst, dann beginnt dich nach einiger Zeit diese Ruhe und dieser Friede zu erfüllen.

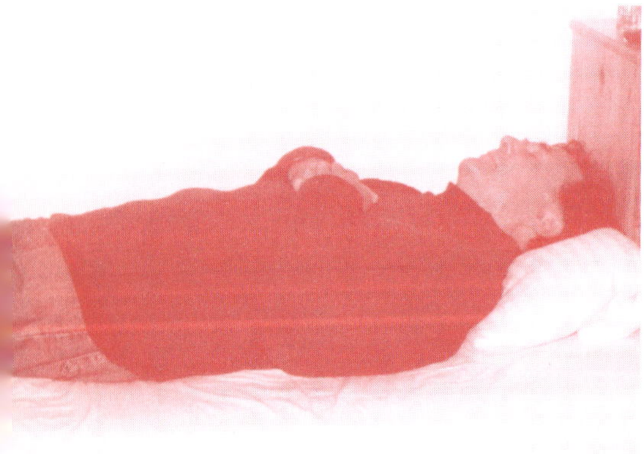

Ich fühlte es so: „Ich wurde ruhig, immer ruhiger. Ein großes Glücksgefühl hatte mich erfasst, ich war mit meinem Gott in Liebe und Glück verbunden." Aus diesem Frieden heraus begann mein Körper zu schwingen. Das Herz übernahm den Ur-Rhythmus, der alles in Liebe verbindet.

Unterstützend im Alltag sind Mantren wie „Ich bin im Herzen des Vaters" oder „Ich stehe in der Mitte des Zyklons". Bei mir hieß es damals „Ich ruhe am Herzen des Vaters". Und dieses Mantra begleitet mich seit 18 Jahren. Wenn ich es ruhig ausspreche, fängt mein Herz in einem ganz anderen Schlag zu pochen an.

Du wirst, so wie ich, diesen Herzschlag als Verbindung zum Ursprung allen Lebens beglückt erleben. Wie ich es vorhin geschrieben habe: Mit diesem Herzsignal bist Du niemals allein. Deine Verbindung und Verschmelzung mit dem „Vater", wer und was immer der oder die oder das für Dich ist, ist in allen Lebenslagen pulsierende, intime Wirklichkeit.

Als Christ erlebe ich während der Messe und besonders bei jedem Kommunionsempfang diese Herzklopf-Zeichen des Vaters und erfahre dadurch ein beglückendes Angenommensein. Ich schließe die Augen und fühle seine Klopfzeichen! Ein mystisches Erfahren Gottes in mir! Ein Friede, der mich und die Erde verändert.

4. Übung: Herz-Öffnung

Manche Meditationslehrer nennen eine ähnliche Übung die Geburt des neuen Menschen. Sie ist so alt wie die Menschheit und so einfach und gewaltig, wie das Geheimnis Mensch ist.

Breite die Arme gegen den Himmel aus, wie die Priester und Beter seit unzähligen Jahrtausenden es spontan oder bewusst getan haben, und halte diese Position einige tiefe Atemzüge an. Öffne weit Dein Herz. Öffne es dem Himmel, der Erde, dem Universum, den Menschen, den Tieren und den Pflanzen gegenüber. Mach Dein Herz so weit, dass es Dich schmerzt. Mach es unendlich weit. Das Herz kann das.

Die ausgestreckten Handflächen haben dabei gleichzeitig das Licht und die Weite des Himmels, die Energie des Lebens aufgenommen.

Nun lege die Hände über Deiner Brustmitte über Kreuz und lass das Licht, die Kraft des Himmels und der Sonne, alles Leben durch Deine Handflächen in Dein Herz strömen. Das ist Nahrung für Deine Seele, für Dein Herz, für Deinen Wesenskern, für Deinen Körper und durch ihn lasse das Licht eindringen bis in den Kern der Erde.

So spürst Du Dein ICH-BIN, das sich mit dem universalen ICH-BIN zu einer Einheit hinter allen Erscheinungen verbindet. Du bist durch Dein Herz mit allem verbunden. So wird Dich Dein Herz verändern.

Ich habe einen gewissen Platz, den ich bei jeder Witterung aufsuche. Bei Sturm und bei brütender Sonne, im Abendrot und im Morgengrauen. Es ist eine kleine Anhöhe, auf der ich mit ausgebreiteten Armen Himmel und Erde im Herzen verbinde und die ganze Verantwortung spüre, die wir Menschen für diese wesentliche Tätigkeit übertragen bekommen haben. Alle Kleinlichkeit und Kleinheit fallen da von mir ab. In diesem Moment BIN-ICH.

5. Übung: Herz zu Herz

Wir haben gesehen, wie die Verschmelzung der Herzen in der Herz-zu-Herz-Kommunion für die kommende Herzkultur von großer Bedeutung ist. Dazu hier zwei bewährte Übungen:

Wenn zwei Freunde, Verliebte, Verheiratete oder geistig Verwandte in eine tiefere Übereinstimmung kommen wollen, dann sollen sie zuerst einmal, am besten auf einem ihnen sympathischen Platz, gegenüberstehend oder -sitzend einige Minuten schweigend und mit geschlossenen Augen verbringen.

In dieses beredte Schweigen kann dann jeder dem anderen die flache Hand aufs spirituelle Herz, in der Mitte des Brustkorbes, legen und dort einige Zeit liegen lassen. Vielleicht ganz leicht aufdrücken. Weiter bei geschlossenen Augen. Ich habe dabei Wunder von Übereinstimmung und Liebe erlebt. Ich wäre sehr daran interessiert, wie es Dir geht?

Eine weitere Möglichkeit der Herz-zu-Herz-Kommunion ist, auch bei Entfernung, die Herzen bewusst verschmelzen zu lassen. Entweder vorher telefonisch angekündigt oder rein durch Gedanken an die dafür offene Person. Nicht aber gegen ihren Willen, weil das ein Eingriff in die Intimsphäre des gemeinten Menschen wäre! Für diesen Zweck bitte ich um den Segen Gottes. Das hilft und löst auf, ohne Verletzung des freien Willens.

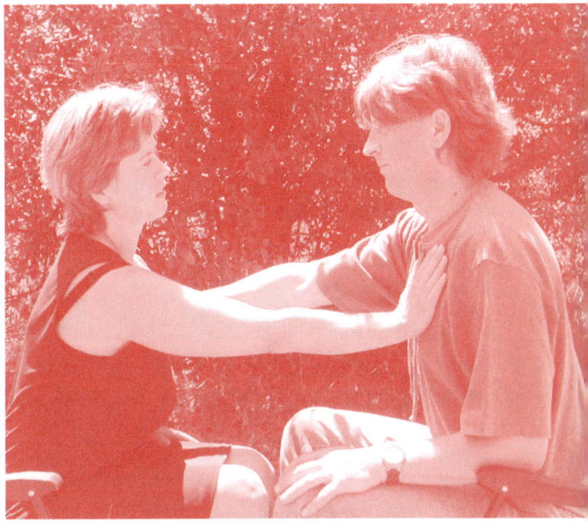

Natürlich ist diese herbeigespürte Herz-zu-Herz-Kommunion auch in Gruppen möglich. Aber alles zu seiner Zeit und in gemeinsamer Gesinnung. Beginnen wir mit geliebten und geschätzten Menschen unserer Wahl. Der Anfang ist immer eine freiwillige Auflösung der harten Grenzen der Dreidimensionalität in die Multidimensionalität der seelischen Vernetzung. Und genau diese brauchen wir jetzt so dringend!

6. Übung: Der indianische Abschiedsgruss

Du legst deine zwei Schwurfinger auf Dein Herz, von dort auf den Mund und dann weiter auf das Herz des Menschen, dem Du „lebe wohl" sagst. Wenn mehrere Menschen zusammen sind, legt dieser wieder die Schwurfinger auf sein Herz, das Du gerade berührt hast und macht es wie Du. Und so weiter in der Runde.

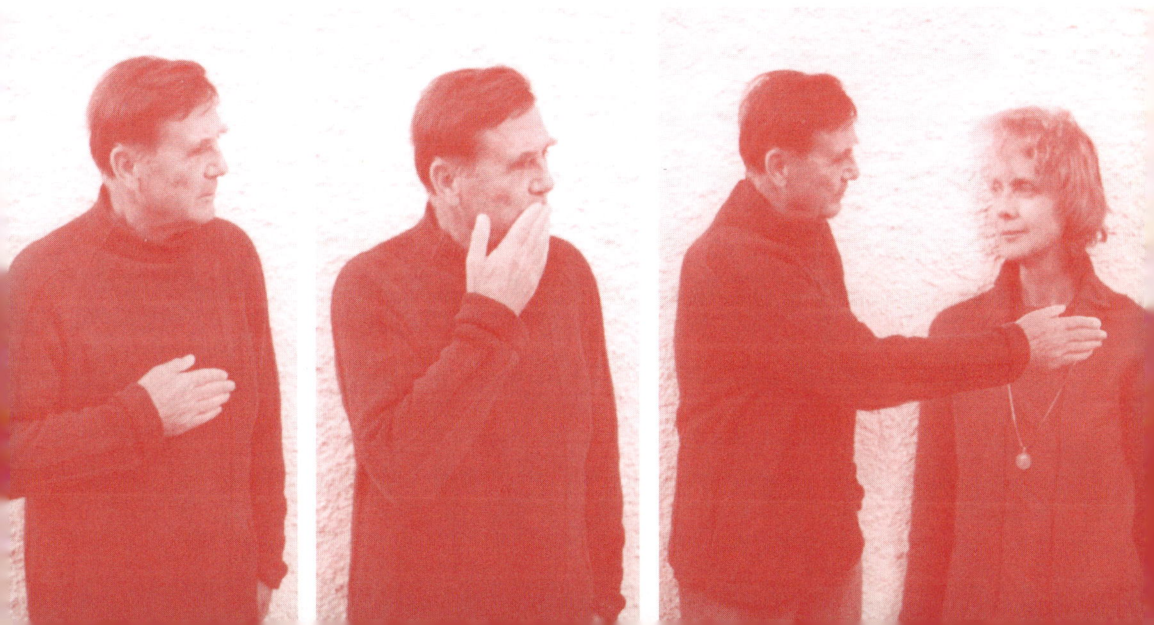

DAS HERZ-ZU-HERZ-NETZWERK

In den folgenden Büchern am „Weg des Herzens“ werden wir noch viele Herz-Übungen als Anregung zur Tat kennen lernen. Zum Beispiel das Ausräumen des alten Herzens und die Durchsichtigkeit und Lichterfülltheit des neuen Herzens, die damit entsteht. Wahrscheinlich kommt jeder von uns auf eigene Herz-Übungen, die ihm spontan einfallen oder die ihm geschehen. Die werden wir gerne sammeln. Ebenso wie weitere Informationen rund um das Herz. Das sehe ich als eine sehr wichtige Aufgabe an. Dafür wird gerade das „Herz-zu-Herz-Netzwerk“ gegründet. Bitte lass uns von Deinen Herz-Erfahrungen wissen, damit viele von ihnen berührt und motiviert werden können und ob Du mitmachen willst. Die einzige Bedingung: Deine Bereitschaft und Deine Adresse, damit die Vernetzung funktioniert.

Hier alle Kontakt-Infos:

Georg Schmertzing, Hohe Warte 22, A-1190 Wien
Tel +43 (0) 664 / 19 12 69 oder +43 (0) 1 / 368 34 35
e-mail: schmertzing@cd-bueroservice.at
Homepage: www.herz-zu-herz.at

DANKE!

Viele Menschen haben mich zu diesem Buch ermuntert und mir Anregungen gegeben. Dafür möchte ich allen danken. Besonders aber meiner Lehrerin Luise Wittmann, meinen schamanischen Freunden Ewald Kloser und Klaudia Hromas, sowie dem wunderbaren Menschen und Bioenergetik-Vorbild Waldefried Pechtl, der leider nicht mehr unter uns ist.

Dany Aichhorn und Christine Demel sage ich ein herzliches Dankeschön für die große logistische Hilfe beim Erstellen der vielen Manuskript-Varianten. Angelika Kress für die fotografische Zuarbeit.

Auch meine Familie hat viel Geduld mit meinen endlosen Klausuren gehabt, die zum Quellenstudium und den persönlichen Erfahrungen notwendig waren. Danke!

Schlußendlich ist René Coudris der perfekte kreative Geburtshelfer beim Entstehen dieses Werkes im Auftrag des Silberschnur Verlags. Ohne ihn wäre das Buch nicht so abwechslungsreich und illustrativ geworden.

Ich hoffe, dass das Ergebnis dieses ersten Bandes am Weg des Herzens Ihnen eine Freude bereitet.

Georg Schmertzing

ANMERKUNGEN

Diese Quellen sind nochmals, mit weiteren Titeln, im Literaturverzeichnis ausführlicher alphabetisch geordnet festgehalten.

1. Karlfried Graf Dürckheim, In: Die Kraft zu leben. S. 55
2. Kyriacos C. Markides, Auf dem Löwen reiten, 1995, S. 219, 220
3. Virtue-Carmel, Phyllis, Hrsg. Mary Bennett, Planet der Wandlung. S. 333f
4. Römer-Brief 8,19
5. Erwin Schrödinger, Geist und Materie, 1986, S. 46
6. Prof. Dr. Rupert Riedl, Die Spaltung des Weltbildes, 1985, S. 290f; siehe auch 15. Katya Walter, S. 329
   Die Evolutionäre Erkenntnisheorie, Hrsg. Rupert Riedl und M. Winketils. 1987, S. 213f, 217f, 245f
7. Jean Gebser, Gesamtausgabe Bd. 2-4, Ursprung und Gegenwart, 1. und 2. Teil, Kommentar-Bd., 1986
8. Marlo Morgan, Traumfänger, 1995, S. 91f
9. Hugo M. Enomiya-Lassalle, Am Morgen einer besseren Welt, 1984, S. 44
10. Siehe 7. Bd. 7, S. 280
11. Siehe 7. Bd. 2, S. 38ff
12. Siehe 7. Bd. 2, S. 65
13. Siehe 7. Bd. 2, S. 348
14. McNeill, Daniel, Paul Freiberger, Fuzzy Logic, Die unscharfe Logik erobert die Technik, 1994, S. 25 u.a.
15. Katya Walter, Chaosforschung, I Ging und Genetischer Code, 1992, S. 15. Dazu schreibt Jay Goldner in seinem neuen, aufregenden Buch „E.T. hat geant wortet", 2001: „Zahlen beherrschen das Universum und geben uns letztlich Aufschluss über alles Seiende." Mit Zahlenspielen kann man sich interstellar verständigen.
16. Siehe 15. S. 335
17. Siehe 15. S. 72f
18. Siehe 7. Bd. 3, Anhang
19. Siehe 7. Bd. 2, S. 195
20. Das Herz im Kulturvergleich, Hrsg. G. Berkemer u.G. Rappe, A. Agarwala u. Oliver Moebus, Der frühindische Gedanke vom bewohnten Herzen, 1996, S. 135
21. Der Verfasser hat mehrere Angriffe persönlich geschildert bekommen. Magie wird auch im Brockhaus-Lexikon als übernatürliche Kraft definiert, die irdische Ereignisse beeinflusst.
   Ein Ziel oder einen Angriff magisch-rituell Wirklichkeit werden zu lassen, nennt man Analogiezauber. Einen praktischen Fall von Schwarzer Magie heute schildert Norbert Muigg, Der Mond im Jaguar, 2002. S 196f
22. Papol Vuh, Das Buch des Rates. Bücher der Weisheit, 1981, S. 11
23. Pierre Honoré, Ich fand den weißen Gott, 1976, S. 35f
24. Siehe 20. Georg Berkemer, Das Herz im atztekischen Opfer, 1996, S. 25.
25. Siehe 20. Herbert Jardner, Damit Dein Herz versteht und Dein Bauch begreift., S. 83f
26. Siehe 20. Jan Assmann, Zur Geschichte des Herzen im Alten Ägypten, S. 143f
27. Siehe 26. S. 149
28. Matthäus 15,19
29. Siehe 26. S. 168f
30. Prof. Christiaan Barnard, 50 Wege zu einem gesunden Herzen, 1999, S. 9
31. Siehe 20. Hermann Schmitz, Leibliche Quelle der Herzmetaphorik, S. 13f
32. Ken Wilber, das amerikanische Universalgenie, kritisiert in seinem Buch „Einfach 'Das'" auf Seite 289 den Standpunkt der neuen bürgerlichen Religion in den USA vom 25.9.1997 folgendermaßen: Sie glauben „die Einwanderung nach Amerika war ein neuer Exodus, und die Amerikaner waren das auserwählte Volk, das den Rest der Welt mit seiner spirituellen Epiphanie beglücken sollte." Erica Jong, die New Yorker Schriftstellerin („Angst vorm Fliegen") schreibt in „Die Zeit" vom 29.8.2002: „Wir sollen aufhören, uns in die Flagge einzuhüllen, auf Gedenkgottesdiensten zu weinen..." Lebenswille sei gefragt. Nicht Geheimhaltung, Meinungsmanipulation, Realitätsverweigerung. Und sie fragt zum Schluss: „wie können wir behaupten, im Namen der Freiheit Krieg zu führen, wenn wir zu Hause so bereitwillig auf sie verzichten?"

Gerhard Jagschitz, Zeithistoriker: „Wenn weiter ein so extremes Schwarzweiß-Bild der Situation erzeugt wird, muss das bald platzen" prophezeit er. Er fordert die internationale und nicht die rein amerikanische Lösung. (Die Presse, 9.10.2001). Kardinal Franz König spricht vom Versagen der Religionen, die zum Terroranschlag des 11. September 2001 geführt haben (Die Presse, 12.10.2001).
Rüdiger Stix fasst das Problem prägnant zusammen: Die Schlüsselfrage ist nicht mehr: „Auf welcher Seite stehst Du? Im Krieg der Zivilisationen lautet die Frage: Wer bist du?" Und diese Frage geht mitten ins Herz und durch Gemeinschaften, Staaten und Zivilisationen hindurch! (Presse 17.9.2001)
Der Philosoph Wilhelm Schmid sagt: Der Anschlag vom 11. September traf „ins Herz der Moderne". Es ist ein Krieg zwischen Raum und Zeit. „Kein Weltkrieg, sondern erste Szenen eines Weltbürgerkriegs, der wirkliche Zusammenprall zweier Planeten auf diesem einen." (Presse, 21.9.2001) Wieder das globale Innen!
Die bedeutende „Neue Zürcher Zeitung" schreibt in einer Besprechung der Schonzeit für Präsident Bush: „Doch bei der Offenlegung der begangenen internen Fehler und den ersten Anstrengungen zu ihrer Remedur sieht das Bild nicht besonders günstig aus. Bush wird mehr tun müssen als markige Reden halten." (5.6.2002). Er wird das Herz der Amerikaner öffnen müssen.

33. P. D. Ouspensky, Die Psychologie der möglichen Evolution des Menschen, 1951, S. 79f
34. Lukas 7,31
35. Dr. phil. Stephen Wolinsky bringt diesen köstlichen Vergleich aus Sinatras Lied „Strangers in the Night" in seinem Buch „Das Tao des Chaos", 1996, S. 146
36. Dr. phil. Stephen Wolinsky, Quantenbewusstsein, 2000, S. 36
37. Grazyna Fosar, Franz Bludorf, Vernetzte Intelligenz, 2001, S. 24f
38. Bruder Philip, Geheimnis der Anden, 1988, S. 62
39. Siehe 38. S. 81
40. 1. Thessaloniker-Brief 5,20
41. Siehe 38. S. 90
42. Siehe 20. Guido Rappe, Das Herz im Kulturvergleich, S. 230f
43. Matthäus 3,37
44. Daniel Goleman, Emotionale Intelligenz, 1999, S. 25
45. Karl Pfleger, Die verwegenen Christozentriker, 1964, S. 14
46. Paul Pearsall, Heilung aus dem Herzen, 1999, S. 229
47. Rupert Sheldrake, Das Gedächtnis der Natur, 1999
48. Siehe 46. S. 106
49. Gerhard Stagun, Das Herz, 1999, S. 50 Die Ärzte sagen, dass es das erste Organ ist, dass zur Blutzirkulation im Fötus gebildet wird.
50. Zoltán Szabó, Astrologie der Wandlung, 1985, S. 98
51. Andere Wirklichkeiten, Hrsg. v. Rainer Kakuska, Rupert Sheldrake, Die Theorie der Morphogenetischen Felder, 1984, S. 126
52. Siehe 46. S. 170
53. Termolen, Rosel, Hildegard von Bingen Biographie, 1989, S. 118
54. Joseph Chilton Pearce, Der nächste Schritt der Menschheit, 1997, S. 264
55. Rolf Degen, Das Ich im Spenderherzen, Frankfurter Allgemeine Zeitung. Natur und Wissenschaft, 23.1.2002, Nr. 19
56. Till Bastian, Die Sprache des Herzens, 1998, S. 68
57. Siehe 46. S. 183
58. Siehe 46. S. 106
59. Lukas 2,51
60. Zeitschrift FORMAT, Das Rätsel Intelligenz, Nr. 37, 13.9.1999, S. 121
61. Siehe 54. S. 139
62. Siehe 54. S. 139
63. Dr. Edith Stein, Kreuzeswissenschaft, 1983, S. 140
64. Karlfried Graf Dürckheim, Mein Weg zur Mitte. Gespräche mit Alphonse Goettmann, 1985, S. 90
65. Peryt Shou (Pseudonym für Albert Schulz), „INRI". Über den wirklichen Ursprung des Christentums, 1921, S. 89
66. Burkhardt Kiegeland, Fluganleitungen für Herzen, 2000, S. 109f
67. Esotera, Ulrich Arndt, Enträtselte Schlangenkraft, 7/99, S. 16f
68. Siehe 46. S. 115
69. Heinrich Zimmer, Der Weg zum Selbst, 1944, S. 144f
70. Irina Tweedie, Der Weg durchs Feuer, 1989, S. 60 + 82
71. Kay Cordell Whitaker, Das Netz der Harmonie, 1993. Das ganze Buch ist ein Training in Richtung neuer Herzmensch! z.B. S. 198f, 123f, 32f, 49
72. Max Prantl, Licht aus der Herzmitte, 1985, S. 83f, S. 91f, S. 306

73. Siehe 50. S. 98
74. Doc Childre, Bruce Cryer, Vom Chaos zur Kohärenz, 2000
75. Siehe 54. S. 262
76. Kampf dem Herztod, Die Woche Nr. 32, 4.8.2000, Die Redakteure kommen zum Schluss: „So ehrenwert und ehrgeizig die Vorstellungen derer sein mögen, die mittels Aufklärung und Gesundheitsratschlägen (!) dem Herztod den Garaus machen möchten: Bislang hat sich kein Mittel gegen den oft tödlichen Doppeldenk gefunden (Doppeldenk heißt Widersprüchliches wahr zu halten: Das Herz garantiert mein Leben, aber ich beachte es nicht! d.V.). Es muss also einstweilen weiter geforscht, erfunden, geschnitten und genäht werden."
77. Hrsg. Michel Salomon, Die Zukunft des Lebens, 1981, S. 282
78. Die Literatur über diese Zahlen und Kosten ist bereits vielfach publiziert. Hier einige Quellen: Z.B. Dr. Bastian, siehe 56. Dr. Rüdiger Dahlke, Herz(ens)Probleme 1990; Gerhard Staguhn, Das Herz, 1999; Besonders informativ: Zeitschrift „raum & zeit", Nr. 109, Heft 1 + 2 2001, S. 12, 19f
79. Siehe 56. S. 123, Die Wirkung des „Herzklappen-Skandals aus dem Jahr 1994 scheint verpufft: Wieder sind tausende Krankenhausärzte in Deutschland unter Verdacht, bestechlich zu sein. Die Staatsanwaltschaft ermittelt zur Zeit gegen rund 2200 Verdächtige, die Vorteile eines Pharmakonzerns angenommen und dafür dessen Medikamente verschrieben haben." Die Geschenkannahmen gingen bis zu 50.000 DM (ca. 25.000 €) (Presse, 12.3.2002).
80. Siehe 77, S. 412
81. Die Presse, 4.10.2002
82. Dean Ornish, Revolution in der Herztherapie, 1992, S. 50, 51, 52, 292
83. Siehe 81.
84. Siehe 56. S. 37f
85. Rüdiger Dhalke, Woran krankt die Welt? 2001, S. 329
86. Wie ein roter Faden zieht sich die manchmal grausame Ausgrenzung von Neudenkern in der Medizin, modern heißt das Mobbing, durch die Geschichte der neueren Zeit. Das gab es immer schon: Friedrich Schiller, selbst Doktor der Medizin, sagt über die „Brotgelehrten": „Sie fechten mit Erbitterung, mit Heimtücke, mit Verzweiflung, weil sie bei dem Schulsystem, das sie verteidigen, zugleich auch für ihr ganzes Dasein fechten. Darum kein unversöhnlicherer Feind, kein neidischerer Amtsgehülfe, kein bereitwilligerer Ketzermacher als der Brotgelehrte." (P. Schmidsberger, Skandal Herzinfarkt, 1975). Z.B: das Klopfen auf den Brustkorb, um die Herzlage festzustellen, das der Wiener Arzt Josef Leopold Auenbrugger vorstellte. Es wurde mit eisigem Schweigen beantwortet. Ein guter Arzt klopft nicht auf dem Brustkorb des Patienten herum. Später taten es alle. Und Billroth sagte über seinen Kollegen Rehm: „Ein Chirurg, der die Naht einer Herzwunde versuchen wollte, sollte den Respekt seiner Kollegen sicher verlieren." (Schrader, H.L, Das Herz soll länger schlagen). Die Liste lässt sich lange fortsetzen!
87. Siehe 54. S. 166
88. Siehe 85. S. 329, „Die krasse Antihaltung, die aus den meisten Medikamentenbezeichnungen zum Ausdruck kommt, verhindert ein Verständnis für das urprinzipielle Wesen von Krankheit und damit auch die Möglichkeit zu wirklicher Prophylaxe." Wir nehmen Antibiotika, Antidepressiva, Antihistamine etc. Dafür sind, nach Prof. Uexküll, 50 % der Krankheiten iatrogen, durch ärztliche Eingriffe erst hervorgerufen!
89. Dr. Therese von Schwarzenberg, Mein Weg zurück ins Leben, 1995, S. 15 90. Siehe 85. S. 194f, 281f; Siehe 81, S. 46f, 52. In den österreichischen öffentlichen Allgemein-Krankenhäusern sollten nach dem Gesetz schon seit vielen Jahren psychologische und psychiatrische Fachkräfte tätig sein. Nur haben sich die Krankenkassen nicht dazu durchgerungen, sie zu bezahlen, obwohl sie die Gebühren für diese Mehrleistung bereits erhöht haben. Bürokraten bestimmen so unsere Gesundheit!
91. Siehe 46. S. 19f
92. Meyer Friedman und Ray H. Roseman, Der A-Typ und der B-Typ, 1975, S. 59f
93. Rüdiger Dahlke, Her(zens)Probleme, 1980, S. 210, S.300
94. Michael Murphy, Der Quanten Mensch, 1998, S. 639
95. Siehe 54. S. 140
96. Siehe 46. S. 156, 29, 139, 159f
97. Claire Sylvia und William Novak, Herzensfremd, 1999, S. 273
98. homas Kramar schreibt dazu in der Presse vom

12.1.2002: „Einer Firma, die heute erklärt, das Problem endogener Viren bewältigt zu haben, sollte man wohl auch in fünf Jahren kein gebrauchtes Schweineherz abkaufen." Übrigens ist die neueste Idee geklonte Schweine zur Transplantation einzusetzen (Presse v. 19.2.2002). Jede technische Anstrengung bringt mehr Geld, als ein Umdenken in Richtung Stressbewältigung.

99. Siehe 77. S. 296
100. Ulrike Baureithel, Anna Bergmann, Herzloser Tod, 1999, S. 160f
101. Informative Beiträge über diese Vorgänge in: „raum & zeit", Jahrgang 19, Hefte 109, 110; Jahrgang 20, Hefte 112, 116
102. Detlef B. Linke, Hirnverpflanzung. Die erste Unsterblichkeit auf Erden (!), 1993, Seite 308: „Die perpetuierende Hirngewebeeinpflanzung, der Fortbestand der Menschheit durch Fortpflanzung von Hirnsubstanz, wird im Horizont unserer individuumsorientierten Ethik nicht aufgehalten werden. Warum auch sollte man den Menschen nicht 'verbessern'?"
103. Siehe 101. 19. Jahrgang, Heft 110, S. 101
104. Bender Hans, Zukunftsvisionen. Kriegsprophezeiungen. Sterbeerlebnisse. 1983, S.147/148. Bender war Univ.Prof. und Lehrstuhlinhaber für Psychologie und ihre Grenzgebiete in Freiburg im Br.
105. Siehe 46. S. 9f, 11f, Einleitung von Prof. Schwartz und der Forschungspsychologin Dr. Rusak. Sie fanden den „systemischen Speichermechanismus", der eine Erklärung ist, wie Atome, Zellen, Organe und „das Herz auf natürlichem Weg kodierte Informationen aufbewahren".
106. Siehe 100. S. 74
107. Siehe 101. 19. Jahrgang, Heft 110 und 112
108. Ralf Stoecker, Der Hirntod, 1999, S. 234, 339f
109. Siehe 101. 19. Jahrgang, Heft 109. Er schreibt u.a.: „Hirntote weisen Spontanbewegungen auf, hirntote Männer können Erektionen bekommen, sogar einen Samenerguss, sind also theoretisch wenigstens fortpflanzungsfähig. Gehirntote Frauen sind in der Lage, gesunden Kindern das Leben zu schenken. Dennoch gelten diese PatientInnen als Leichen, denen man lebensfrische Organe entnimmt." Weiter: „97 % aller Explantationsopfer haben ihre Einwilligung nicht gegeben." Angehörige können nicht für Dritte einwilligen. Das ist sittenwidrig und verletzt das Selbstbestimmungsrecht.
110. Siehe 100, S. 162. Wie die Krankenschwester es ausdrückt: „Ich streichle die (Leiche) noch und sage ein kleines Gebet."
111. Siehe 100. S. 87
112. Dr. Alfred Kocher hat zuerst an der Columbia University in New York und jetzt in Wien versucht, Stammzellen zu gewinnen, die injiziert „genau zu jener Stelle, wo der Infarkt Muskelgewebe zerstört hat", wandern. Dazu notwendig: „Man muss das Herz dazu bringen, dass es Lockstoffe aussendet, damit die Stammzellen auch wirklich dort bleiben." Eine Weltpremiere. (Presse, 2.10.2001).
113. Siehe 85. S. 283
114. Siehe 7. Bd. 3, S. 545
115. Leo A. Nefiodow, Der sechste Kondratieff, 1997, S. 219f
116. Siehe 114. S. 174
117. Pierre Teilhard de Chardin, Auswahl aus dem Werk, 1964, S. 204f, 208, 201, 210. Er schreibt: „Die Vereinigung, die wahre Vereinigung, die Geistes- und Herzensvereinigung, versklavt nicht und neutralisiert nicht die verbundenen Glieder. Sie superpersonalisiert sie." Wieder die Planetisation!
118. Pierre Teilhard de Chardin, Das Herz der Materie, 1990, S. 115
119. Burchard Brentjes, Der Mythos vom dritten Reich, 1997, S. 27f
120. Prof. Dr. Ernst Benz, Creator Spiritus, Die Geistlehre des Joachim von Fiore in Eranos Jahrbuch 1956, 1957, S. 341
121. Matthäus 10,20
122. Siehe 56. S. 110. Der Verfasser als Arzt bezieht dies auf die Einmaligkeit jedes Patienten und seiner Befindlichkeit.
123. Georg Schmertzing, Geheimnis Maria, 1998, S. 159, S. 137
124. C.G. Jung, Erinnerungen, Träume und Gedanken von, Hrsg. Aniela Jaffé, 1962, S. 251
125. Siehe 44. S. 80, 8, 25, 67
126. Gitta Mallasz, Die Engel erlebt, 1993, S. 65
127. Siehe 82. S. 150
128. Siehe 82. S. 266
129. Kurier, 15.2.2002
130. Siehe 112.
131. Aubrey T. Westlake, Medizinische Neuorientierung, 1994, S. 257f
132. Kurier, 27.2.2002

133. J.G. Bennett, Gurdjieff – Der Aufbau einer neuen Welt, 1976, S. 258
134. Ouspensky P.D, Der vierte Weg, 1991, S. 72, 19, 124
135. Siehe 134. S. 15, 33, 98ff, 133
136. Ouspensky P.D., Auf der Suche nach dem Wunderbaren, Vlg der Palme, O.J, S. 37
137. Stephen Wolinsky, Der Weg des Menschlichen, 2001, S. 172f, 368
138. Siehe 37, S. 218f; Siehe 46, S. 11f
139. Siehe 7. Bd. 2, S. 366
140. Siehe 15. S. 94
141. Ernst Meckelburg, Besucher aus der Zukunft, 1980, S. 242
142. Siehe 7. Bd. 3, S. 689
143. Antoine de Saint-Exupéry, Der kleine Prinz, 1990, S. 72
144. Jean Gebser, In der Bewährung, 1962, S. 138
145. Heinrich Schipperges, Die Welt des Herzens, 1989, S. 61
146. Annemarie Schimmel, Mystische Dimensionen des Islam, 1995, S. 248
147. David Steindl-Rast, Fülle und Nichts, 1988, S. 27
148. Paramahansa Yogananda, Autobiographie eines Yogi,1994, S. 159
149. Siehe 46. S. 114
150. Die Evolutionäre Erkenntnistheorie 2001, Hrsg. R. Riedel und Franz M. Wuketits, S. 78. Das Zitat geht weiter: „Ich glaube, wir können es nicht. Wir können aber eine Theorie formulieren, die besagt, dass die Welt vierdimensional oder nichteuklidisch sei, und wir können eine solche Theorie prüfen und sie widerlegen oder bestätigen. Ich glaube also, dass es nicht richtig ist, dass wir außerhalb unserer angeborenen Anlagen nicht denken können, weil wir ja schließlich die Sprache haben." Unter diesem Motto versuchen wir bewusstseinsmäßig der 4. Dimension in diesen Anregungen nahe zu kommen!
151. Ilya Prigogine, Vom Sein zum Werden, 1985, S. 11
152. Patrizia Norelli-Bachelet, Der gnostische Kreis, 1977, S. 15, 16
153. Siehe 15. S. 137 S. 154
154. C.G. Jung, Zur Psychologie westlicher und östlicher Religion, Bd. 11 der ges. Werke, 1988, S. 75
155. Siehe 141. S. 259
156. Friedrich Weinreb, Der göttliche Bauplan der Welt, 1978, S. 31f
157. Siehe 15. S. 74
158. Siehe 50. S. 180
159. Siehe 141. S. 246
160. Siehe 151. S. 261f; Siehe 154, S. 265f, 281
161. Siehe 136. S. 57, 62, 136f, 287 usw.
162. Alexis Carrel, Tagebuch eines Lebens, 1957, S. 118, 120
163. P.D. Ouspensky, Die Psychologie der möglichen Evolution des Menschen, 1981, S. 79ff
164. Gary Zukav, Die tanzenden Wu Li Meister, 1981, S. 323, 324, 338, siehe auch Ernst Meckelburg, Jenseits der Ewigkeit, 2000, S. 23, 233 u.a.
165. Hugo M. Enomiya-Lassalle, Leben im neuen Bewusstsein, Hrsg. Roland Ropers, 1986, S. 111
166. Siehe 53. S. 115
167. Richard Bucke, Kosmisches Bewusstsein, 1993, S. 206
168. Joel 3, 1-2
169. Siehe 37. S. 215ff; siehe 149, S. 76
170. Siehe 167. S. 207
171. Ezechiel 11,19
172. Siehe 123. S. 136
173. Luise Wittmann: Botschaft vom 21.8.1986, S. 1, im Besitz des Verfassers
174. Paul Brunton, Augenblicke der Wahrheit, 1987, S. 203. Die Einfügungen vom Verfasser.
175. Gitta Mallasz, Die Antwort der Engel, 1984, S. 196
176. Peter Sloterdijk, Blasen, Sphären I. 1999, S. 101
177. Siehe 42. S. 220
178. Wilhelm Weischedel, Die philosophische Hintertreppe, 1999, S. 54
179. Entwicklung und Aktualität der Herz-Jesu-Verehrung, 1984, Kardinal Joseph Ratzinger, Das Ostergeheimnis als tiefster Gehalt und Grund der Herz-Jesu-Verehrung, S. 140f
180. Siehe 179. S. 139, 141
181. Siehe 178. S. 80
182. Blaise Pascal, Geist und Herz, Hrsg. Hans Giesecke, 1962, S. 198f und siehe 178, S. 125f
183. Daisetz Teitaro Suzuki, Ur-Erfahrung und Ur-Wissen, 1983, S. 130f
184. Gudula Linck, Yin und Yang, 2000, S. 72f, S. 98
185. Lama Anagarika Govinda, Grundlagen Tibetischer Mystik, 1957, S. 194, 197
186. Ken Wilber, Eros, Kosmos, Logos, 1996, S. 350f
187. Siehe 20. Hermann Schmitz, Leibliche Quellen der Herzmetaphorik, S. 13ff; siehe 42, S. 211f

188. Siehe 176. S. 112f, 115, 367, 371, 347ff, 550, 592, 640f, 643
189. Lao Tse, Tao-Te-King, Übertragen von Wolfgang Kopp, 1988, Spruch 49
190. Matthäus 5,3-12
191. Etty Hillesum, Das denkende Herz, Die Tagebücher 1941-1943, 1997, S. 142f
192. Goethe J.W. v., Faust II
193. Siehe 7. Bd. 7, S. 284, 285
194. Epheser-Brief 4,25
195. Siehe 93. S. 66; Siehe 46, S. 87
196. Offenbarung des Johannes, 21,9 ff
197. K. Graf Dürckheim, Auf dem Weg zur Transparenz in: Transparente Welt. Festschrift zum sechzigsten Geburtstag von Jean Gebser, 1965, S. 228, 233
198. 2. Petrus-Brief, 1,19
199. Lukas 15, 30-31
200. Anne Bancroft, Mystiker. Wegweiser für die Zukunft, 1992, S. 81
201. Carl Albrecht, Das mystische Erkennen, 1982, S. 140
202. Hilda Graef, Der siebenfarbige Bogen, 1959, S. 329f
203. Luise Wittmann, Worte des Geistes, 1999, S. 178
204. Oda Schneider, Im Anfang war das Herz, 1951, S. 293
205. Pater Derobert, Pater Pio durchsichtig auf Gott hin, 1990, S. 72, 73
206. Siehe 204. S. 148
207. Pater Gebhard Heyder OCD, Zeichen Gottes, 1983, S. 31ff, Franz Weiss, Gottes Blut, 1988, S. 81
208. Durch Luise Wittmann im Beisein des Verfassers
209. Siehe 123. S. 225
210. Siehe 123. S. 171
211. Jörg Müller, Von Maria zu reden ist gefährlich, 1999, S. 31, 39, 42, 56, 70
212. Visionen und die Frage ihrer Echtheit. Hrsg. Gregor Kauling. Jörg Müller, Gemeinsames in den Botschaften von Fatima, Medjugorije und Marpingen, 2001, S. 13 In Fatima (1917) rotierte die Sonne nur. Diesmal (1999) verwandelte sie sich dazu noch in ein Herz!
213. Thomas Schipflinger, Wunderwelt der Engel, 2000, S. 54f
214. Siehe 203. S. 189, 190, 178
215. Siehe 203. S. 51
216. Olga Kharitidi, Das weisse Land der Seele, 2000, S. 259, 260
217. Siehe 70, S. 195
218. Georg Schmertzing, Aufbruch zur inneren Erfahrung, 1996, S. 88, 192
219. Siehe 147. S. 37, 38
220. Markus Langholf, Der Pfad des lebendigen Geistes, Loslassen, 1999, S. 80, 146, 156
221. Siehe 66. S. 139
222. Karlfried Graf Dürckheim, Wunderbare Katze und andere Zen-Texte, 1989, S. 67
223. Siehe 136. S. 385ff
224. Siehe 123. S. 218, 219
225. Denken wir an den Hl. Franziskus!
226. Luise Wittmann, Das zukünftige Leben der Seele, 1997, S. 188, 189
227. Siehe 220. S. 52
228. Siehe 216. S. 226
229. Safi Nidiaye, Das Tao des Herzens, 2000, S. 67
230. Siehe 63. S. 143
231. Siehe 186. S. 180
232. Rüdiger Dahlke, Der Mensch und die Welt sind eins, 2000, S. 19
233. George Leonhard, Der Rhythmus des Kosmos, 1983, S. 7, 114
234. Paul Brunton, Yogis, 1937, S. 314
235. Siehe 74. S. 265
236. Lukas, 24,32
237. Siehe 69. S. 189
238. G.I. Gurdjeff, Das Leben ist nur dann wirklich, wenn 'ich bin'! 1987, S. 129, 154, 19, 73
239. Siehe 69. 202f
240. Hohelied, 5,2
241. Siehe 137. S. 37f
242. Axel Klimek, Liebe und werde der du bist, 2000, S. 45
243. Siehe 69. S. 201
244. Siehe 226. S. 188
245. Johannes von Jerusalem, Das Buch der Prophezeiungen, 1996, S. 85, 87
246. Siehe 123. S. 131
247. Offenbarung des Johannes 21,3
248. Siehe 211. S. 84
249. Siehe 226. S. 220
250. Luise Wittmann, Botschaft vom 25.11.1952 im Besitz des Verfassers
251. Gregg Braden, Das Erwachen der neuen Erde, 2000, S. 64f; Siehe 37. 51ff, „raum & zeit“ 20. Jg., Heft 113, 9/10.2001, S. 81

LITERATURVERZEICHNIS

Alphabetisch geordnet, für die, die noch tiefer in das Herz-Thema eindringen wollen.

Albrecht, Carl, Das mystische Erkennen. Mainz, Matthias-Grünewald Vlg, 1982.

Anand, Maharani, Die Herz-Umarmung. Ahlerstedt, Param Vlg, 1997.

Asimov, Isaak, Wege und Irrwege der Naturwissenschaft. Düsseldorf u. Wien, Econ Vlg, 1969.

Augustinus, Aurelius, Die Bekenntnisse, Einsiedeln, Johannes Vlg, 1985.

Baier, Gerold, Rhythmus. Tanz in Körper und Gehirn. Reinbeck bei Hamburg, Rowohlt TB Vlg, 2001.

Bancroft, Anne, Mystiker. Wegweiser für die Zukunft. Olten, Walter Vlg, 1992.

Barnard, Prof. Christiaan, 50 Wege zu einem gesunden Herzen. St. Pölten, Wien, NP-Vlg, 1999.

Bastian, Till, Die Sprache des Herzens. München, Beck, 1998.

Bender, Hans, Zukunftsvisionen. Kriegsprophezeiungen, Sterbeerlebnisse. München, Zürich, Piper Vlg, 1983.

Bennett, J.G, Gurdjieff – Der Aufbau einer neuen Welt. Freiburg i. Br., Aurum Vlg, 1976.

Benz, Ernst, Creator Spiritus. Die Geistlehre des Joachim von Fiore. In Eranos-Jahrbuch 25, 1956. Zürich, Rhein-Vlg, 1957.

Bekemer, Georg und Guido Rappe, Hrsg. Das Herz im Kulturvergleich. Berlin, Akademie Vlg, 1996.

Berman, Morris, Wiederverzauberung der Welt. Reinbeck bei Hamburg, Rowohlt TB Vlg, 1985.

Black Elk, Schamane der Lakota. Bern, München, Wien, O.W.Barth Vlg, 1998.

Braden, Gregg, Das Erwachen der neuen Erde. Freiburg, Hans-Nietsch-Vlg, 2000.

Brentjes, Burckard, Der Mythos vom dritten Reich. Hannover, Fackelträger Vlg, 1997.

Brück, Michael von, Dialog der Religionen. München, Goldmann Vlg, 1987.

Brunton, Paul, Yogis. Verborgene Weisheit Indiens. Berlin, W. Krüger Vlg, 1937.

Brunton, Paul, Augenblicke der Wahrheit. Bern, München, Wien, O.W. Barth Vlg, 1987.

Baureithel, Ulrike, Anna Bergmann, Herzloser Tod. Das Dilemma der Organspende. Stuttgart, Klett-Cotta, 1999.

Bucke, Richard Maurice, Kosmisches Bewusstsein. Frankfurt am Main und Leipzig, Insel TB, 1993.

Buschenreiter, Alexander, Unser Ende ist euer Untergang. Düsseldorf u. Wien, Econ, 1984.

Carrel, Alexis, Tagebuch eines Lebens. München, Paul List Vlg, 1957.

Chang, Garma C.C., Die Praxis des Zen. Freiburg i. Br., Aurum Vlg, 1982.

Childre, Doc, Die Herzintelligenz entdecken. Kirchzarten bei Freiburg, VAK Vlg, 2000.

Childre, Doc, Bruce Cryer, Vom Chaos zur Kohärenz. Kirchzarten bei Freiburg, VAK Vlg, 2000.

Childre, Doc, Howard Martin, Die Herzintelligenz-Methode. Kirchzarten bei Freiburg, VAK Vlg, 2000.

Cuenot, Claude, Unsere dynamische Welt. Teilhard de Chardin zwischen Dogma und Wissenschaft. Olten u. Freiburg i.Br., Walter Vlg, 1968.

Dahlke, Rüdiger, Herz(ens)-Probleme. München, Drömer-Knaur, 1990.

Dahlke, Rüdiger, Der Mensch und die Welt sind eins. München, W. Heyne Vlg, 2000.

Dahlke, Rüdiger, Woran krankt die Welt? München, Riemann Vlg, 2001.

Dürckheim, Karlfried Graf, Mächtigkeit, Rang und Stufe des Menschen. Freiburg i. Br., Aurum Vlg, 1978.

Dürckheim, Karlfried Graf, Mein Weg zur Mitte. Freiburg, Basel, Wien, Herder TB, 1985.

Dürckheim, Karlfried Graf, Der Ruf nach dem Meister. Bern, München, Wien, O.W. Barth Vlg, 1986.

Dürckheim, Karlfried Graf, Wunderbare Katze und andere Zen-Texte. Bern, München, Wien, 1989.

Dürckheim, Karlfried Graf, Hara. Die Erdmitte des Menschen. Bern, München, Wien, O.W. Barth Vlg, 1992.

Eckehart, Meister, Deutsche Predigten und Traktate. München, Diogenes TB, 1979.

Egli, René, Das LOLA-Prinzip. Oetwil a.d.L., Editions D'Olt, 1997.

Enomiya-Lassalle, Hugo M., Am Morgen einer besseren Welt. Freiburg, Basel, Wien, Herder TB, 1984.

Enomiya-Lassalle, Hugo M., Leben im neuen Bewusstsein. München, Kösel, 1986.

Fosar, Grazyna, Franz Bludorf, Vernetzte Intelligenz. Die Natur geht online. Aachen, Omega Vlg, 2001.

Friedman, Meyer und Ray H. Rosenman, Der A-Typ und der B-Typ. Reinbeck bei Hamburg, Rowohlt, 1975.

Gebser, Jean, Gesamtausgabe, Bd. 1-7. Schaffhausen, Novalis Vlg, 1986.

Gebser, Jean, In der Bewährung. Bern und München, Francke Vlg, 1962.

Gebser, Jean, Transparente Welt. Festschrift zum sechzigsten Geburtstag Bern und Stuttgart, Vlg Hans Huber, 1965.

Gebser, Jean – Gerhard Wehr, Individuelle Transformation vor dem Horizont eines neuen Bewusstseins. Petersberg, Vlg Via Nova, 1996.

Gebser, Jean, Dürckheim, Karlfried Graf, Schweizer, Albert u.a.m., Die Kraft zu leben, Bekenntnisse unserer Zeit. Gütersloh, Bertelsmann, 1963.

Golas, Thaddeus, Der Erleuchtung ist es egal wie du sie erlangst. Basel, Sphinx Vlg, 1981.

Goldner, Jay, E.T. hat geantwortet. Horhausen, Silberschnur Vlg, 2002

Goleman, Daniel, Emotionale Intelligenz. München, DTV, 1999.

Govinda, Lama Anagarika, Grundlagen tibetanischer Mystik. Zürich und Stuttgart, Rascher Vlg, 1957.

Govinda Kalashatra, Atlas der Chakren. München, W. Ludwig Buchvlg, 1999.

Graef, Hilda, Der siebenfarbige Bogen. Auf den Spuren der großen Mystiker. Frankfurt/Main, Vlg Josef Knecht, 1959

Gurdjieff, G.I., Beelzebubs Erzählungen für seinen Enkel. 3 Bde, München, Hugendubel, 2000.

Gurdjieff, G.I., Begegnungen mit bemerkenswerten Menschen. München, Wilhelm Heyne Vlg, 1999.

Gurdjieff, G.I., Das Leben ist nur dann wirklich wenn 'ich bin'! Basel, Sphinx Medien Vlg, 1987.

Halifax, Joan, Die andere Wirklichkeit der Schamanen. München, Goldmann, 1985.

Herrigel, Eugen, Zen in der Kunst des Bogenschießens. Weilheim, O.W. Barth Vlg, 1962.

Heyder, Pater Gebhard OCD, Zeichen Gottes. Regensburg, Selbstvlg, 1982.

Hillesum, Etty, Das denkende Herz. Reinbeck bei Hamburg, Rowohlt TB, 1997.

Hiramatsu, Hoseki Shinichi, Die Fülle des Nichts. Pfullingen, Vlg Günther Neske, O.J.

Höhler, Gertrud, Herzschlag der Sieger. Die EQ-Revolution. Düsseldorf, München, Econ, 1998.

Honoré, Pierre, Ich fand den weißen Gott. Frankfurt/Main, Societäts Vlg, 1976.

Jayakar, Pupul, Krishnamurti Leben und Lehre. Freiburg i. Br., Bauer, 1988.

Johannes von Jerusalem, Das Buch der Prophezeiungen. Weyarn, Seehamer Vlg, 1996.

Johnson, Robert A., Bilder der Seele. Traumarbeit und Aktive Imagination. München, Hugendubel, 1995.

Jung, C.G., Erinnerungen, Träume, Gedanken Aufgezeichnet und herausgegeben von Aniela Jaffé. Zürich u. Stuttgart, Rascher, 1962.

Jung, C.G., Zur Psychologie westlicher und östlicher Religion. Gesammelte Werke, Bd. 11. Olten und Freiburg i.Br., Walter Vlg, 1988.

Kakuska, Rainer Hrsg., Andere Wirklichkeiten. R. Sheldrake, Dalai Lama, O. Bohm, D. Steindl-Rast, F. Varela u.a.m. München, Dianus-Trikont Buchvlg, 1984.

Kauling, Gregor u.a. Visionen und die Frage ihrer Echtheit. Fatima-Medjugorje-Marpingen. Altenberge, Oros Vlg, 2001.

Keilhauer, Fridolin, Medjugorje. Eine prophetische Herausforderung. Zulassungsarbeit zum theolog. Abschluss. Burg Lautershofen, 1.6.1992.

Kharitidi, Olga, Das weiße Land der Seele. München, Paul List Vlg, 2000.

Kiegeland, Burkhardt, Fluganleitungen für Herzen. München, Vlg Weisser Lotus, 2000.

Klimek, Axel, Liebe und werde der du bist. Petersberg, Vlg Via Nova, 2000.

Koll, Rolf D., Grundkurs Bioenergetik. München, Goldmann, 1988.

Krishnamurti, Jiddu, Dem Leben begegnen. München, Econ TB, 2001.

Lao Tse, Tao-Te-King. Übertragen von Wolfgang Kopp. Interlaken, Aurata Vlg, 1988.

Läpple, Alfred, Ketzer und Mystiker. München, Delphin Vlg, 1988.

Läpple, Alfred, Wunder sind Wirklichkeit. Augsburg, Pattloch Vlg, 1989.

Langbein, Kurt, Bert Ehgartner, Das Medizin-Kartell. München, Zürich, Piper, 2002.

Langholf, Markus, Der Pfad des lebendigen Geistes. Loslassen. Wasserburg, Sheema Medien Vlg, 1999.

Leonhard, George, Der Rhythmus des Kosmos. Bern u. München, O.W. Barth Vlg, 1983.

Le Saux, Henri, Das Feuer der Weisheit. Bern, München, O.W. Barth Vlg, 1979.

Le Saux, Henri, Die Gegenwart Gottes erfahren. Mainz, Matthias-Grünewald Vlg, 1980.

Linck, Gudula, Yin und Yang. München, Beck, 2000.

Linke, Detlef B., Hirnverpflanzung. Reinbeck bei Hamburg, Rowohlt, 1993.

Mac Donald-Bayne, Dr. phil., Dr. theol., Murdo, Göttliche Heilung von Seele und Leib. Freiburg i. Br., Aurum Vlg, 1987.

Mallasz, Gitta, Die Antwort der Engel. Zürich, Daimon Vlg, 1984.

Mallasz, Gitta, Die Engel erlebt. Zürich, Daimon Vlg, 1993.

Mallasz, Gitta, Weltenmorgen. Zürich, Daimon Vlg, 1986.

Mallasz, Gitta, Sprung ins Unbekannte. Zürich, Daimon Vlg, 1993.

Markides, Kyriacos C., Auf dem Löwen reiten. Die Suche nach dem mystischen Christentum. München, Droemer-Knaur TB, 1995.

Marxer, Fridolin, Andreas Taber, Gottes Spuren im Universum. München, Vlg J. Pfeiffer, 1990.

Marchmann, Melita, Eine ganz gewöhnliche Heilige. Bern, München, Wien, O.W. Barth Vlg, 1990.

Mc. Neill, Daniel u. Paul Freiberger, Fuzzy Logic. München Droemer Knaur, 1994

Mechthild von Hackeborn, Das Buch vom strömenden Lob. Einsiedeln, Johannes Vlg, 1955.

Meckelburg, Ernst, Besucher aus der Zukunft. Bern und München, Scherz Vlg, 1980.

Meckelburg, Ernst, Jenseits der Ewigkeit. München, Langen Müller, 2000.

Morgan, Marlo, Traumfänger. München, W. Goldmann Vlg, 1995.

Müller, Jörg, Von Maria zu reden ist gefährlich. Jestetten, Miriam Vlg, 1999.

Muigg, Norbert, Sprache des Herzens. Wien Ibera Vlg, 1999.

Muigg, Norbert, Der Mond im Jaguar. Wien, Ibera Vlg, 2002.

Murphy, Michael, Der Quanten Mensch. Bern, München, Wien, Integral Vlg, 1998.

Nefiodow, Leo A., Der sechste Kondratieff. Sankt Augustin, Rhein-Sieg-Vlg, 1997.

Neidhöfer, Loil, Intuitive Körperarbeit. Oldenburg, Transform Vlg, 1991.

Nidiaye, Safi, Die Stimme des Herzens. Bergisch Gladbach, Bastei-Lübbe, 2000.

Nidiaye, Safi, Das Tao des Herzens. Kreuzlingen, München, Hugendubel, 2000.

Nidiaye, Safi, Die Weisheit der inneren Stimme. München, List TB, 2001.

Norelli-Bachelet, Patrizia, Der Gnostische Kreis. Frankfurt/Main, Fischer TB, 1977.

Ornish, Dean, Revolution in der Herztherapie. Stuttgart, Kreuz Vlg, 1992.

Ouspensky, P.D., Auf der Suche nach dem Wunderbaren. Innsbruck, Vlg der Palme, O.J. (ca. 1950).

Ouspensky, P.D., Der vierte Weg. Basel, Sphinx Vlg, 1991.

Ouspensky, P.D., Die Psychologie der möglichen Evolution des Menschen. Berlin, Edition Plejaden, 1981.

Pfleger, Karl, Die verwegenen Christozentriker. Freibug i.Br., Herder TB, 1964.

Pearsall, Paul, Heilung aus dem Herzen. München, Goldmann Vlg, 1999.

Pearce, Joseph Chilton, Der nächste Schritt der Menschheit. Freiamt, Arbor Vlg, 1997.

Pascal, Blaise, Geist und Herz. Eine Auswahl. Hrsg. Hans Giesecke. Hamburg-Bergstedt, Herbert Reich Vlg, 1962.

Philip, Bruder, Geheimnis der Anden. Höhr-Grenzhausen bei Koblenz, Saint Germain Vlg, 1988.

Pio, Pater – Pater Derobert, Durchsichtig auf Gott hin. Brüssel, Hovine Vlg, 1990.

Popal Vuh, Das Buch des Rates. Gütersloh, Bertelsmann, 1981.

Prantl, Max, Licht aus der Herzmitte. Freiburg i.Br., Bauer Vlg, 1985.

Prigogine, Ilya, Vom Sein zum Werden. München, Zürich, Piper, 1985.

Ratzinger, Joseph Kard. et alii, Entwicklung und Aktualität der Herz Jesu Verehrung. Aschaffenburg, Paul Pattloch Vlg, 1984.

Riedl, Prof. Dr. Rupert, Die Spaltung des Weltbildes. Berlin u. Hamburg, Vlg Paul Parey, 1985.

Riedl, Prof. Dr. Rupert u. Franz M. Wuketits, Die Evolutionäre Erkenntnistheorie. Berlin und Hamburg, Vlg Paul Parey, 1987.

Riedl, Prof. Dr. Rupert, Die Strategie der Genesis. München, Zürich, R. Piper & Co Vlg, 1980.

Ripota, Peter, Die Geburt des Wassermann-Zeitalters. München, W. Goldmann Vlg, 1987.

Sadlin, Mouni, Auf dem Pfad Sri Ramana Maharshis. Büdingen Vlg, Büdingen-Haingründau, 1956.

Salomon, Michel Hrsg., Die Zukunft des Lebens. Wien, Hamburg, Paul Zsolnay Vlg, 1981.

Sarrach, Alfons, Die Madonna und die Deutschen. Jestetten, Miriam Vlg, 1997.

Scharf, Siegfried, Die Praxis der Herzensmeditation. Freiburg i. Br., Bauer, 1999.

Schimmel, Annemarie, Mystische Dimensionen des Islam. Die Geschichte des Sufismus. München, Diederichs, 1995.

Schipflinger, Thomas, Sophia-Maria. Eine ganzheitliche Vision der Schöpfung. München, Zürich, Vlg Neue Stadt, 1988.

Schipflinger, Thomas, Wunderwelt der Engel. Dorfen, Kompetenz Vlg, 2000.

Schipperges, Heinrich, Die Welt des Herzens. Frankfurt/ Main, Vlg Josef Knecht, 1989.

Schmertzing, Georg, Aufbruch zur inneren Erfahrung. Dorfen, Kompetenz Vlg, 1996.

Schmertzing, Georg, Geheimnis Maria. Dorfen, Kompetenz Vlg, 1998.

Schmidsberger, Peter, Skandal Herzinfarkt. Percha am Starnberger See, Vlg R.S. Schulz, 1975.

Schmidt, K.O., Die Götter des Sirius. Kleinjörl bei Flensburg, G.E. Schroeder Vlg, 1980.

Schmidt, K.O., In dir ist das Licht. Engelberg u. München, Drei Eichen Vlg, 1979.

Schmidt, K.O., Die geheimen Herren-Worte des Thomas-Evangeliums. Erläutert von. Engelberg u. München, Drei Eichen Vlg, 1977.

Schneider, Oda, Die mystische Erfahrung. Aschaffenburg, Paul Pattloch Vlg, 1965.

Schneider, Oda, Im Anfang war das Herz. Salzburg, Otto Müller Vlg, 1951.

Schrödinger, Erwin, Geist und Materie. Wien, Hamburg, Paul Zsolnay Vlg, 1986.

Schwarzenberg, Therese von, Mein Weg zurück ins Leben. Wien, Ibera Vlg, 1995.

Schwarzenberg, Therese von, Krebs heilende Krankheit? Wien, Ibera Vlg, 2001.

Schrader, Herbert L., Das Herz soll länger schlagen. Rastatt/Baden, Grote Vlg, 1958.

Schrödter, Willy, Das Rosenkreuz. Zürich, Origo Vlg, 155.

Sheldrake, Rupert, Das Gedächtnis der Natur. München, Zürich, Piper Vlg, 1999.

Sheldrake, Rupert, Terence McKenna, Ralph Abraham, Denken am Rande des Undenkbaren. München, Zürich, Piper Vlg, 1998.

Sloterdijk, Peter, Sphären I, Blasen. Frankfurt/Main, Suhrkamp, 1999.

Straguhn, Gerhard, Das Herz. München, Kösel Vlg, 1999.

Steffan, Steff, Die Sufi-Schule der Liebe. Freiburg i.Br., Bauer, 1992.

Stein, Dr. Edith, Kreuzeswissenschaft. Ges. Werke Bd 1. Freiburg, Basel, Wien, Vlg Herder, 1983.

Steindl-Rast, David, Fülle und Nichts. München, Dianus-Trikont Vlg, 1985.

Steindl-Rast, David, Die Achtsamkeit des Herzens – Ein Leben in Kontemplation. München, Wilhelm Goldmann Vlg, 1988.

Stoecker, Ralf, Der Hirntod. Freiburg, München, Vlg Karl Alber, 1999.

Sylvia, Claire, Herzensfremd. Bergisch Gladbach, Bastei-Lübbe Vlg, 1997.

Suzuki, Daisetz Teitaro, Ur-Erfahrung und Ur-Wissen. Wien, Octopus Vlg, 1983.

Szabó, Zóltan, Astrologie der Wandlung. München, Hugendubel, 1985.

Teilhard de Chardin, Pierre, Lobgesang des Alls. Olten u. Freiburg i. Br., Walter Vlg, 1961.

Teilhard de Chardin, Pierre, Auswahl aus dem Werk. Nachwort Karl Schmitz-Moormann. Olten u. Freiburg i. Br., Walter Vlg, 1964.

Teilhard de Chardin, Pierre, Das Herz der Materie. Olten u. Freiburg i. Br., Walter Vlg, 1990.

Termolen, Rosel, Hildegard von Bingen. Biographie. Augsburg, Pattloch Vlg, 1989.

Tweedie, Irina, Der Weg durchs Feuer. Interlaken, Anata Vlg, 1989.

Underhill, Evelyn, Mystik. Bietingheim, Turm Vlg, o.J.

Vester, Frederic, Neuland des Denkens. München, Deutscher Taschenbuch Vlg, 1985.

Virtue-Carmel, Phyllis, Hrsg Mary Bennett, Planet der Wandlung. Neuwied, Silberschnur Vlg, 1995.

Vollmar, Klausbernd, Fahrplan durch die Chakren. Happingen, Axel Dietrich Vlg, 1985.

Walter, Katya, Chaosforschung, I Ging und genetischer Code. München, Diederichs Vlg, 1992.

Weinreb, Friedrich, Der göttliche Bauplan der Welt. Bern, Origo Vlg, 1978.

Weischedel, Wilhelm, Die philosophische Hintertreppe. München, Deutscher Taschenbuch Vlg, 1999.

Weiss, Franz, Gottes Blut. Stein am Rhein, Christiania Vlg, 1988.

Westlake, Aubrey T., Medizinische Neu-Orientierung. Bern, Origo Vlg, 1994.

Whitaker, Kay Cordell, Das Netz der Harmonie. Reinbeck bei Hamburg, Rowohlt TB, 1993.

Wilber, Ken, Eros, Kosmos, Logos. Frankfurt/Main, Wolfgang Krüger Vlg, 1996.

Wilber, Ken, Einfach „Das". Frankfurt/Main, Fischer TB, 1999.

Wittmann, Luise, Das zukünftige Leben der Seele. Dorfen, Kompetenz Vlg, 1997.

Wittmann, Luise, Worte des Geistes. Dorfen, Kompetenz Vlg, 1999.

Wolinsky, Dr. phil. Stephen, Das Tao des Chaos. Freiburg i. Br., Vlg Alf Lüchow, 1998.

Wolinsky, Dr. phil. Stephen, Jenseits des Enneagramms. Freiburg i.Br., Vlg Alf Lüchow, 1998.

Wolinsky, Dr. phil. Stephen, Quantenbewusstsein. Freiburg i.Br., Vlg Alf Lüchow, 2000.

Wolinsky, Dr. phil. Stephen, Die dunkle Seite des inneren Kindes. Freiburg i. Br., Vlg Alf Lüchow, 2001.

Wolinsky, Dr. phil. Stephen, Der Weg des Menschlichen. Multidimensionale Bewusstheit entwickeln. München, Econ, 2001.

Zimmer, Heinrich, Der Weg zum Selbst. Lehre und Leben des indischen Heiligen Shri Ramana Maharshi aus Tirnvannalami. Hrsg. von C.G. Jung. Zürich, Rascher Vlg, 1944.

Zelikovics, Tibor, Die kommende Zeitenwende und das Goldene Zeitalter. Wien, Metaphysika Edition, 2001.

Zukav, Gary, Die tanzenden Wu Li Meister. Der östliche Pfad zum Verständnis der modernen Physik. Reinbeck bei Hamburg, Rowohlt Vlg, 1981.

ABBILDUNGEN

Cover/Backcover: Studio Phoenix, Vor- und Nachsatz: August Waller, Christine Turnauer, Illustrationen: Steve Alexander (www.temporary-temples.co.uk): 102, Katsunori Aoki: 43, Archiv des Autors: 16, 41, 49, 52, 59, 61, 65, 75, 87, 94, 97, 98, 101, 103, 119, 128, 146, 148, 154-156, 158, 206, Archiv Studio Phoenix: 17, 22, 25-26, 28, 30, 33, 59, 62, 90-91, 93, 97, 124, 128, 134, 140, 142, 172-173, Augustiner Chorherrenstift Vorau: 60 (Apostel Thomas und der Auferstandene, Vorauer Volksbibel von 1647), Erik Berglund (www.erikberglund.com): 55, Deidre But-Husaim: 117, Bill & Barbara Cassada: 37, Craig Carlisle: 149, René Coudris: 9, 60, 114, Savador Dali: 136, Hermann Degkwitz: 121, Disciples Press (www.disciplelight.com): 166, Dorling Kindersley: 42, Esotera: 182, Schwester Faustino: 159 (Barmherziger Jesus von Krakau/Polen), Alex Grey (www.alexgrey.com): 147, Keith Haring: 67, Alex Heizer (www.synchcorp.com): 80, A. Kress: 39 (Hl. Augustinus von Wolfram Köberl, 1991, Dreifaltigkeitskirche Salzburg), Halden Krog/Associated Press: 83, Robert Lentz: 57. NASA: 168, Leo A. Nefiodow: 99, The New York Times: 169, Philip Northover (http:// pnorthov.future.easyspace.com): 133, Freya Owlsdottir (www.-owlsdottir.com): 10, Max Planck Institut: 181, Thomas Schipflinger/Kompetenz Verlag: 160, Georg Schmertzing: 12, 32, 183-185, 187, Louis Schneiderman (www.lowegallery.com): 44, Seehamer Verlag: 177 (Ritter vom Templerorden aus: Das Buch der Prophezeiungen), Gerhard Sokol: 179, Tattwa Viveka (www.syntropia.de): 175, August Waller: 127, Wall Street Journal: 71; Trotz intensiver Bemühungen ist es uns nicht gelungen, alle eventuellen Rechte-Inhaber bzw. deren Kontakte ausfindig zu machen. Wir sind für jede diesbezügliche Mitteilung dankbar, um die fehlenden Hinweise in der nächsten Auflage einzufügen.

NAMENS- UND STICHWORTVERZEICHNIS

Dieses Buch „Kraftfeld Herz“ ist der erste Band einer vierteiligen Serie rund um das Herz. Er zeigt die Fakten und Fallbeispiele aus aller Welt, damit wir erkennen, wie brennend dieses Thema für uns alle ist. Dieses Buch leistet die Überzeugungsarbeit.

AUSBLICK AUF DREI WEITERE BÄNDE DER SERIE

»DER WEG DES HERZENS«

Band 2:
LEBEN AUS DEM HERZEN
Die Öffnung der Wesensmitte

Der zweite, folgende Band wird das praktische Leben mit dem Herz als Entscheidungsorgan zum Thema haben. Auch da gibt es viele Zeugnisse und Übungen, die uns das Leben in dieser neuen Weltsicht näher bringen. Die Erfahrungen des Autors mitgezählt. Er bringt diese Entwicklung in vier Stufen zum Ausdruck.

Band 3:
DIE NEUE HERZ MYSTIK
In Verbindung mit der Schöpfungsmitte

Der dritte Band ist ganz der Herz-Spiritualität gewidmet. Viele bedeutende DenkerInnen, DichterInnen und MystikerInnen haben das Herz als den Begegnungsort zwischen Mensch und Schöpfer, zwischen Realität und Transzendenz erkannt und daraus tiefe Erlebnisse und Erfahrungen mit dem Ursprung des Lebens gewonnen. Jeder von uns sollte über die Herz-Mystik reflektieren und in sie eindringen, um die Intensität des Herzlebens zu entdecken.

Band 4:
Im Herz aller Dinge
Gewahr-Sein aus der Schöpfungsmitte

Der letzte und vierte Band ist „dem Herz aller Dinge“, der Essenz hinter allen Erscheinungen, dem Herzen im Grunde des Herzens gewidmet. Die Menschen und Religionen nähern sich von vielen Seiten diesem „Herz-Herz“, das für das „Ich-Ich“ steht, und den Eingang in die letzte Erkenntnis des Ursprungs allen Seins bedeutet. Es ist ein Wagnis und ein Abenteuer des Geistes, sich hier voranzutasten. Wagen wir es gemeinsam!

Darüber hinaus werden wir sicher im Rahmen des Herz-zu-Herz-Netzwerkes „von-Herz-zu-Herz“ viele Informationen und persönliche Schilderungen von Herz-Erlebnissen aus Quellen verschiedenster Art erhalten, die wir gerne immer wieder publizieren werden. Der Autor und die Gründer des Netzwerkes, zu dem wir auch Sie einladen, freuen sich auf Ihre Beiträge. Zum Beitreten gehört nichts anderes als die Beitrittsmitteilung und die Bekanntgabe Ihrer Adresse. (Unsere Kontakte siehe Seite 188)

Auf eine herzliche Zusammenarbeit für das Thema dieses neuen Jahrtausends: Das Herz!

Elisabeth Kübler-Ross

In Liebe leben

ISBN 3-898845-024-4
64 Seiten, geb., vierfarbig
€ [D] 9,90 / sFr 17,40

Zum 20. Geburtstag unseres Verlags präsentieren wir allen LeserInnen dieses kleine Buch mit den tiefgreifendsten Gedanken von Frau Dr. Kübler-Ross zum Thema Liebe und über das Leben nach dem Tod.

Das schön illustrierte Büchlein eignet sich bestens als Geschenkbuch für Kübler-Ross-Begeisterte, die es sicherlich auch selbst vielen Bekannten ans Herz legen möchten.

Die Autorin hat mit ihren Forschungen den Menschen klargemacht, dass mit dem Tod entgegen der »wissenschaftlichen« Meinung ein neues strahlenderes Leben beginnt, auf das wir uns alle freuen können.

Sie ist inzwischen 76 Jahre alt und verfolgt trotz schwerer Krankheit noch immer mit großer Teilnahme, wie viele ihrer Anregungen in der Sterbehilfe und Hospizbewegung überall in der Welt umgesetzt werden.

Anneliese Seebacher

Damit die Liebe wieder fließen kann

Neue Harmonie in der Familie

ISBN 3-898845-010-4
192 Seiten, gebunden
€ [D] 16,90 / sFr 29,00

Dies ist ein Buch über die Liebe, über Liebende und Nicht-mehr-lieben-Könnende. Es handelt von der großen Sehnsucht nach Liebe, die wir alle kennen, und den tiefen Schmerzen, die oftmals mit den Erfahrungen von Liebe einhergehen.

Viele Menschen machen die Erfahrung, dass Liebe weh tut. Warum ist das so? Unsere Meisterschaft im Lieben, über die wir von Geburt an verfügen, wird durch unser soziales Umfeld unterbrochen, blockiert und beschnitten. Wie gehen die Eltern mit dem Kind um? Was denken sie über die Liebe und wie begegnen sie einander? Wie gehen sie selbst mit ihren Eltern um, liebevoll akzeptierend oder lieblos anklagend? Wie sieht es mit der Liebe zu ihren Geschwistern aus? Diese Prägungen wirken sich auf unser späteres Liebes- und Beziehungsleben und die Fähigkeit aus, uns selbst akzeptieren und lieben zu können. Mit diesem Buch gelingt es uns, diese Vernetzungen zu erkennen.

ISBN 3-89845-020-1
220 Seiten, broschiert
€ [D] 14,90 / sFr 25,80

Takis Evdokas

Der Tod, die große Illusion

Was passiert in den letzten Augenblicken vor dem Tod? Und was erleben wir danach? Gibt es tatsächlich eine ›andere Welt‹? Wie sieht es dort aus? Vieles ist über paradiesische Erfahrungen geschrieben worden, über die große Leuchtkraft des Lichts und über Farben von unsagbarer Schönheit.

Man hört auch, viel seltener allerdings, von Erfahrungen mit der Hölle, von Feuerströmen, Schlangen und Ungeheuern. Gibt es nach dem Tod ein anderes Leben?

Der Autor, Psychotherapeut im zypriotischen Nikosia, unternimmt hier den Versuch einer Antwort in dem wohl umfassendsten Überblick über wissenschaftliche Erkenntnisse aus der Psychologie und Psychiatrie. Faszinierende Nahtod- und Nachtoderlebnisse zeigen uns, was der Tod in Wirklichkeit ist: eine große Illusion.

»Wahre Wissenschaft und echte Geistigkeit werden Wege zur Annäherung finden, denn sie sind zwei Seiten derselben Wahrheit«, ist der Autor überzeugt.

ISBN 3-923781-92-X
370 Seiten, gebunden
€ [D] 19,90 / sFr 33,60

Phyllis Virtue-Carmel

Planet der Wandlung

Offenbarung des Rates der Neun

Ein internationales Forscherteam aus hochkarätigen Wissenschaftlern setzte sich jahrzehntelang mit einer von Raum und Zeit unabhängigen Gruppe, dem »Rat der Neun«, auseinander. Diese uns bewusstseinsmäßig unendlich überlegene Gruppe aus dem Kosmos behandelt via Tieftrance der Autorin weise und überzeugend Themen wie die Bedeutung der Evolution des Bewusstseins, Ursprung und Zukunft der Kulturen und Religionen, Existenz und Aufgabe außerirdischer Intelligenzen, die atlantische Kultur und Willensfreiheit. Weiter geht es um die besondere Rolle, die der Planet Erde in unserem Universum spielt. Aus höchster Quelle erhalten wir Antworten auf eine Vielzahl existenzieller Fragen. Unter den Dialogpartnern dieser kosmischen Wesen findet sich auch Gene Roddenberry, Schöpfer der Science Fiction-TV-Serie »Raumschiff Enterprise«, der seine Filmideen vielfach diesen Übermittlungen entnahm...

– Karten-Set mit Buch –

ISBN 3-3-89845-030-9
Handbuch ca. 128 Seiten,
mit 34 Karten
€ [D] 22,90 / sFr 40,60

Magda Wimmer

Das Herzenswissen der Maya Tagehüter

Die universelle Weltordnung und das Webmuster der Zeit

Tagehüterinnen und Tagehüter zu sein hängt heute nicht mehr davon ab, wo wir geboren sind und welchem Volk wir angehören, sagen die Maya. Sie haben kosmische Weisheiten über Jahrtausende für uns bewahrt, damit wir uns jetzt wieder leichter daran erinnern, woher wir kommen und wozu wir auf diesem Planeten sind. Es ist ihre Hilfestellung auf unserem Weg zur Vollendung, die wir nutzen sollten. Das Kartenset ist ein solcher Wegweiser und Zugang zum »Maya Tagehüten«. Maya bedeutet dabei »Wissen um den Ursprung der Welt zu haben« und das Tagehüten ist das Hüten der Sonne und des Wissens um die Quelle, aus der wir alle kommen. Am einfachsten wird sich uns dieses in unserem Herzen liegende Wissen über den Usprung der Welt – den viele als Gott bezeichnen – dann offenbaren, wenn wir spielerisch damit umgehen. Denn wir alle sind Mitspieler und beeinflussen das große Spiel des Lebens. Jeder Gedanke verändert die Welt!

ISBN 3-923781-90-3
350 Seiten, gebunden
€ [D] 19,90 / sFr 33,60

Uri Geller

Mein Wunder-volles Leben

Die Autobiographie eines Mega-Stars

Haben Sie schon über folgende Phänomene nachgedacht: Dematerialisation, Telekinese, Hellsichtigkeit, parapsychologische Beeinflussbarkeit gesellschaftlicher Ereignisse? Von anerkannten wissenschaftlichen Instituten wurden diese Phänomene bereits bewiesen. Vom Autor werden Sie hier aufgefordert, selbst Erfahrungen in diesem Bereich zu machen. Sie erhalten von Uri Geller sämtliche Hintergrundinformationen und erfahren, warum die Medien sowohl an Geller als auch an einigen wissenschaftlichen Instituten Rufmord verübten. »Was ich mache, ist real! Vielleicht ist das der Grund, warum einige Leute mich unbedingt zum Schweigen bringen wollen!«

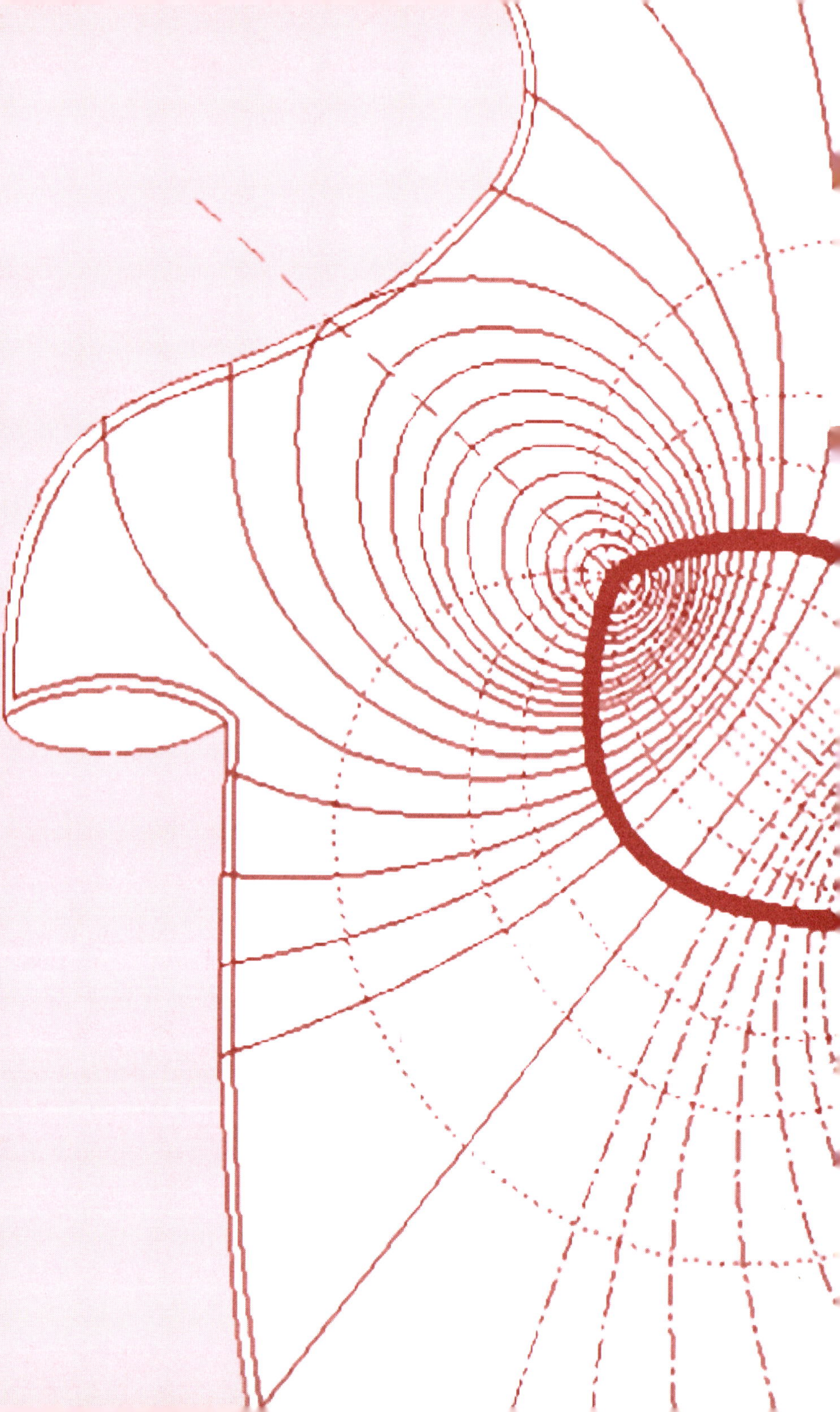